国家科学技术学术著作出版基金资助出版

非能源矿产资源—经济—环境相协调的关键技术与过程控制

穆 东 著

科学出版社

北 京

内 容 简 介

国民经济对非能源矿产资源依赖性的增加和其开采加工工程对自然及人类社会的影响与危害是一对难以协调而又必须协调的矛盾。本书通过对非能源矿产资源开采、加工、利用、回收及处理全过程对经济、社会、环境的影响的客观规律的认识,明确经济发展与非能源矿产资源需求之间的数量关系,构建非能源矿产资源—经济—环境三者相互牵制、背反、纠缠形成的耦合联动复杂系统,分析资源、经济、环境三者交叉关联的内在动力学机制,发现矛盾的症结,提出有效的控制和对策的理论、方法与技术。本书的研究成果对指导我国非能源矿产业长期可持续发展具有较大的社会和经济意义。

本书适合相关的政府和产业界有关技术人员及相应专业的学生参考阅读。

图书在版编目(CIP)数据

非能源矿产资源—经济—环境相协调的关键技术与过程控制 / 穆东著. —北京:科学出版社,2017.9
ISBN 978-7-03-054602-9

Ⅰ. ①非… Ⅱ. ①穆… Ⅲ. ①矿产资源-可持续性发展-研究-中国 Ⅳ. ①F426.1

中国版本图书馆 CIP 数据核字(2017)第 236411 号

责任编辑:魏如萍 陶 璇 / 责任校对:贾娜娜
责任印制:霍 兵 / 封面设计:无极书装

科 学 出 版 社 出版
北京东黄城根北街 16 号
邮政编码:100717
http://www.sciencep.com

三河市骏杰印刷有限公司 印刷
科学出版社发行 各地新华书店经销
*

2017 年 9 月第 一 版 开本:720×1000 B5
2017 年 9 月第一次印刷 印张:10 1/2 插页:2
字数:235 000

定价:70.00 元
(如有印装质量问题,我社负责调换)

前　言

矿产资源是国土资源的重要组成部分,是国民经济和社会发展的重要物质基础,是人类生产和生活资料的基本源泉。同时矿产资源开采也是环境污染与破坏的重要来源。经济高速发展需要大量矿产资源;矿产资源开发不可避免地引发环境破坏与污染;环境的污染与破坏极大地影响人类的生活质量,需要花费高额费用对其进行治理与保护;增长的经济需求刺激其发展的需求……由此形成一个恶性闭环的人类发展模式。因此,通过过程控制的方法,寻求矿产资源—经济—环境协调发展的平衡点和关键技术的解决,成为当今各国关心和迫切需要解决的问题。

矿产资源分为能源矿产和非能源矿产两大类。其中,非能源矿产又分为金属矿产和非金属矿产。关于能源矿产资源、经济与环境方面的研究成果较多,而有关非能源矿产的相对较少。与能源矿产相比,由于在国民经济中的作用不同,以及生产加工过程不同,非能源矿产开采对经济、环境的影响与能源矿产也不同。因此,对非能源矿产进行专门研究十分必要。

金属与非金属矿产在整个生命周期中对自然环境中大气、水、土壤、地形地貌等的影响的类型、程度和危害性均不同,治理费用、技术和难度也有很大差异。尤其是重金属污染和化工材料对水资源和空气的污染与破坏成为我国环境恶化、威胁人民生活的主要因素。因此,掌握非能源矿产资源开采、加工、利用、回收及处理全过程对环境的影响的客观规律,以及经济发展和非能源矿产资源需求之间的数量关系,构建非能源矿产资源—经济—环境三者相互牵制、背反、纠缠形成的耦合联动复杂系统,分析资源、经济、环境三者交叉关联的内在动力学机制,发现关键问题和症结,提出有效的分析、控制和跟踪的理论、方法与技术,提出解决的管理技术措施和方案,对我国长期可持续发展具有重大的社会和经济意义。本书主要研究以下问题。

(1)非能源矿产资源与经济之间存在的主要问题:矿产资源的供给有限与经济发展的需求无限,矿产资源的可耗竭性与所辖区域人民生活的可持续性。这些问题的关键就是"可持续发展"。矿产资源生产与经济、社会协调发展的关键是选择矿产资源企业剩余资源有效转型方向,实现矿产资源生产企业与所辖地区产业经济的双转型过程的有效控制。

(2)非能源矿产资源与环境之间存在的主要问题:矿产资源生产对自然环境有序性的破坏与环境自我修复的不可逆性;环境破坏的不断加剧与人类生存对环境依赖性的增强。非能源矿产资源除了开采本身是对环境有序性的一种破坏,导致包含矿产资源在内的自然环境无序性增加,更为严重的是,在使用过程和回收再利用过程中,产生大量的有害物质,影响空气、水和土壤,对自然环境产生长期的甚至是不可逆转的破坏。

(3)经济与环境之间存在的主要问题:经济发展对环境影响的正反馈性,以及环境整治对经济影响的负反馈,两个反馈具有长短不一的滞后性,增加了环境治理、投资决策和政策制定的难度。

本书通过构建非能源矿产资源消费的碳排放熵联动系统,将非能源矿产资源生产与消费、回收与处理,以及收益与环境影响关联起来,对非能源矿产资源对经济安全、国内生产总值(gross domestic product,GDP)的影响及资源回收利用率等关键问题提出解决对策,对其动态过程利用系统动力学方法实施监控,提出非能源矿产资源—经济—环境相协调的理论与方法。

本书主要有以下创新点:①提出矿产资源与环境有序的环境熵动力模型,给出该模型运行条件、规则和反馈方法;②构建三级联动碳经济模型,解决矿产资源生产与空气污染关联的数量关系及程度问题;③通过资源—经济—环境相协调的耦合系统,将转型过程与环境熵模型、三级联动碳经济模型集成,实现涌现、适应和稳健的复合耦合过程效果评价及控制;④提出不可再生的非能源矿产资源企业物流向社会物流转型技术与过程控制内容方法。

本书包括四大部分内容:现状与理论、模型与技术、模拟与应用、结论与建议。

第一部分现状与理论体现在第1章和第2章,主要包括:非能源矿产资源—经济—环境的现状与共性问题;经济发展对非能源矿产资源依赖情况;非能源矿产资源—经济—环境的协调共性;资源—经济—环境协调发展的相关理论介绍。

第二部分模型与技术体现在第3章,主要包括:非能源矿产资源枯竭后的转型技术研究;非能源矿产资源—经济—环境的有序发展技术研究;非能源矿产资源生态循环技术研究;非能源矿产资源开采过程污染控制技术研究。

第三部分模拟与应用体现在第4章和第5章,主要包括:非能源矿产资源—经济—环境协调过程模拟;铁矿资源—经济—环境的协调过程模拟;铜矿资源—经济—环境的协调过程模拟;我国非能源矿产资源—经济—环境协调过程分析。

第四部分结论与建议体现在第6章,主要包括:最佳协调关系和协调技术的建议。

本书相关研究工作的完成得益于国家自然科学基金委员会中国工程院中国工程科技中长期发展战略研究联合基金项目"矿产资源—经济—环境相协调的关键技术与过程控制研究"(U0970144)和国家自然科学基金项目"资源型区域转型耦合体系和协调发展研究"(70473003)的大力资助,在研究过程中得到中国工程院能源部于润仓等多位院士和唐建教授的指导与帮助,在此深表感谢。

穆 东

2017年9月19日

目　录

第1章　非能源矿产资源—经济—环境的现状与共性问题分析 ⋯⋯⋯⋯ 1
　1.1　非能源矿产分布及生产与安全现状 ⋯⋯⋯⋯⋯⋯⋯⋯⋯⋯⋯⋯⋯ 3
　1.2　经济发展对非能源矿产资源依赖情况 ⋯⋯⋯⋯⋯⋯⋯⋯⋯⋯⋯ 11
　1.3　非能源矿产资源—经济—环境的协调共性分析 ⋯⋯⋯⋯⋯⋯⋯ 18

第2章　矿产资源—经济—环境协调发展与评价 ⋯⋯⋯⋯⋯⋯⋯⋯⋯ 24
　2.1　矿产资源—经济—环境相协调的基础理论与国外经验 ⋯⋯⋯⋯ 24
　2.2　矿产资源协调发展概念 ⋯⋯⋯⋯⋯⋯⋯⋯⋯⋯⋯⋯⋯⋯⋯⋯⋯ 39
　2.3　矿产资源—经济—环境演化过程分析 ⋯⋯⋯⋯⋯⋯⋯⋯⋯⋯⋯ 41
　2.4　矿产资源—经济—环境演化机理分析 ⋯⋯⋯⋯⋯⋯⋯⋯⋯⋯⋯ 46
　2.5　矿产资源—经济—环境协调运行机制 ⋯⋯⋯⋯⋯⋯⋯⋯⋯⋯⋯ 50
　2.6　矿产资源—经济—环境协调发展的评价 ⋯⋯⋯⋯⋯⋯⋯⋯⋯⋯ 52

第3章　非能源矿产资源—经济—环境协调的关键技术研究 ⋯⋯⋯⋯ 58
　3.1　单个非能源矿产资源枯竭后的转型技术研究 ⋯⋯⋯⋯⋯⋯⋯⋯ 58
　3.2　非能源矿产资源—经济—环境的有序发展技术研究 ⋯⋯⋯⋯⋯ 65
　3.3　非能源矿产资源生态循环技术研究 ⋯⋯⋯⋯⋯⋯⋯⋯⋯⋯⋯⋯ 71
　3.4　非能源矿产资源开采过程污染控制技术研究 ⋯⋯⋯⋯⋯⋯⋯⋯ 75

第4章　非能源矿产资源—经济—环境协调过程控制理论与模拟 ⋯⋯ 80
　4.1　非能源矿产资源—经济—环境的协调过程模拟 ⋯⋯⋯⋯⋯⋯⋯ 80
　4.2　我国非能源矿产资源—经济—环境协调过程分析 ⋯⋯⋯⋯⋯⋯ 98
　4.3　协调效果评价和约束分析 ⋯⋯⋯⋯⋯⋯⋯⋯⋯⋯⋯⋯⋯⋯⋯ 103

第5章　实例分析 ⋯⋯⋯⋯⋯⋯⋯⋯⋯⋯⋯⋯⋯⋯⋯⋯⋯⋯⋯⋯⋯ 111
　5.1　我国铜产业发展现状 ⋯⋯⋯⋯⋯⋯⋯⋯⋯⋯⋯⋯⋯⋯⋯⋯⋯ 111
　5.2　铜冶金区域铜产业链系统因素的分析 ⋯⋯⋯⋯⋯⋯⋯⋯⋯⋯ 118
　5.3　铜陵市铜产业发展过程模拟分析 ⋯⋯⋯⋯⋯⋯⋯⋯⋯⋯⋯⋯ 128
　5.4　原有发展模式分析与改进 ⋯⋯⋯⋯⋯⋯⋯⋯⋯⋯⋯⋯⋯⋯⋯ 132

第6章　结论与建议 ⋯⋯⋯⋯⋯⋯⋯⋯⋯⋯⋯⋯⋯⋯⋯⋯⋯⋯⋯⋯ 144
　6.1　非能源矿产资源—经济—环境最佳协调关系结论 ⋯⋯⋯⋯⋯ 144
　6.2　非能源矿产资源—经济—环境协调发展建议 ⋯⋯⋯⋯⋯⋯⋯ 148

  6.3 矿产资源开采过程环境治理与保护建议 ·················· 149
  6.4 衰竭的大型非能源矿产资源企业转型物流产业的建议 ········ 152
  6.5 国家宏观调控建议 ································· 156
参考文献 ·· 158
致谢 ·· 162

第1章 非能源矿产资源—经济—环境的现状与共性问题分析

矿业是基础产业，是任何一个国家国民经济与社会发展的支撑。我国 95%的能源、80%以上的工业原料和 70%的农业生产资料来自矿业，而矿产资源是矿业赖以生存和发展的根本。

矿产资源是国土资源的重要组成部分，是国民经济和社会发展的重要物质基础，是人类生产和生活资料的基本源泉。同时矿产资源开采也是环境污染与破坏的重要来源。经济高速发展需要大量矿产资源；矿产资源开发不可避免地引发环境破坏与污染；环境的污染与破坏极大地影响人类的生活质量，需要花费高额费用对其治理与保护；增长的经济需求刺激其发展的需求，由此形成一个恶性闭环的人类发展模式。因此，通过过程控制的方法，寻求矿产资源—经济—环境协调发展的平衡点和关键技术的解决，成为当今各国关心和迫切需要解决的问题。

矿产资源按照特性和主要用途分为能源矿产、非能源矿产及水气矿产三大类。其中，非能源矿产又分为金属矿产和非金属矿产。结合我国工程科技发展规划的需要和院士的意见，本书选择非能源矿产资源开采过程对经济和环境的影响与协调方面作为矿产资源—经济—环境相协调的关键技术及过程控制研究对象。

我国矿产资源总的特点是：总量大，但人均拥有量低；种类齐全，但结构不合理；分布相对集中，但与经济区域不匹配；在部分用量大的支柱性矿产中贫矿和难选矿多，开发利用难度大，利用成本高。根据国土资源部发布的矿产资源报告，截至 2015 年，我国已发现矿产 168 种，探明有储量的矿产有 155 种，其中能源矿产 8 种，金属矿产 54 种，非金属矿产 90 种，水气矿产 3 种。矿床、矿点 20 多万处。我国是全球矿产资源种类比较齐全的国家之一。已探明矿产资源总量较大，约占世界的 12%，仅次于美国和俄罗斯，居世界第 3 位。但是，我国主要矿产储量占世界的比例并不高，如铁矿石不足 9%，锰矿石约 18%，铬矿只有 0.1%，铜矿不足 5%，铝土矿不足 2%，钾盐矿小于 1%。[①]

非能源矿产资源分为黑色金属矿产(或称铁、铁合金金属)资源，指铁、锰、铬等；有色金属矿产(或称非铁金属)资源，按物理、化学、价值和在地壳中的分布状况，分为五类，即重、轻、贵、半金属和稀有金属等。非金属矿产中钾盐、

---

① http://data.mlr.gov.cn/zybg/2015/201510/P020151030354927826737.pdf[2016-11-15]

磷、硫等又称为农用矿产资源。

截止到 2014 年年底，主要非能源矿产查明资源储量保持增长，具体数据如表 1-1 所示。

表 1-1　2014 年年底我国主要矿产查明资源储量

矿种	单位	查明资源储量	矿种	单位	查明资源储量
铁矿	亿吨	843.4	银矿	万吨	23.7
铜矿	万吨	9689.6	硫铁矿	亿吨	58.3
铝土矿	亿吨	41.5	磷矿	亿吨	214.5
铅矿	万吨	7384.9	石膏矿	亿吨	156
钾盐	亿吨	11.2	石墨	万吨	3554
锌矿	亿吨	1.4	萤石	万吨	1620
钨矿	万吨	720.5	硼矿	万吨	7622
锡矿	万吨	418.9	叶蜡石	亿吨	1.1
钼矿	万吨	2826	硅藻土	亿吨	2.69
金矿	吨	9816	石英	万吨	5630

资料来源：中国产业信息网（www.chyxx.com）

从矿产资源的可利用性来看，截止到 2014 年，我国铁矿平均品位为 31.3%，比世界平均品位低 14.49%；锰矿平均品位 21.4%，而世界平均品位为 48%；铝土矿以一水硬铝石为主，三水铝石和一水软铝石较少；铜矿品位大于 1%的储量仅 30.5%，平均品位 0.87%；磷矿平均品位仅 17%，富矿少，且胶磷矿多，选矿难度大。在矿床规模上，中小型矿床所占比例较大，不利于规模开发。矿床规模大的矿产仅有钨、锡、钼、锑、铅锌、镍、稀土、菱镁矿、石墨、北方煤炭等。一些重要矿床规模以小型为主，如铁、铜、铝、硫铁、南方煤等，大型、超大型矿床少，单个矿区难以形成规模开发，有些大中型矿床分布于西部边远地区，开发利用难度大。

矿产资源的开发在我国国民经济发展中具有基础性地位并起着十分重要的作用。据 2009 年统计，我国 90%左右的一次能源、80%以上的工业原材料、70%以上的农业生产资料、30%以上的工业和居民用水来自矿产资源。全国建成大中型矿山企业 1 万多个，小型矿山企业 11 万多个，从业人员 800 多万人，300 多座城市因矿崛起。

然而，受矿产资源区位性、国民经济发展水平、开采利用技术水平、矿产资源使用观念等众多因素的影响，我国矿产资源开采、区域经济发展、开采区域环境治理之间的协调性问题并没有得到很好的解决。

本书将通过分析我国非能源矿产资源的分布、矿产资源与区域经济的协调性、矿产资源与开采区域环境的协调性、开采区的区域经济与开采区域环境的协调性的现状，发现协调矿产资源开采、经济持续发展、环境有效保护的主要问题及困难，并为解决这些问题及困难提供重要参考。

1.1 非能源矿产分布及生产与安全现状

我国非能源矿产资源的分布广泛，资源总量丰富、品种齐全，但人均占有量少，仅为世界人均的58%，列世界第53位[①]。

2014年，全国生产铁矿石15.1亿吨，同比增长3.9%。十种有色金属4380.1万吨，增长7.4%，其中精炼铜764.4万吨，增长15.0%；电解铝产量2751.7万吨，增长8.2%。黄金产量458.1吨，增长5.5%；消费量886.09吨，下降24.7%。粗钢、十种有色金属、黄金产量均位居全球首位。2015年上半年，生产铁矿石6.3亿吨，同比下降10.7%；十种有色金属2526.3万吨，增长9.3%；黄金228.7吨，增长8.4%。[①]

下面将矿产资源分成金属类和非金属类两部分进行讨论。

1.1.1 金属类矿产资源分布现状

我国已探明储量的在国民经济中起重要作用的金属矿产资源品类众多，例如，黑色金属矿产中的铁、锰、铬、钒，有色金属矿产中的铜、铝、铅、锌等十多类，贵金属中的金、银、铂，稀土金属矿产中的镧系及钇，稀有金属矿产中的锂、铍，分散金属矿产中的钪、锗等。

1. 铁矿资源储量及分布

钢铁是任何一个国家发展国民经济的支柱性金属材料。因此，钢铁的产量和消费量也成为衡量国家实力的重要标志。钢铁是从铁矿石中通过高炉冶炼和加工得到的矿产品。到2014年，世界查明铁矿石储量为1900亿吨，我国铁矿石储量居世界第4位。

全国已探明的铁矿区有1834处。大型和超大型铁矿区主要有：辽宁鞍山—本溪铁矿区、冀东—北京铁矿区、河北邯郸—邢台铁矿区、山西灵丘平型关铁矿、山西五台—岚县铁矿区、内蒙古包头—白云鄂博铁锈稀土矿、山东鲁中铁矿区、宁芜—庐枞铁矿区、安徽霍邱铁矿、湖北鄂东铁矿区、江西新余—吉安铁矿区、福建闽南铁矿区、海南石碌铁矿、四川攀枝花—西昌钒钛磁铁矿、云南滇中铁矿

---

① 2015年中国国土资源公报, http://data.mlr.gov.cn/gtzygb/2015/201604/t20160422_1403273.htm[2017-02-15]

区、云南大勐龙铁矿、陕西略阳鱼洞子铁矿、甘肃红山铁矿、甘肃镜铁山铁矿、新疆哈密天湖铁矿等。图 1-1 是 2014 年我国铁矿在主要省份的分布情况。

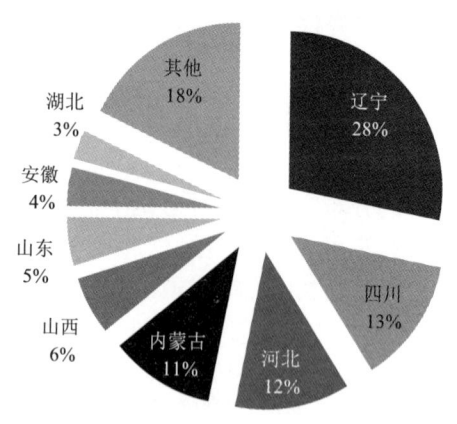

图 1-1　2014 年我国铁矿储量分布情况①

中国 1999 年探明铁矿石总储量约为 458.07 亿吨，其中有工业开采价值的为 212.84 亿吨。由图 1-1 可以看出，辽宁、四川、河北三省的铁矿储量较为丰富，合计总储量达到 106.82 亿吨，约占全国总保有开采价值储量的一半。储量大于 1 亿吨的大型矿区有 101 处，储量在 0.1 亿～1 亿吨的中型矿区有 470 处。

我国铁矿储量高度集中于九大地区，具体情况如图 1-2 所示。这九大地区储量合计 316.2 亿吨，是我国钢铁企业的重要原料基地。

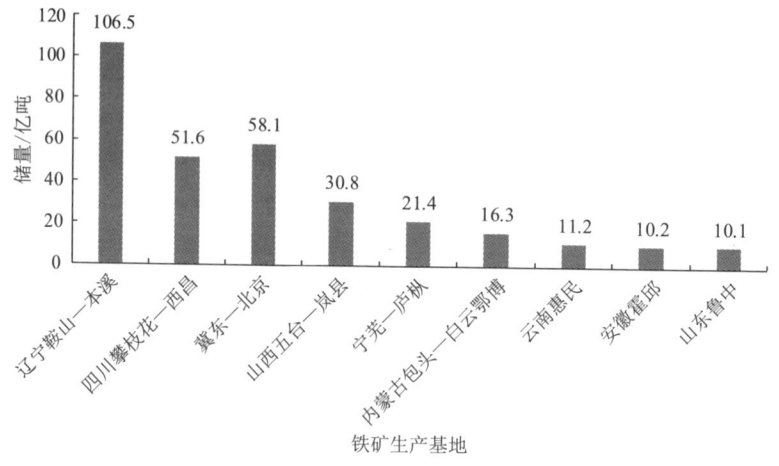

图 1-2　我国主要铁矿生产基地

我国铁矿资源分布的基本特点有以下几个。

---

① http://www.chyxx.com/industry/201507/329111.html [2015-07-16]

(1) 分布广泛，但储量相对集中。铁矿分布于我国除天津市及港澳台以外的其他省份，但储量相对集中在辽宁、四川、河北、内蒙古、山西、山东、安徽、湖北、云南和河南等 10 个省份，其占有全国总量的 80%以上。

(2) 贫矿多、富矿少，且以易选贫矿为主。我国可直接入炉的富铁矿石仅占全国总储量的 2.5%。富矿中炼钢用矿石更少，不到 0.4%，大部分为炼铁用矿石。全国铁矿石的平均品位仅为 31.3%。且贫铁矿石类型繁多，以磁铁矿、钒钛磁铁矿和赤铁矿为主。此外，还有菱铁矿、褐铁矿、镜铁矿及混合矿等类型。占全国总储量 55.5%的鞍山市磁铁贫矿成分单一易选；钒钛磁铁矿成分则较复杂，选冶难度较大，这类矿产约占总储量的 14.4%；赤铁矿及其他红矿类工艺复杂，其利用问题尚未完全解决。

(3) 共(伴)生组分多，综合利用价值大。我国大型铁矿几乎都具有丰富的共(伴)生元素。多组分矿石尽管选冶技术复杂，但伴生组分经济价值高，有些还高于主矿产，因此综合利用价值很大，能部分补偿贫铁矿的选矿成本。

(4) 部分矿区暂难利用。按开发利用条件分析，全国有 583 处铁矿属于暂难利用矿区，共有储量 911.8 亿吨，占总储量的 19.17%。因此，实际可利用铁矿区仅有 1314 处(其中正在开发利用的 818 处，占有储量 182.24 亿吨，即占总保有储量的 38.32%)，可利用储量 384.44 亿吨，为全国总保有储量的 80.83%。

2004 年至 2014 年，我国铁矿石与粗钢产量变化情况如图 1-3 所示，可见铁矿石与粗钢产量逐年平稳增长。

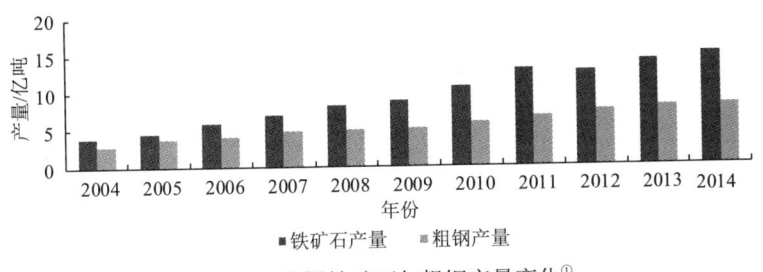

图 1-3 我国铁矿石与粗钢产量变化[①]

2. 铝、铜矿资源储量及分布

(1) 铝矿。我国有铝土矿 310 处，主要为：山西省的克俄、石公、相王、西河底、太湖石、郭偏梁—雷家苏、宽草坪；河南省的曹窑、马行沟、贾沟、石寺、竹林沟、夹沟、支建；山东省的淄博；广西壮族自治区的平果那豆；贵州省的遵义(团溪)、林歹、小山坝等铝土矿区。

---

① 《2015 中国矿产资源报告》

铝是国民经济建设的第二大金属原材料，是国家工业的重要分支。现代铝工业主要由两个基本部分组成：原铝工业和再生铝工业。原铝工业主要包括铝土矿开采、氧化铝冶炼和原铝电解。再生铝工业包括铝废料工业、再冶炼及再加工制造业。铝的用途涉及建筑、交通运输、电力通信、耐用消费品、机械制造和包装等多个领域。

铝土矿资源丰富的国家出口铝土矿和氧化铝，而电能充足的国家则进口铝土矿和氧化铝。2003年世界上铝的主要出口国家包括澳大利亚、牙买加、巴西、爱尔兰等，其中澳大利亚铝出口额占世界总出口额的40%。铝进口额排在前几位的分别是中国、美国、加拿大和俄罗斯，这四国的进口额占世界铝进口总额的54%。

截至2013年，我国已发现的铝土矿产地有306处，保有的资源储量为27.76亿吨，其中储量8.3亿吨，基础储量7.42亿吨，资源量20.35亿吨，主要分布在山西、贵州、河南、广西4个省(自治区)，其资源储量占全国的90.9%，其中山西占41.6%，贵州占17.1%，河南占16.7%，广西占15.5%。另外，重庆、山东、云南、河北、四川、海南等15个省份也有一定的资源储量，但总量仅占全国的9.1%。在这些已探明的铝土矿中，工业储量占总储量的32%，而已利用储量仅为总储量的17.16%。其余72.85%可供规划利用，9.99%则为暂难利用矿。目前，我国铝土矿开采量已达到最大，面临自我供给不足的情况，具体如图1-4所示。

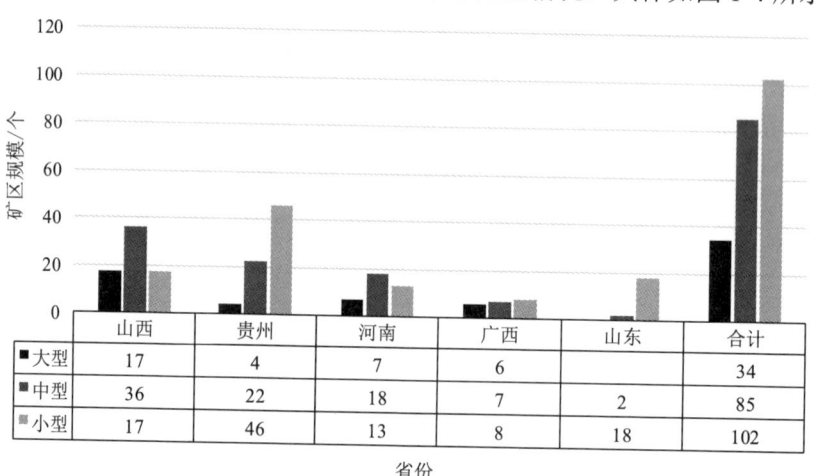

矿区规模/个	山西	贵州	河南	广西	山东	合计
大型	17	4	7	6		34
中型	36	22	18	7	2	85
小型	17	46	13	8	18	102

图1-4 我国部分省份铝土矿矿区分布

近年来，经济的高速发展拉动了铝需求的增长，铝土矿开采量也不断攀升。2002年中国先后超过美国和俄罗斯，成为原铝产量最高的国家。铝合金出口27.8万吨，进口33.5万吨。2014年，氧化铝出口11.8万吨，进口527.64万吨，进口量占当年全国消费量的55%左右。废铝出口3781吨，进口120万吨。铝半成品出口43.1万吨，进口88.2万吨。因此，我国原铝出口量对国际原铝市场及相关下游产品国际市场影响很大，而铝土矿贸易所占比例相对较小。

(2)铜矿。我国铜矿资源分布较集中，截至2012年，已建成七大铜矿生产基地，其中江西、云南、安徽、湖北、甘肃和山西的铜储量占全国总储量的60%左右。已建有大型铜矿山4个，中型铜矿山42个，已探明铜矿区910处，主要为：黑龙江省多宝山；内蒙古自治区乌奴格吐山、霍各气；辽宁省红透山；安徽省铜陵铜矿集中区；江西省德兴、城门山、武山、水平；湖北省大冶—阳新铜矿集中区；广东省石菉；山西省中条山地区；云南省东川、易门、大红山；西藏自治区东天山、西藏班公湖、西藏冈底斯、西南三江玉龙、西南三江中甸等；新疆维吾尔自治区阿舍勒等铜矿区。

目前，我国铜矿储量为62亿吨，居世界第7位。我国铜矿预测资源总量上亿吨，现已探明矿产地900多处，其中工业储量约占45%。中国已探明铜矿资源主要分布在江西、内蒙古、云南等省(自治区)，其中江西占全国铜基础储量的23.90%，内蒙古占全国铜基础储量的12.95%，云南占全国铜基础储量的9.86%，西藏占全国铜基础储量的8.30%，山西占全国铜基础储量的7.52%，安徽占全国铜基础储量的6.49%。在我国，铜矿分布十分广泛，除天津以外的其他省份均有所见，但80%探明储量集中分布在长江中下游和赣东北等五大地区。除西藏昌都外，其他四个地区都已经成为我国重要的铜工业基地。图1-5显示了我国铜矿主要分布省份及比例。

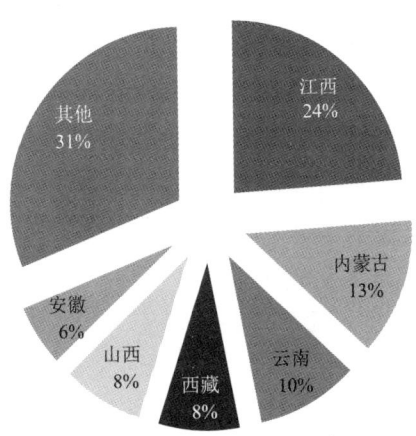

图1-5 我国铜矿储量主要分布图

在金属矿产资源中，铝矿、铜矿是当前世界金属消费仅次于铁的矿产资源。预计到2020年左右，我国这两种矿产资源都将成为缺口资源。预测显示，到2020年，我国铝资源只能保证国家的部分需求，而铜资源对外80%左右依存度的现状将持续。

3. 主要贵重金属矿产资源储量及分布

1) 金矿

截至 2010 年,全球已查明的黄金资源储量约为 10 万吨。其中,南非是全球最大的黄金资源拥有国,已探明资源储量为 3.1 万吨。2012 年年底中国探明的黄金资源储量为 8196 吨,居世界第 2 位。加上新增查明储量,2013 年我国探明的黄金存量达到 8957 吨。

我国的贵金属金矿从矿床分布、矿床规模、矿石品位、物质成分、开采条件等来看,有以下特点。

(1) 分布广泛但又相对集中。金矿资源空间分布非常广泛,数以千计的金矿床和矿点遍布全国各省份,但也表现出明显的丛聚性和东西部两大地域差异,这是不同地域的大地构造环境、含金建造、构造—岩浆活动及变质作用等因素不同所致。岩金矿主要集中于胶东、小秦岭、吉南—辽东、西秦岭、滇黔桂相邻地区和华北地块北缘等地区,砂金矿则多集中于东北地区北部、新疆北部及陕甘川相邻地区。

(2) 矿床规模以中小型为主。中国已发现的金矿床多为中小型,超大型、大型矿床少。到目前为止,已发现的超大型金矿床只有山东焦家、玲珑、新城和甘肃阳山及台湾金瓜石。据不完全统计,中国已勘查的 7000 余处金矿床中,具有一定规模的只有 1000 余处。

(3) 矿石品位中等。大多数岩金矿床中矿石品位为 $5\times10^{-6}\sim12\times10^{-6}$ 克/米^3,砂金矿床中一般为 0.2~0.4 克/米^3。一般而言,大型矿床的矿石品位较低,中小型矿床相对较高,但品位的变化也较大。此外,矿石中金和含金矿物种类繁多。目前,已发现的金矿物有 49 种(包括变种和未定名矿物),其中在中国首次发现的金矿物有 20 种。金的主要矿石矿物为自然金和银金矿,少数矿床中有金银矿、碲金矿、针碲金银矿、碲金银矿和黑铋金矿等。个别矿床(如金驹山、茅坪等矿床)金的碲化物也是金的主要矿石矿物之一。

(4) 伴生金资源量大。中国金矿资源由岩金、砂金、伴生金三部分组成,其组成比例随着勘查程度的提高和各类矿床的发现而改变。据统计,20 世纪 90 年代初各类金矿资源的比例大致为:岩金累计探明储量约占总储量的 53%,砂金约占 16%,伴生金约占 31%。2012 年岩金储量所占比例上升至 75% 左右,砂金储量和伴生金储量所占比例均有所下降,分别为 5.8% 和 19.6%。

金矿的开采对环境的危害主要来自尾矿。一方面,由于金矿本身的含金率较低,矿石的处理量较大。据不完全的资料统计,我国仅国有和地方性金矿每年排放量就达 2000 万吨以上。另一方面,由于我国的金矿伴生资源量较大,含有多种重金属,尾矿的随意排放,尤其是在雨季,容易出现尾矿对水资源污染的情况。

综合利用金矿的尾矿,通过二次资源再选、整体直接利用及尾矿充填是目前解决金矿尾矿排放的主要手段。

2) 银矿

自然界银的来源有伴生、共生及独立银矿床。铅锌矿床开采中提供大量伴生银产品,铜矿及金矿开采冶炼中也提供一定量伴生银。全国已探明有储量的产地有569处,分布在27个省份。储量在万吨以上的省有江西、云南、广东。储量在10 000~50 000 吨的省(自治区)有内蒙古、广西、湖北、甘肃,这7个省(自治区)的储量占了全国总保有储量的60.7%。

我国银矿主要有以下特点:伴生银资源丰富,产地多,但贫矿多,富矿少。2015年资料显示,银矿资源有569处,总保有银储量11.65万吨。但是我国伴生银矿富矿少,贫矿多,银品位大于50克/吨的富伴生银矿只占伴生银矿储量的1/4左右。大、中型产地少,占有储量多;小型产地多,占有储量少。银矿成矿的一个重要特点,就是80%的银是与其他金属,特别是与铜、铅、锌等有色金属矿产共生或伴生在一起。我国共生银矿以银铅锌矿为多,其保有储量占银矿储量的64.3%。伴生银矿主要产在铅锌矿(占伴生银矿储量的44%)和铜矿(占伴生银矿储量的31.6%)中。[①]

4. 稀土资源

稀土主要以独居石、氟碳铈矿、磷钇矿、淋积型矿、镧钒褐帘石等矿物形式分布在中国。中国是世界稀土资源储量大国,不但储量丰富,而且具有矿种和稀土元素齐全、稀土品位高及矿点分布合理等优势。

2011年,在全球已探明的1亿吨稀土储量中,中国稀土储量为3600万吨,占全球储量的36%。全国稀土矿探明储量的矿区有60多处,分布于16个省(自治区),以内蒙古为最,占全国的95%,湖北、贵州、江西、广东等省份次之。我国稀土矿产不仅储量大,而且品种多、质量好,矿床类型独特,如内蒙古白云鄂博沉积变质—热液交代型铌—稀土矿床和南岭地区的风化壳型矿床,在世界上均居独特地位。我国稀土矿产多与其他矿产共生,南方以重稀土为主,北方以轻稀土为主。

由于开采成本很低、单靠卖原料即可获得高利润,所以近几年这些企业大量开采稀土,低价供应全球90%的稀土,致使国内稀土的储量快速减少。按现有生产速度,中国的中、重类稀土储备仅能维持15~20年,未来可能需要进口。

稀土开采污染严重。首先,浸出、酸沉等工序产生的大量废水富含氨氮、重金属等污染物,严重污染饮用水和农业灌溉用水。其次,稀土开采对环境和植被破坏性非常大。先砍树后锄草,然后剥离表层土壤,所到之处山体植被都会遭受

---

① 中商情报网(http://www.askci.com/),时间:2015年12月14日

难以修复的破坏。最后,稀土采选产生的废渣占用大量的土地,其中所含的重金属或有害元素在雨水冲洗作用下进入河流或地下水体,严重影响人们的身体健康和生态环境。

1.1.2 非金属矿产资源分布与发展现状

1. 非金属矿产资源总体情况

截止到2015年年底,中国已查明资源储量的非金属矿产有88种,其中储量居世界前列的有20余种,鳞片石墨、萤石、铝矾土、菱镁矿、煤系高岭土、硅灰石、膨润土、滑石和石英等9种的储量居世界第一。非金属矿物产地有8000余处,在已探明储量的非金属矿产中,大部分已开发利用并形成了一定的生产规模。

我国非金属矿物产地分布广泛。例如,萤石、耐火黏土、硫、重晶石、盐矿、云母、石膏、水泥灰岩、玻璃硅质原料、高岭土、膨润土、花岗石和大理石等矿物产地分布范围覆盖面可至全国2/3以上的省份。其中,水泥灰岩、玻璃硅质原料、花岗石和大理石等大宗矿产的矿产地遍及全国。与此同时,大多数矿产储量相对集中在我国经济比较发达的东部和中部地区,特别在东南沿海一带,矿产如硫、石英砂、高岭土、石墨、滑石、萤石、重晶石等,储量的集中为开发利用和国际贸易提供了方便的地理条件。在众多的非金属矿物中,只有磷矿相对集中在云、贵、川、鄂等省份,形成南磷北运的不利布局;而钾盐、芒硝、盐矿、天然碱等盐类矿产则大量分布在青海柴达木盆地和新疆等地,地处青藏高原以北的边远高原,开发难度较大。

2014年,我国生产水泥24.8亿吨,同比增长2.3%(图1-6);平板玻璃7.9亿重量箱,增长1.1%;钾肥610.5万吨(折含K_2O 100%),增长13.5%;磷矿石1.2亿吨(折含P_2O_5 30%,下同),增长7.0%。2015年上半年,生产水泥10.8亿吨,同比减少5.3%;平板玻璃4.0亿重量箱,下降4.2%;磷矿石6629.8万吨,增长9.1%。[①]

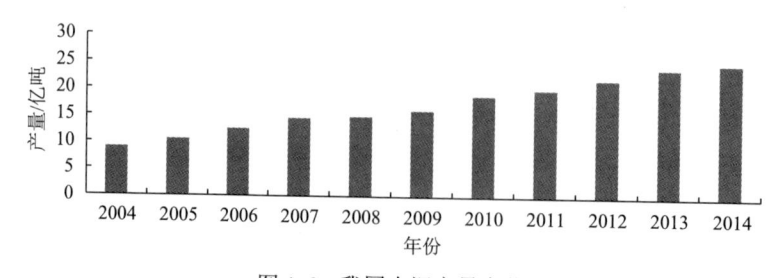

图1-6 我国水泥产量变化

---

① 《2015中国矿产资源报告》

我国非金属矿产资源的特点有以下几个。

(1) 东部地区探明储量增幅减缓，大部分矿山进入中晚期，储量和产量逐年降低，接替资源勘探不足。东部发达地区从环保和城市化建设的角度考虑，已逐步限制矿产资源的开采，但东部地区对非金属矿产资源的需求量较大。

(2) 西部地区资源储量丰富，地质工作程度浅、推断储量大，开发利用的自然条件差，市场需求量少。还存在生态环境保护与矿产资源开发利用的矛盾。

(3) 东北部地区部分资源储量丰富，品位好，开发利用起步早。

2. 我国非金属矿产资源存在的问题

某些矿种稀缺，勘察程度低：我国的金刚石储量小，品位低。金刚石品位最高的 701 矿胜利岩管原矿品位约 600 毫克/米^3，而砂矿类品位约 1.5 毫克/米^3，仅相当于南非金刚石选矿厂的尾矿品位。总的来说，我国金刚石储量少，无大型矿床发现。除磷矿和石棉矿的勘查程度相对较高外，大部分非金属矿产的勘查程度都很低。

难选矿物多，利用技术复杂：高岭土伴生有蒙脱石、伊利石、水钻石，以及石英、云母、黄铁矿、方解石等，给选矿增加了困难，用途受到限制。

中、小型矿床居多，大型矿床偏少：据已勘查的 165 个非金属矿床统计，大型矿床有 27 个，中型矿床有 23 个，小型矿床有 115 个。但是从非金属矿产企业的产业布局上说，无论是采矿业还是加工业，企业数量均偏大、规模均偏小，集中度较低。比如，广东连州有碳酸钙生产企业 46 家，总产量只有 140 多万吨，即使作为一家企业，其产量也不是足够大。

地域分布相对集中，非产地利用则增加运输成本：已探明的资源大部分集中在中东部地区，如菱铁矿和滑石的 90%、石墨和萤石的 80% 以上集中分布在东部和中部地区。

同时，我国非金属矿资源家底不清。许多开采企业，没有地质报告仍进行生产，如山东某地区的石墨矿，约 30 家，仅有 3 家有合格的开采证书，其余完全处在盲目生产状态中；全国膨润矿山不小于千家，有 50% 以上矿山是未经地质勘查工作的矿区(点)采掘。带来的后果是：没有任何可行性论证的开采，造成环境污染，给监控工作带来很大困难，部分产生失控现象；在一定程度上导致价格混乱，在国际市场上以相互压价争取出口创汇；加工精细度不够，资源严重浪费。

1.2 经济发展对非能源矿产资源依赖情况

1.2.1 经济发展对非能源矿产资源需求

经济发展速度和程度与矿产品消费之间存在极强的正相关关系。我国从 20

世纪 90 年代后期开始,已经进入对矿产资源需求的快速增长时期,而且这一时期还将持续相当长的一段时间。

1. 经济发展对金属矿产消费需求

经济增长与金属消费需求的理论和经验表明,人均 GDP 与人均金属消费量之间存在着很强的相关关系。西方有关学者将其归纳为"S"形模式。该模式显示,当经济发展的重点由农业转向制造业时,矿产资源的人均消耗开始增长,随着人均收入的进一步增长,消费者需求将成为人均金属消费量增长的驱动力。并且,一旦人均收入达到一定水平,金属需求量就会在一定时期内成倍增加,经济发展到成熟期后,消费增长会保持在一定水平,最后呈下降趋势,如图 1-7 所示。

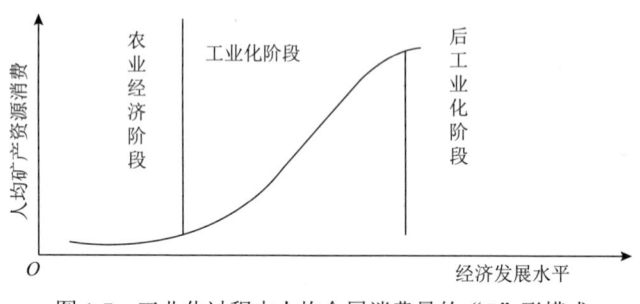

图 1-7 工业化过程中人均金属消费量的"S"形模式

当人均 GDP 为 3000~4000 美元(可比盖凯美元)时,工业化经济开始快速增长,各种重要矿产资源的人均消费需求随之快速增长,并按各自的增长方式达到峰值。虽然各国人均矿产资源消费量差异很大,但各国同一金属的人均消费量峰值点对应的人均 GDP 却十分相似,且有明显的演化规律。这些规律预示着我国矿产资源的消费将会持续增长,即使严格遵循国家的环境保护法,由此引发的对环境原生态的破坏也难以完全恢复。

2. 我国经济发展态势

20 世纪 90 年代以来,我国对矿产资源的消耗速度呈现加速的趋势。例如,有色金属消费总量从 1990 年的 202.5 万吨增加到了 2014 年的 4800 多万吨;2015 年,我国建筑业钢材消费量达 3.6 亿吨,占钢材总消费量的 54.2%。石油的消费量也从 1990 年的 1.18 亿吨增加到了 2014 年的 5.19 亿吨,增加了将近 4 倍。城市化步伐的加快和消费结构升级,也促使住房、汽车、家用电器等终端消费需求大幅上升。此外,我国作为"世界工厂",正在生产和输出大量耗能产品及设备。国内和国际市场的巨大需求拉动了高能耗产品产量的急剧增长(王庆一,2006)。

我国(除港澳台外)现阶段人均 GDP 约 8000 美元,大致相当于欧美发达国家或地区 20 世纪六七十年代、日本 80 年代及我国台湾 90 年代初期的水平,要在今后 30~50 年达到中等发达国家或地区的水平,矿产资源的消费强度仍会像 90 年代后期那样,在相当长一段时间内保持较高的水平,"后发优势"必然带来矿产资源"集中高强度"的消耗,对环境的破坏可能会产生恶劣的突变性的自然灾害。

3. 资源浪费与资源危机

我国矿产资源的赋存情况是贫矿多,富矿少;难选矿多,易选矿少;共生矿多,单一矿少。例如,有色金属矿的 85%以上是综合矿,共、伴生铁矿约占其总储量的 31%。我国在珍惜资源和合理利用资源方面存在的问题非常严峻。对矿产废弃物的回收利用和无害化处理刚刚起步,略有经济效益,而社会效益还没有体现。全国现有 2000 多座金属矿山尾矿库,存尾矿约 100 亿吨,每年新增排放固体废弃物约 3 亿吨,而平均利用率只有 8.3%。目前我国综合利用效果比较好的国有矿山仅占 30%左右,部分进行综合利用的国有矿山占 25%,完全没有进行综合利用的占 45%,全国 20 多万个集体、个体矿山基本上不进行综合利用。据专家估算,我国矿产资源的综合回收率平均不超过 50%,总体上综合利用率约为 20%。有色金属矿产资源综合回收率为 35%,黑色金属矿产资源的综合回收率仅为 30%,比发达国家约低 20 个百分点。我国能源利用率只有 33%,能源消耗系数比发达国家高 4~8 倍。

矿产资源浪费又给矿产资源和矿业发展带来危机。资源浪费的结局必将导致资源的大量进口和矿山资源的加速枯竭。未来十年将是我国一大批大中型矿山集中闭坑和矿山接替紧张时期。这种情况进一步加剧了矿产资源供给的紧张程度。

1.2.2 非能源矿产资源的自给能力分析

矿产资源的供给能力可以从矿产资源的禀赋程度和对社会经济发展的保障能力来反映,同时在一定程度上也反映其经济发展的安全性。如前所述,虽然我国是全球矿产资源种类比较齐全的国家之一,资源总量也较大,但主要矿产储量占世界比例并不高,人均资源占有量也很不乐观。与占世界 21%的人口比例相比,中国已发现的主要矿产资源的储量并不丰富,而是相当贫乏。对社会经济发展的保障程度还十分有限。

储产比是资源保障程度的一种表示方法,它代表了储量可供开采的年限。如表 1-2 所示,中国主要矿产资源的静态储产比大多低于世界平均水平,就连储量丰富的煤炭,静态保障程度也不及世界平均水平的一半。铁、锰、铬、铜、铝、钾盐等矿产的消费依赖于大量的进口,现有储量对消费的保障程度(储消比)更低。

表 1-2 中国及世界主要矿产资源的静态保障程度[①]　　　　单位：年

矿产			铁矿石	锰矿石	铬矿	铜矿	锌矿	铝土矿	钨矿	稀土矿	钾盐矿
静态保障年限	储产比	世界	141	100	257	27	24	189	87	1012	327
		中国	48.3	23.3	18	32.1	14.3	32.1	31.9	324	242
	储消比	中国	39.2	21.6	4.1	12.5	19.1	30.5	62.2	11.35	14.5

注：世界储产比约等于储消比

自 20 世纪 80 年代末以来，中国矿业联合会对全国矿产资源总的供需形势与今后的发展前景先后进行了两次较大规模的论证工作。据最新一轮关于 45 种主要矿产可采储量对 2010 年经济建设的保证程度分析，包括煤、稀土、钨、锡、锌、锑、菱镁矿、石膏、石墨等在内的 23 种矿产可以保证，且有部分矿产或矿产品可供出口创汇；包括铝、铅、磷等在内的 7 种矿产属于基本保证但在储量或品种上还存在不足；包括石油、天然气、铁、锰、铜等在内的 10 余种矿产不能保证，部分矿产需长期进口补缺；而铬、钴、铂、钾盐、金刚石等 5 种矿产资源短缺，主要依赖于进口。在全部 45 种矿产中，中国有 27 种矿产的人均占有量低于世界人均水平，有 22 种属于对经济建设不能保证或基本保证但存在不足的矿产，占所论证矿种数的 48.9%。在可以保证的优势矿产中，相当多的矿产是市场容量不大的非大宗使用的矿产，而在基本保证程度以下的矿产又多数是经济建设需求量大的关键矿产或支柱性矿产。

1.2.3 经济发展对非能源矿产资源的对外依赖情况

中国国内有色金属产量和对矿产品需求量快速增长。10 种有色金属产量已从 1989 年的 219.9 万吨，发展到 2014 年的 4417 万吨，增长了 19 倍，并从 2001 年起，连续 13 年产量位居世界第一；铜、铝、铅、锌、镍、锡 6 种主要有色金属消费量也从 1980 年的 136 万吨，增加到 2014 年的 4800 万吨，中国成为全球第一消费大国。但是，原料短缺的形势日益严峻，矿产资源的供需矛盾非常突出，对国外原料的依赖程度越来越大。在 2004 年的进口产品中，铜、铝、铅、锌、镍 5 种矿产品进口量为 1036 万吨，用汇 52.5 亿美元，比 2003 年分别增长 5.4%和 61%，其中，粗铜和铜精矿进口近 300 万吨，用汇 25.6 亿美元，同比分别增长 7.2%和 68.3%。2005 年 1~5 月，上述 5 种矿产品进口量达 529 万吨，用汇 28.8 亿美元，比 2004 年同期分别增长 37%和 58%，其中，粗铜和铜精矿进口 160.6 万吨，用汇 14.6 亿美元，同比分别增长 51.6%和 74.6%。2014 年前三季度，中国有色金属进出口贸易逆差为 164.55 亿美元，同比减少 98.38 亿美元，其中，铜产品外贸逆差为 641.39 亿美元，比上年同期增长 5.04 亿美元，是有色金属中外贸逆差最多的

---

① http://www.china5e.com/energy/news-336952/[2008-10-30]

一个品种。国内有色资源供应不足的状况还将长期持续下去。

我国经济对矿产资源的平均依存度为 40%～50%，铁的对外依存度已达到 50%～60%，铜和钾的对外依存度已达到 70%左右。具体如表 1-3 所示。

表 1-3 部分金属资源的对外依存度　　　　　　　　　　单位：%

年份	铅对外依存度	铜对外依存度	氧化铝对外依存度	锌对外依存度
2004	30.5	63.3	51.1	22.9
2005	28.6	60.2	58.9	25.6
2006	34.8	68.8	56.7	23.5
2007	40.5	65.5	50.2	30.1

近几年，我国经济发展需要国外矿产原料作补充，其依赖程度是：预计到 2020 年，铜产量为 1700 万吨，原铝 2500 万吨，铅 522 万吨，锌 683 万吨。

按照以上产量预计，并考虑到部分废杂等再生金属的利用，到 2020 年，需铜精矿含铜量 1178 万吨，氧化铝 5200 万吨(折铝土矿 10 400 万吨)，铅精矿含铅量 320 万吨，锌精矿含锌量 626 万吨。

1. 铁矿的经济需求

我国铁矿资源丰富且消耗量大，但可供经济开发利用的储量不足。从我国经济增长与铁矿资源的消耗关系看，铁矿资源的开采量、生铁的产量、粗钢的产量近十年来一直处于上升态势。在 2008 年全球经济危机的情况下，以上三个指标并没有出现下降趋势，生铁产量还有大幅增长的态势，如图 1-8 所示。此外，铁矿石开采业受到 2008 年经济危机的影响还很明显，但是在经济复苏过程中，钢铁加工业的恢复速度非常快，市场对钢材的需求非常旺盛。

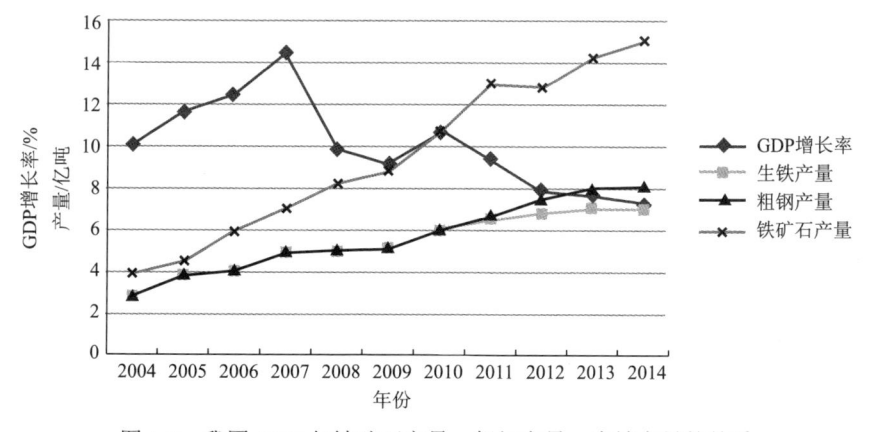

图 1-8 我国 GDP 与铁矿石产量、粗钢产量、生铁产量的关系

由此还可预见，我国钢铁资源需求在未来很长一段时间内仍将处于上涨的态势，这也意味着铁矿资源在未来很长一段时间处于高速的开采期，因此，协调铁矿资源的开采与环境、经济发展的关系至关重要。但是，可供经济开发利用的储量不足已成为制约我国经济发展的瓶颈。截至 2010 年年底，全国共有铁矿区 3846 个，查明铁矿石保有资源储量 726.99 亿吨。其中，基础储量 222.32 亿吨，资源量 504.67 亿吨。我国铁矿采选业发展迅速，已形成具有年产铁矿石近 2.7 亿吨能力的生产体系。2014 年铁矿石产量 15.14 亿吨，钢产量 8.23 亿吨。近几年来，随着我国汽车业、建筑业的快速发展，钢铁消费量逐年增加，全国铁矿石消费量从 2007 年的 7.07 亿吨增加到 2014 年的 12.46 亿吨。可见，我国铁矿石不能满足钢铁工业需求，每年需要大量进口。2013 年进口富铁矿石达 81 910 万吨，花费的金额超过了 1000 亿美元，在大宗商品中仅次于石油。截止到 2014 年年底，铁矿石进口量首次突破 9 亿吨，达到 9.325 亿吨。

预计 2020 年我国钢产量为 8.5 亿吨，届时中国铁钢比将下降到 0.9 以下。据此预测，2020 年我国铁矿石(品位 35%)需求量为 13 亿吨。国内铁矿石也难以满足需求，预计 2020 年中国生铁产量将达到 7.5 亿吨，消耗铁矿石 12 亿吨，其中进口铁矿石 9 亿吨以上。届时，将形成国内资源不足，对国外资源严重依赖的局面。

2. 铜矿的经济需求

近几年，由于我国经济的迅速发展，对铜及铜合金粉的需求大量增加。自 2000 年至今，这 10 多年间我国铜精矿的产量平均增长 9.02%，铜的消费量平均增长 20%左右。2009 年我国铜精矿产量为 105.5 万吨，而铜在我国的消费量是 411 万吨，远不能满足对铜的消费和生产需求。2014 年，国内精炼铜产量达到 764.37 万吨，较 2013 年增长了 15%，但国内原料生产的铜供应严重不足，矛盾日趋扩大。

我国进口铜矿产品数量逐年增加，贸易逆差也在逐渐加大，2013 年，87 种铜产品实现进口额 703.83 亿美元，出口额 71.50 亿美元，形成外贸逆差 632.33 亿美元，占有色金属产品外贸逆差总额的 169.29%。数据显示，铜一直是有色金属中进口额和外贸逆差最大的产品。据张峰等"基于情景分析法的 2020 年我国铜资源需求预测"的研究，在铜消耗维持自身消费增长速度，单位 GDP 耗铜量下降的"中情景"下，预计到 2020 年，我国铜的需求量为 1774.1 万吨，国内矿产铜只能保障 12%；国内废铜产铜将达到 585.45 万吨，可使国内铜的保障度提高到 45%，仍缺口 976 万吨。

3. 钾盐的经济需求

目前，我国的钾盐矿在青海的察尔汗、新疆已有较大规模开发利用，四川、云南等产地也开始小规模利用。但是,我国钾盐资源主要产地位于西部边远地区,受各方面因素影响,开发利用受到限制。根据国家统计局资料,2014年钾盐表观消费量为1725万吨。其中,国内生产钾盐954万吨,进口钾盐802.95万吨,出口钾盐31.27万吨,对外依存度为45.7%。我国钾盐资源潜力有限,可供储量难以增长。经评价分析,到2020年钾肥累计需求量为23 620万吨,累计需求钾盐可供储量77 498.62万吨,可供储量对2020年需求的保障程度小于30%。

1.2.4 非能源矿产资源对外依存度

铁、铜、铝、钾盐等大宗矿产的进口量大幅攀升,对外依存度居高不下,2014年数据分别为:铁矿石对外依存度为84.6%,精炼铝对外依存度为60.9%,精炼铜对外依存度为74%,钾盐对外依存度为50.4%[①]。

由于矿产资源的对外高度依存,国际矿产品市场价格波动对我国的经济安全和自主开采影响较大。如果没有充分的实力和准备,将直接导致我国经济损失和矿产资源供给安全。

如图1-9所示,以铁矿为例,2015年中国的铁矿石对外依存度首次突破80%大关,达到了84%。2016年前两个月,这一比例更是高达86.7%。据《世界金属导报》报道,2015年,中国从澳大利亚和巴西两个国家进口铁矿石占总进口量比例达到83.8%,同比增长7969万吨,而同期中国铁矿石总进口量仅增加2038万吨[②]。

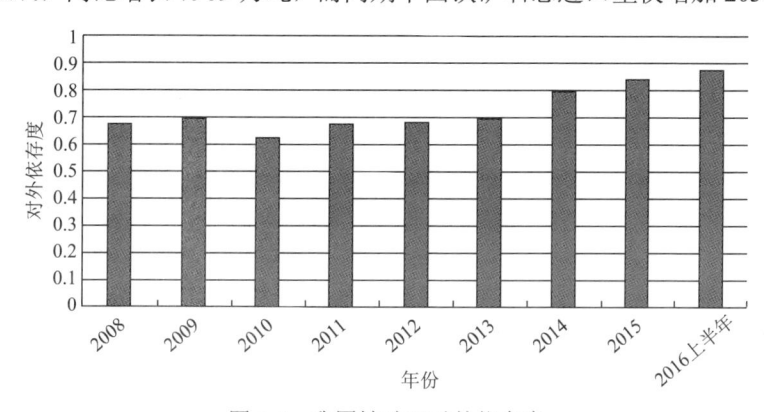

图1-9 我国铁矿石对外依存度

对进口的依赖程度越来越高,使得我国利用国外资源的成本上升,国际市场上铁矿石的海运成本也大幅上升。曾经在2004年至2005年,不到两年的时间里,巴西、澳大利亚到我国的铁矿石运费分别上涨近190%和160%(赵洋等,2011)。

---

① http://www.nengyuan.com/news/d_20131006111111279838.html [2012-04-23]
② http://money.163.com/16/0414/21/BKL5FLU600253B0H.html [2016-04-14]

尽管我国是铁矿石的最大买主，但对国际铁矿石市场的影响却很小，在国际铁矿石价格形成机制中能发挥的作用也不大。

因此，提高矿产资源的自给率，增加勘探投资，依然是我国矿产资源发展的重要工作，因此，环境的破坏也将会不可避免地继续。如何寻找协调点，将是本书研究的重点。

1.3 非能源矿产资源—经济—环境的协调共性分析

我国矿产资源—经济—环境的整体协调性不容乐观。一方面，资源价格的飙升给矿城经济带来快速发展机遇，带动基础设施的建设，促进了经济增长；另一方面，在巨大利益驱动下，过度扩大开采规模，部分企业忽视开采与治理的协调关系，导致地区土地塌陷、水资源污染、植被破坏严重。这些现象在小型及地方矿产资源企业表现得尤为突出。不同的矿产资源的赋存条件和开采方式对环境破坏的内容及程度有所不同，比如，铝土矿的开采对地表和植被的破坏严重，铜矿的开采对水资源的影响严重，磷矿的开采对环境的影响是全方位的，包括水资源、土地、植被等。这就对矿产资源开采企业和各方面的监管及受益部门提出了更高的要求，增加了矿产资源—经济—环境系统协调发展的难度。

本书从非能源矿产资源开采与自然环境、非能源矿产资源开采与区域经济、区域经济与自然环境三个方面存在的矛盾，寻找、分析并归纳出非能源矿产资源—经济—环境相协调方面存在的共性问题，有针对性地提出改进建议。

1.3.1 非能源矿产资源开采与环境之间的矛盾

按照熵守恒理论，矿产资源的开采本身就是熵增的过程，必然会伴随着环境的变化。换句话讲，就是矿产资源的开发是以环境破坏为代价的。

截止到 2012 年，我国因采矿破坏的土地面积达 400 多万公顷，最近几年损毁土地面积仍以每年 20 万公顷的速度递增，因采空或超采地下水，引起地面沉降、塌陷、滑坡、地裂缝及泥石流等地质灾害达千余处；全国每年工业固体废弃物排放量中 85%以上来自矿山开采，现有固体废矿渣积存高达 60 亿～70 亿吨，其中仅煤矸石就有 30 多亿吨，形成煤矸石山 1500 余座，占地 5000 公顷；矿山生产过程中排放大量废水和废气，仅煤矿排放的废水每年达 26 亿吨，废气达 1700 亿立方米，对土地、水体和大气都造成污染。

20 世纪 90 年代以来，我国开始重视煤炭矿山地质环境的整治、矿区土地复垦和生态重建，如唐山、淮北、邹城、平朔等地创建了若干示范区，但是矿山土地复垦率依然仅有 12%，远低于一般发达国家 50%以上的水平。同时，对非能源矿山环境的整治力度还远远不够,没有提到应有的高度加以重视。下面根据环境污染和破坏类型分别论述。

1. 土地的破坏

受非能源矿产资源的赋存规模限制,我国大量存在小型的作坊式滥采乱挖、采富弃贫的资源开采现象。例如,山东平度市石墨采选企业 30 余家,其中 80% 属无证开采。行业中中小型企业矿石回采率只有 50%,普遍存在选矿回收率低的现象,相当一部分企业选矿回收率仅在 40%～50%,资源的利用率仅达到 20%～25%。郴州的隐晶质石墨有 50% 被当作燃料烧掉,是极大的资源浪费,并且这种资源浪费得不到应有的监控,对地貌、土壤、水域、空气等带来极大破坏性的污染。例如,砂金矿和云母矿等因无序开采造成大面积耕地和草皮被破坏,土地沙漠化严重,大香格里拉国际旅游线路景观遭到严重破坏。丹巴县妥皮高瓦云母矿造成的土地破坏的面积甚至达到 6.24 平方千米。

就现有的矿区土地复垦恢复治理情况,我们以西南矿区为例进行说明。西南地区矿山占有破坏土地面积为 188 639.47 平方千米(包括能源类矿产),目前恢复治理的总面积约为 2779.58 平方千米,为矿山占地总面积的 1.5%。土地复垦与生态环境建设总投资历年累计约 12.5 亿元,由于历史性环境欠账,这些投资远远不能满足对环境的维持,更谈不上恢复。

2. 废水废液污染

矿产资源的开采会产生许多废水,对环境的污染十分严重。例如,丹巴、九龙等地有色金属选矿废水长期向大渡河和雅砻江排放,饮用水源受到污染。现以西南地区为例说明,根据各省份资料统计,西南地区矿山年排放废水量为 1 261 254.91×10^4 立方米,综合利用量 82 230.73×10^4 立方米,综合利用率 6.6%。然而各地和不同企业的实际废水排放及综合治理利用情况较为复杂。

矿山废水常通过以下途径造成污染:①渗透污染。矿山废水池或选矿废水排入尾矿池后,选矿时产生的废水能通过土壤及岩石层的裂隙渗透而进入含水层,造成地下水源污染。同时还会渗过防水墙,污染地表水体。②渗流污染。含硫化物的废石堆及煤矸石,直接暴露在空气中,不断进行氧化分解,生成硫酸盐类。当降雨侵入废石堆后,在废石堆中形成的酸性水就会大量渗流出来,污染地表水体。③径流污染。采矿工作会破坏地表或山区植被,因而会造成水土流失;降雨或雪融后的水流会搬运大量泥沙,不但堵塞河流渠道,而且会造成农田污染。

因此,对矿山废水的处理显得尤为重要。从不同的企业来看,一般大中型国有企业多具有较为完善的废水循环综合利用的设施,综合治理利用率较高。而私有、小型矿山企业废水处理及综合利用很少,多为任意排放。

对于其他非金属类矿，化学原料非金属矿多为井下爆破落矿，水溶抽取，废水循环使用。因此，其废水废液的循环利用率较高，大于50%。建材类非金属矿山用水较少，废水废液综合利用率也较低，几乎为零。

3. 重金属污染

非能源矿产资源开采和使用中一个非常重要，不能通过自然降解的方式修复，也没有特别有效的治理方法的污染是重金属污染。目前我国很多地区出现的"怪"病，部分是由重金属污染造成的。重金属污染通常是一种不可逆转的伤害，如果不经过特殊处理，就只能靠降雨把这些污染稀释到安全水平。而重金属具有富集性，很难在环境中降解，毒性存在的时间几乎是永久的。

然而矿区泄漏造成的污染，毒害性往往不止于重金属本身。拿铜矿来说，湿法炼铜就会导致更多剧毒的化学废水产生。湿法炼铜是一种通过化学药水浸泡，将更纯净的铜金属置换出来的提纯方式，因为对外在环境的要求不高，所以很容易用来提炼铜矿。2010年发生铜酸水渗漏事故的紫金矿业就是采用这种方法炼铜。经过置换后，剩下的药水大多是些硫化物，所以在下游地区毒死了大批鱼类。

环境保护部、国土资源部2014年4月17日发布的《全国土壤污染状况调查公报》显示，我国不同土地利用类型土壤的环境质量状况较差。耕地：土壤点位超标率为19.4%，其中轻微、轻度、中度和重度污染点位比例分别为13.7%、2.8%、1.8%和1.1%，主要污染物为镉、镍、铜、砷、汞、铅、滴滴涕和多环芳烃。林地：土壤点位超标率为10.0%，其中轻微、轻度、中度和重度污染点位比例分别为5.9%、1.6%、1.2%和1.3%，主要污染物为砷、镉、六六六和滴滴涕。草地：土壤点位超标率为10.4%，其中轻微、轻度、中度和重度污染点位比例分别为7.6%、1.2%、0.9%和0.7%，主要污染物为镍、镉和砷。未利用地：土壤点位超标率为11.4%，其中轻微、轻度、中度和重度污染点位比例分别为8.4%、1.1%、0.9%和1.0%，主要污染物为镍和镉。该公报指出："全国土壤环境状况总体不容乐观，部分地区土壤污染较重，耕地土壤环境质量堪忧，工矿业废弃地土壤环境问题突出。"

1.3.2 非能源矿产资源开采与经济相协调的共性问题

1. 对外依存度明显加大，内部投入不足

近几年来，我国矿产资源对外依存度明显加大，但内部增长明显不足。国内铁矿矿山2007年矿产量为70 739万吨，2014年达到151 400万吨，7年内上涨了114.03%。实际消费量由2007年的109 040万吨涨到2014年的124 600万吨，涨幅达到14.27%。中国海关总署统计数据显示，2014年进口铁矿石9.325亿吨，同比上涨13.8%，占铁矿石消费量的74.8%。2015年铁矿石进口量达9.5272亿吨，同比增长 2.2%；2016 年 1 月铁矿石进口许可证发证数量达到 14 493.62 万吨，环比大幅上涨 99.8%，进口量为 10.24 亿吨，同比增长 7.49%，已占国内铁矿石需求的 70%之多。

我国铜矿储量在 2000 年至 2013 年的 13 年间没有明显的增长，且截止到 2013 年铜矿自给率已下降到 23%。铜矿产量从 58.55 万吨增长到 170 万吨。2013 年，国内精铜产量达到 617.9 万吨，较 2010 年增长了 34.91%；铜精矿进口量为 783 万吨，较 2011 年增加 22.7%。2014 年我国精炼铜进口 358.97 万吨，同比增加 13.7%；未锻轧铜及铜材 483 万吨，较 2013 年增加 7.4%。在我国紧缺的有色金属资源中，铜金属原料供需矛盾最为严重，此种状况在短期内难以改变。

铁矿石对外依存度加大的主要原因是国内需求的大幅上升。铜矿石对外依存度的上升，除了目前可供开发利用的储量少(3500 万吨左右)、贫矿多、富矿少(铜品位大于 1%的有 2206 万吨左右)等客观原因外，大矿小开(除德兴、白银厂、永平等大规模开采外)、一矿多开的资源浪费现象也非常普遍。此外，矿山采选技术落后，如中国核工业集团公司直属矿山中，除德兴铜矿二三选厂和永平、武山、安庆等新建及扩建的选厂采选设备较先进之外，多数是 20 世纪五六十年代建设的矿山，技术装备陈旧落后，生产效率低。

2. 衰竭矿城数目大，产业发展方向单一

目前，我国现有资源型城市 262 个，占全国 661 座城市数量的 39.63%，其中有 67 余座趋于枯竭。在 20 世纪中期建设的国有矿山中，已有 2/3 进入"老年期"，440 座矿山即将闭坑，300 万下岗职工、1000 万职工家属生活受到影响。这些城市产业结构单一，以采矿业为主导产业，形成一条与资源关联度高、依赖性强的产业链，产业结构调整困难，为矿业城市向综合性城市发展制造了障碍，资源枯竭导致矿业城市产业全面凋敝。

主要原因：一是转型方向缺乏必要的指导。国外资源型城市的研究与发展经历了初期理论(20 世纪 30 年代初期～70 年代中期)、实证与规范研究(20 世纪 70 年代中期～80 年代中期)及结构调整(20 世纪 80 年代中期至今)三个阶段,德国鲁尔、法国洛林、日本九州、美国匹兹堡等资源型城市均进行了比较成功的转型实践。我国资源型城市的研究也大体经历三个阶段，可归纳为工业(生产力)布局与区域分工研究(1949～1978 年)，工业综合发展与布局规划研究(1978 年～20 世纪 90 年代中期)，产业结构调整、经济转型与可持续发展研究(20 世纪 90 年代中期至今)。从总体上看，我国资源型城市转型理论需要研究的空白点还很多，尤其是在实践研究方面的成果，还很难胜任对矿城转型的指导工作。二是矿城产业转型方向过于单一，导致从一个困境走进另一个困境，而且矿城转型定位模糊、定位雷同现象较为普遍。例如，我国大多资源型城市转型都是按西部大开发、东北老工业基地振兴的定位思路，规划思路大同小异，缺乏应有的个性和特色。在矿城产业转型上，以现有矿产资源为依托，沿产业链下游方向发展是较为普遍的转型方式。

3. 矿产资源开采企业与地方政府经济利益博弈

目前，矿产资源开采企业与地方政府的关系基本是：矿产资源开采企业负责资源的开采及环境的治理，地方政府负责监督资源开采企业的开采行为，并收取税金。在矿产资源开采的不同阶段，地方政府对矿产资源开采企业的态度也不一样。在矿产资源开采初期及中期，政府多采取招商引资的态度，对环境的监管力度较弱；在矿产资源开采中后期，由于地方经济已得到一定程度好转，且需要更多的土地、更好的环境促进城市发展，地方政府便对矿产资源开采企业采取限制开采的态度，加强环境管理，收取高额治理费用。此管理模式直接导致矿产资源开采初期治理投入不足，环境破坏严重，后期治理费用高昂，治理效果不明显的现象。

因此，对绝大多数矿业城市来讲，产业结构的调整势在必行。如何准确地寻找到转型的方向，及时抓住转型的机遇，对实现矿城的可持续发展至关重要。同时，矿产资源开采企业与地方财政的博弈关系的规范及引导，也值得深入研究。

1.3.3 矿区经济与矿区环境相协调方面存在的共性问题

1. 矿区经济和环境相协调与循环经济的局限性

通过上述分析可知，矿产资源开采对环境的破坏毋庸置疑。目前，我国矿业企业广泛开展了循环经济、绿色经济和低碳经济的建设，以期通过这些活动或项目，控制和改善对环境的破坏。

循环经济的实质是将资源与环境要素纳入经济系统内部，通过资源成绩利用的价值创造，实现资源利用效率的提高与废弃物排放的降低。我国近十年的循环经济的实践虽然取得了一定的成绩，但是局限性也日益显现。

1) 在生态脆弱或资源富集地区盲目发展循环经济，不一定能从整体上和长远上取得生态经济的良好效果

循环经济不等于生态经济。生态经济是指在一定区域的生态系统承载能力范围内，运用生态经济学原理和系统工程方法改变生产及消费方式，合理利用自然资源，推动经济高效且生态持续的产业发展，是实现经济发展与环境保护、自然生态与人类社会和谐统一、永续发展的经济。

从理论上讲，循环经济是实现生态经济的一种技术范式或运行模式。在生态脆弱和敏感地区，即使采用了循环经济的"减量化"资源开采思想(减量化只是减少或降低恶化的速度，并没有对已经恶化的环境进行恢复)，如果经济发展固守在

自然资源开采的"优势"上，缺乏区域之间的共融协调，那么这个地区的自然环境依然会逐渐恶化。

2) 循环经济技术模式不一定能有效控制资源开发的密度和节奏

国家经济发展具有明显的区域性特征，在生态资源区域分布不均衡的条件下，循环经济作为一种物流闭环流动型的技术范式，能够较好地实现企业内部以致区域内部资源的简练使用和生态环境的维护，但是它不能从根本上解决生态资源在不同区域的合理配置问题，也不能从根本上解决各区域既有资源的合理开采、使用、和谐共生、协调发展，以及实现整体发展利益最大化的问题。

3) 循环经济技术原则需要进一步调整

可循环使用也是金属产品的一大优势，也能减少金属矿石冶炼对能源的需要。东北大学陆钟武院士的研究成果表明，在产品产量保持基本稳定或下降的情况下，提高资源循环率可使资源效率达到非常高的水平。但是，在产量持续增长的情况下，循环率对资源效率的影响就会小很多(陆钟武，2003)。原因是循环经济技术的"减量化、资源化、再利用"原则，基本上属于事后解决问题的方法，必须使循环经济与大力开发可替代、可再生的资源并重。

2. 经济高速增长与环境投资低速增长不协调

经济发展与环境保护是一架天平的两端，两者之间平衡与否，是判定一个区域健康发展程度的重要标志。我国矿产资源开采区域经济与环境的协调性问题，在矿业城市发展的不同时期差别很大。在经济发展期，为了城市的迅速发展，往往出现透支区域环境的现象，破坏环境成为城市发展的助力器。而当城市发展到一定程度，已破坏的环境又成为经济发展的障碍。目前来看，我国的矿产资源开采区域的经济与区域环境整体上不协调，经济高速增长与环境投资低速增长的矛盾明显。2014年山西省地区生产总值比2007年增长了111.84%，但环境污染治理投资总额仅比2007年增长26.26%。环境的恶化对西部的影响更为巨大，中国环境科学研究院的研究结果表明，西部地区2007年到2014年地区生产总值几乎增长3倍，但保守估算，西部地区环境污染和生态破坏经济损失约占同期地区生产总值的20%，基本上相当于同期西部地区全社会固定资产投资额的50%。

虽然矿产资源开采区域的众多企业及政府已经认识到经济—环境协调发展的重要性，但是由于矿山长期粗放性开采，早些年投入的治理资金较少，且环境治理效果的滞后性和非经济营利性造成的环境破坏已很严重，各方环境保护意识还需要进一步加强。目前的治理投入费用还不能与区域经济发展速度相匹配，矿产资源开采区域环境治理的任务依然十分严峻。

第 2 章　矿产资源—经济—环境协调发展与评价

能源矿产与非能源矿产资源在开采、生产、加工过程，以及对区域经济和环境的影响上具有很大的相似性，其协调发展的内涵和实质也具有共性。因此，下面将从矿产资源生产区域发展共性的角度对其协调发展与评价进行分析和阐述。

2.1　矿产资源—经济—环境相协调的基础理论与国外经验

2.1.1　可持续发展理论

1. 可持续发展的内涵

现代可持续发展思想的提出源于人们对环境问题的逐步认识和热切关注。其产生的背景是人类赖以生存和发展的环境与资源遭到越来越严重的破坏，人类已不同程度地尝到了环境破坏的苦果，人们都在反思着发展的代价及人类的未来。对传统经济发展模式的反思，孕育出了可持续发展思想及其相关战略。

1980 年国际自然资源保护联合会(International Union for Conservation of Nature and Natural Resources，IUCN)在《世界保护策略》(*World Conservation Strategy*)一书中从生态学的角度首先明确提出了可持续发展的概念，1987 年世界环境与发展委员会(World Commission on Environment and Development，WCED)向第 42 界联合国大会"环境与发展会议"提交了《我们共同的未来》(*Our Common Future*)，对可持续发展给出了这样的定义：可持续发展是指"既满足当代人的需求，又不对后代人满足其自身需求的能力构成危害的发展"。

2. 可持续发展的核心思想和内容

可持续发展(sustainable development)的内涵十分丰富，就其社会观而言，主张公平分配，既满足当代人又满足后代人的基本需求；就其经济观而言，主张建立在保护地球自然系统基础上的持续经济发展；就其自然观而言，主张人类与自然和谐相处。这些观念是对传统发展模式的挑战，并为人类谋求新的发展模式，进而形成新的发展观奠定了基础。归结起来，可持续发展的模式同传统的发展模式的根本区别在于：可持续发展的模式不是简单的开发自然资源以满足当代人类发展的需要，而是在开发资源的同时，保持自然资源的潜在能力，以满足未来人类发展的需要；可持续发展的模式不是只顾发展不顾环境，而是尽力使发展与环境协调，防止、减少并治理人类活动对环境的破坏，使维持生命所必需的自然生态系统处于良好的状态。因此，可持续发展是可以持续不断的，既不会在有朝一日被限制，也不会中断发展，它既可以满足当今的需要，又不致危及人类未来的发展。

可持续发展作为一个完整的理论体系正处在形成的过程中。其核心思想是：健康的经济发展应建立在生态可持续能力、社会公正和人民积极参与自身发展决策的基础上。它所追求的目标是：既要使人类的各种需求得到满足，个人得到充分发展，又要保护资源和生态环境，不对后代人的生存构成威胁。它特别关注各种经济活动的生态合理性，强调对资源、环境有利的经济活动应给予鼓励，反之则应予摒弃。在发展指标上，不单纯用国民生产总值作为衡量发展的唯一指标，而是以社会、经济、文化、环境等多项指标来衡量发展。这种发展观较好地把眼前利益与长远利益、局部利益与全局利益有机地统一起来，使经济能够沿着健康的轨道发展。

可持续发展包括经济、生态和社会三方面，我国在可持续发展方面需要做的工作内容包括以下几项。

(1) 经济增长是可持续发展的核心内容。可持续发展的核心是发展，对我国这样的发展中国家来说，发展尤为重要。我国经济可持续发展的目标是确保经济以较快的速度增长，并逐步改善增长的质量，满足全国各族人民日益增长的物质和文化生活的需要。它要求避免单纯依靠扩大资源的消耗来增大经济的总量，而应以尽可能低的资源消耗达到提高人民福利水平的目的。关键是经济的增长速度要适度，不能超过综合国力所能支撑的潜在经济增长能力。同时，要与人口、资源、生态环境相协调，既满足当代人的需要，又不对后代人的利益构成危害。要求通过产业结构的调整优化和高新技术的开发及应用，转变经济增长方式，优化资源配置，降低能耗，提高经济效益。也就是说，发展是硬道理，但发展必须是可持续的。

(2) 资源环境支持是可持续发展的前提和基础。资源的合理利用和生态环境的保护是实现可持续发展的前提和基础。资源的合理利用与否，环境质量的好坏，是能否实现可持续性发展的主要影响因素。我国人均资源占有量小，生态环境脆弱，并且随着工业化进程的加快与社会区域化的快速发展，资源开发的速度加快，力度增大，为保证可持续发展，必须有效开发、利用资源，建立资源节约型的社会经济体系，制定和健全资源政策、价格、立法，推广新工艺、新技术等。同时，加大环境保护执法力度，增加环保投入，积极治理和恢复已遭破坏和污染的环境，强化生态环境的保护。

(3) 社会进步是可持续发展的重要标志。社会进步程度是经济、资源、环境能否实现协调发展的关键。较高的生活质量、合理的政治制度和分配机制、有效的决策组织管理体系、良好的伦理道德和历史文化、稳定的社会环境及健全的社会保障体制，是实现可持续发展的重要标志和有力保证。我国社会可持续发展的目的是提高人民生活质量，积极促进社会向文明、公正、安全、健康的方向发展。为此，必须控制人口数量，提高人口质量；合理调节社会分配关系，消除贫富不均和两极分化；大力发展教育、文化、卫生事业，增强全体人民的科学文化素质，提高健康水平；建立和完善各种社会保障体系，保持社会政治稳定。

2.1.2 生态经济学与循环经济

1. 生态经济学的发展

随着人类社会经济的不断发展，特别是工业化发展时代以来，人类向大自然掘取越来越多的矿产资源，向环境中排放越来越多的废物，对生态环境的扰动和破坏越来越严重，直接威胁到了人类自身的生存与发展。此时，人类开始探索如何与生态环境和谐相处的方式及途径，生态经济学（ecological economics）这个融生态学和经济学于一体的交叉科学应运而生。生态经济学是研究由社会、经济和自然生态复合而成的经济生态系统的结构、功能及其客观规律性的学科。它着重从人口、资源、环境的整体作用上探索社会物质生产所依赖的社会经济系统与自然生态系统的相互关系，其中包括发展经济和保护环境的相互关系、利用自然资源与维护生态平衡的相互关系，以及生产活动的社会经济效益及环境生态效益的相互关系。它的研究目的是通过对上述各种关系的研究，把握其中的客观规律性，从而指导社会经济在生态平衡的基础上实现持续发展。具体来说，生态经济是指在生态系统承载能力范围内，运用生态经济学原理和系统工程方法改变生产及消费方式，挖掘一切可以利用的资源潜力，发展一些经济发达、生态高效的产业，建设体制合理、社会和谐的文化，以及生态健康、景观适宜的环境。生态经济是一种社会—经济—自然复合生态系统，既包括物质代谢关系、能量转换关系及信息反馈关系，又包括结构、功能和过程的关系，具有生产、生活、供给、接纳、控制和缓冲功能。循环经济是生态经济学实践的方式与模式之一。

生态经济基本理论包括社会经济发展同自然资源和生态环境的关系，人类的生存、发展条件与生态需求，生态价值理论，生态经济效益，生态经济协同发展等。

生态经济学的研究最早可追溯到托马斯·马尔萨斯的《人口原理》及"土地肥力递减律"。书中反驳了亚当·斯密提出的"一国繁荣明显的标志就是居民人数的增加"的理论，被西方称为没有提出"生态经济学"概念的最早的生态经济学家。正式提出生态经济概念的是美国经济学家 K. 波尔丁，他在 20 世纪 60 年代发表了《宇宙飞船经济学》一文，文中把地球比作太空之中的一艘小飞船，推断人口及经济的高速增长终将耗尽飞船中有限的资源，排出的各种废弃物也将充斥飞船的内舱，其后果是飞船的内耗性毁灭。在这种思想指导下，各种对策相继出现，其中有著名的"零增长理论"和"消费限制理论"、柯尔姆的"环境使用税理论"及托宾等的"福利经济指标体系理论"等。后来波尔丁发表了《一门科学——生态经济学》一文，提出生态经济的理念。1972年英国生态学家哥尔德·史密斯出版生态经济名著《生存的蓝图》。同年，罗马俱乐部推出研究报告《增长的极限》，在世界引起巨大反响。1976年日本经济学家坂本藤良出版了《生态经济学》，较为完整地建立了生态经济学体系。

2. 生态经济的特征

生态经济的本质，就是把经济发展建立在生态环境可承受的基础之上，实现经济发展和生态保护的"双赢"，建立经济、社会、自然良性循环的复合型生态系统。遵循生态规律和经济规律，合理利用自然资源与优化环境，在物质可持续利用的基础上发展经济，使生态经济的原则体现在不同层次的生态经济形式上。

生态经济学主要有三个特征。

(1) 时间性，指资源利用在时间维上的持续性。在人类社会再生产的漫长过程中，后代人对自然资源应该拥有同等或更好的享用权和生存权，当代人不应该牺牲后代人的利益换取自己的舒适，应该主动采取"财富转移"的政策，为后代人留下宽松的生存空间，让后代同我们一样拥有均等的发展机会。

(2) 空间性，指资源利用在空间维上的持续性。要求区域的资源开发利用和区域发展不应损害其他区域满足自身需求的能力，并要求区域间农业资源环境共享和共建。

(3) 效率性，指资源利用在效率维上的高效性。即"低耗、高效"的资源利用方式，它以技术进步为支撑，通过优化资源配置，最大限度地降低单位产出的资源消耗量和环境代价，来不断提高资源的产出效率与社会经济的支撑能力，确保经济持续增长的资源基础及环境条件。

生态经济学是把生态学和经济学结合起来的一门综合性学科。它所观察思考的客观实体是由生态系统和经济系统组成的有机统一体，因此，生态经济学的研究对象也只能是生态经济系统。但它不是一般地考察生态系统和经济系统，也不是简单地把生态系统与经济系统加在一起，而是研究生态系统与经济系统的内在联系，即内在规律性。生态系统与经济系统之间的联系虽然多种多样，但最本质的联系是两者间存在着物质、能源价值的循环和转变。生态系统与经济系统相联系还需要一个中间环节，即由各种技术手段组成的技术系统。所以，生态经济学是研究生态系统、技术系统和经济系统所构成的复合系统的结构、功能、行为及其规律性的学科。

3. 循环经济[①]

循环经济(circular economy)一词是美国经济学家波尔丁在20世纪60年代提出生态经济时谈到的。波尔丁受当时发射的宇宙飞船的启发来分析地球经济的发展，他认为飞船是一个孤立无援、与世隔绝的独立系统，靠不断消耗自身资源存在，最终它将因资源耗尽而毁灭。唯一使之延长寿命的方法就是实现飞船内的资源循环，尽可能少地排出废物。同理，地球经济系统如同一艘宇宙飞船。尽管地球资源系统大得多，地球寿命也长得多，但是也只有实现对资源循环利用的循环经济，地球才能得以长存。

循环经济是指按照自然生态系统物质循环和能量流动规律重构经济系统，使经济系统和谐地纳入到自然生态系统的物质循环过程中，建立起一种新形态的经济，循环经济在本质上是一种生态经济，要求运用生态学规律来指导人类社会的经济活动；是在可持续发展思想的指导下，按照清洁生产的方式，对能源及其废弃物实行综合利用的生产活动过程。它要求把经济活动组成一个"资源—产品—再生资源"的反馈式流程，其特征是低开采、高利用、低排放。

循环经济作为一种科学的发展观、一种全新的经济发展模式，具有自身的独立特征，专家认为其特征主要体现在以下几个方面。

(1) 新的系统观。循环是指在一定系统内的运动过程，循环经济的系统是由人、自然资源和科学技术等要素构成的大系统。循环经济观要求人在考虑生产和消费时不再置身于这一大系统之外，而是将自己作为这个大系统的一部分，来研究符合客观规律的经济原则，将"退田还湖""退耕还林""退牧还草"等生态系统建设作为维持大系统可持续发展的基础性工作来抓。

(2) 新的经济观。在传统工业经济的各要素中，资本在循环，劳动力在循环，而唯独自然资源没有形成循环。循环经济观要求运用生态学规律，而不是仅仅沿用19世纪以来机械工程学的规律来指导经济活动。不仅要考虑工程承载能力，还要考虑生态承载能力。在生态系统中，经济活动超过资源承载能力的循环是恶性循环，会造成生态系统退化。只有在资源承载能力之内的良性循环，才能使生态系统平衡地发展。

(3) 新的价值观。循环经济观在考虑自然时，不再像传统工业经济那样将其作为"取料场"和"垃圾场"，也不仅视其为可利用的资源，而是将其作为人类赖以生存的基础，是需要维持良性循环的生态系统；在考虑科学技术时，不仅要考虑其对自然的开发能力，而且要充分考虑到它对生态系统的修复能力，使之成为有益于环境的技术；在考虑人自身的发展时，不仅要考虑人对自然的征服能力，

[①] MBA智库百科, http://wiki.mbalib.com/wiki/循环经济

而且要更重视人与自然和谐相处的能力，促进人的全面发展。

(4) 新的生产观。传统工业经济的生产观念是最大限度地开发利用自然资源，最大限度地创造社会财富，最大限度地获取利润。而循环经济的生产观念是要充分考虑自然生态系统的承载能力，尽可能地节约自然资源，不断提高自然资源的利用效率，循环使用资源，创造良性的社会财富。在生产过程中，循环经济观要求遵循"3R"原则：资源利用的减量化(reduce)原则，即在生产的投入端尽可能少地输入自然资源；产品的再使用(reuse)原则，即尽可能延长产品的使用周期，并在多种场合使用；废弃物的再循环(recycle)原则，即最大限度地减少废弃物排放，力争做到排放的无害化，实现资源再循环。同时，在生产中还要求尽可能地利用可循环再生的资源替代不可再生资源，如利用太阳能、风能和农家肥等，使生产合理地依托在自然生态循环之上；尽可能地利用高科技，尽可能地以知识投入来替代物质投入，以达到经济、社会与生态的和谐统一，使人类在良好的环境中生产、生活，真正全面提高人民生活质量。

(5) 新的消费观。循环经济观要求走出传统工业经济"拼命生产、拼命消费"的误区，提倡物质的适度消费、层次消费，在消费的同时考虑到废弃物的资源化，建立循环生产和消费的观念。同时，循环经济观要求通过税收和行政等手段，限制以不可再生资源为原料的一次性产品的生产与消费。

4. 生态经济与循环经济的异同

1) 生态经济与循环经济的相同之处

(1) 理论基础相同。生态经济、循环经济的理论基础都是生态经济理论和系统理论，以生态与经济系统协调发展为核心，以包括人类在内的生态大系统为研究对象，借鉴生态学的物质循环和能量转化原理，考虑资源和环境的可持续发展问题，探索人类经济活动和自然生态之间的关系。

(2) 技术手段相同。生态经济、循环经济都是以生态技术为基础。生态技术主要针对科学技术的功能及社会作用而言，它涉及科技伦理和科技价值问题。生态技术是指遵循生态学原理和生态经济规律，能够保护环境，维持生态平衡，节约能源资源，促进人类与自然和谐发展的一切有效用的手段和方法。生态技术将经济活动和生态环境作为一个有机整体，追求自然生态环境承载能力下的经济持续增长。

(3) 目的相同。生态经济、循环经济都是追求保护、改善资源环境，都是追求人类的可持续发展和环境友好型社会的实现。要求人类在考虑生产和消费时不能把自身置于这个大系统之外，而是将自己作为这个大系统的子系统来研究符合客观规律的经济原则，考虑自然生态系统的承载能力，尽可能地节约自然资源，不断提高自然资源的利用效率，促进人与自然和谐发展。

2) 生态经济与循环经济的不同之处

(1) 研究的角度不同。生态经济强调经济与生态系统的协调，注重两大系统的有机结合，强调宏观经济发展模式的转变，以太阳能或氢能为基础，要求产品生产、消费和废弃的全过程密闭循环。循环经济侧重于整个社会物质循环应用，强调循环和生态效率，资源被多次重复利用，提倡在生产、流通、消费全过程中节约和充分利用资源。

(2) 实施控制的环节不同。从经济系统和自然系统相互作用的过程来看，生态经济和循环经济分别从资源的输入端和废弃物的输出端来研究经济活动与自然系统的相互作用，同时，循环经济关注资源特别是不可再生资源的枯竭对经济发展的影响。

(3) 核心内容不同。生态经济的核心是实现经济和自然系统的可持续发展。循环经济的核心是物质循环，使各种物质循环利用起来，以提高资源效率和环境效率。

2.1.3　工业生态学理论

工业生态学(industrial ecology，IE)又称产业生态学，是一门研究社会生产活动中自然资源从源、流到汇的全代谢过程，组织管理体制与生产、消费、调控行为的动力学机制，以及控制论方法及其与生命支持系统相互关系的系统科学，是对开放系统的运作规律通过人工过程进行干预和改变。在一般的开放系统中，资源和资金经过一系列的运作，最终结果是变成废物垃圾，而工业生态学所研究的是如何把开放系统变成循环的封闭系统，使废物转为新的资源并加入新一轮的系统运行过程中。

工业生态学强调的是产业共生，原始形态为卡伦堡共生体系。通过"供给链网"(类似食物链网)分析和物料平衡核算等方法分析系统结构变化，进行功能模拟及分析产业流(输入流、产出流)来研究工业生态系统的代谢机理和控制方法。工业生态学的思想包含了"从摇篮到坟墓"的全过程管理系统观，即在产品的整个生命周期内不应对环境和生态系统造成危害。产品生命周期包括原材料采掘、原材料生产、产品制造、产品使用及产品用后处理。系统分析是产业生态学的核心方法，在此基础上发展起来的工业代谢分析和生命周期评价是目前工业生态学中普遍使用的有效方法。工业生态学以生态学的理论观点考察工业代谢过程，亦即从取自环境到返回环境的物质转化全过程，研究工业活动和生态环境的相互关系，以研究调整、改进当前工业生态链结构的原则和方法，建立新的物质闭路循环，使工业生态系统与生物圈兼容并持久生存下去。

工业生态学主要研究工业生产和消费活动中材料及能源的流通与转化及其对

环境产生的影响,研究如何提高材料和能源的使用效率,循环使用工业废物,从而减少对环境的污染和危害。研究还涉及经济、政策、法规、社会和市场等因素对资源的流通、使用和回收再利用的作用与影响。工业生态学的具体研究内容有以下四个方面。

(1)零排放。建立一个循环使用全部被使用的物质而无废物排放的工业系统,是工业生态学的理想目标。这样的工业系统是一个闭环系统,能够回收和循环使用生产中产生的所有物质,尽管仍然需要外部输入能源。如果把传统的生产比作人体的动脉,且称为动脉工业,那么废物回收系统则为静脉,且称为静脉工业。缺少静脉工业的回流,无疑阻碍着工业生态系统的循环。实际上,零排放几乎是不可能实现的,目前只能做到微量排放。在技术上试图建立零排放的工业生态系统时,专家们特别关注那些大量依靠材料流通的工业领域,如能源、交通、食品及服务等基础工业。目前,零排放实现得较好的是能源系统中使用氢燃料和以电为动力的汽车。

(2)替代材料。工业废物的减少可以通过使用新材料来代替原来使用的材料。新材料应当具有更长的使用寿命和更好的性能,在新材料的获得和处理过程中应当产生较少的废料。关于替代材料的研究已经进行了许多年。替代材料有许多实例,如金属代替木材、铝代替钢、高碳钢代替普通钢等。

(3)非物质化。非物质化理论认为,随着技术的进步、工业活动的增多和经济的增长,并不伴随着所需物质量的增加,资源消耗应当越来越少。通过各种创新技术,可从矿物中更有效地提取有用物质,改善材料的性能,促进废物再利用,减少材料的使用量,从而实现非物质化。非物质化理论在目前被认为只是一种假想。工业生态学家们正在加强研究、探索系统化的方法,以验证这一假想。

(4)功能经济。人们普遍认为,产品就是目的,是材料流通中的最终产物。然而,工业生态学的观点认为,一种产品代表的是向消费者提供特定功能的一种手段。当我们转变常规的看法,把产品看成向最终用户提供的某种功能时,资源的使用量和废物排放量将会大大减少。比如,当人们不买汽车这种产品本身,而只买汽车运送乘客和物品的功能时(即不买产品,只买服务),汽车制造商将会想方设法延长汽车的使用寿命,并且提高废旧汽车的回收价值,从而减少资源消耗和废物排放。

本书中的主因素提取、评价指标确定和分析,皆以上述理论为指导。

2.1.4 环境经济学

环境经济学(resource economics)是一门环境科学和经济学之间交叉的边缘学科,主要讨论环境资源的经济价值,强调利用环境经济规律来解决环境污染问题。

环境经济学最早兴起于 20 世纪五六十年代，当时一些西方发达国家遭受严重的环境污染，引起许多经济学家、生态学者重新考虑传统经济教义的局限性，从而把环境和生态科学的内容引入到经济学研究中。环境经济学的形成和发展，在两个方面做出了贡献：一是扩展了环境科学的内容，使人们对环境问题的认识增添了经济分析的视角；二是使经济科学在更为现实和客观的基础之上得到发展，增强了经济学对社会现象和人类行为的解释力，二者为人类克服环境危机的现实行动提供了极大的理论支持。

环境经济学研究如何充分利用经济杠杆来解决环境污染问题，使环境的价值体现得更为具体，将环境的价值纳入到生产和生活的成本中去，从而阻断了无偿使用和污染环境的通路。经济杠杆是目前解决环境问题最主要和最有效的手段。环境经济学的主要研究内容包括：对环境污染造成的损失，包括直接物质损失、对人体健康的损害和间接的对人的精神损害的估算；评估环境治理的投入所产生的效益，包括直接挽救污染所造成的损失效益和间接的社会、生态效益；如何制定污染者付费的制度，确定根据排污情况的收费力度，以及如何制定排污指标转让的金额。

环境经济学的构成主要包括以下几个方面。

1. 基本理论

基本理论包括社会制度、经济发展、科学技术进步同环境保护的关系，以及环境计量的理论和方法等。

经济发展和科学技术进步，既带来了环境问题，又不断地增强保护和改善环境的能力。要协调它们之间的关系，首先是要改变传统的发展方式，把保护和改善环境作为社会经济发展与科学技术发展的一个重要内容及目标。

当人类活动排放的废弃物超过环境容量时，为保证环境质量，必须投入大量的物化劳动和活劳动，这部分劳动已越来越成为社会生产中的必要劳动。同时，为了保障环境资源的永续利用，也必须改变对环境资源无偿使用的状况，对环境资源进行计量，实行有偿使用，使社会不经济性内在化，使经济活动的环境效应能以经济信息的形式反馈到国民经济计划和核算的体系中，保证经济决策既考虑直接的近期效果，又考虑间接的长远效果。

2. 社会生产力的合理组织

环境污染和生态失调很大程度上是由对自然资源不合理的开发和利用造成的。合理开发和利用自然资源，合理规划和组织社会生产力，是保护环境最根本、最有效的措施。为此必须改变单纯以国民生产总值衡量经济发展成就的传统方法，把环境质量的改善作为经济发展成就的重要内容，使生产和消费的决策同生态学的要求协调一致；研究把环境保护纳入经济发展计划的方法，以保证基本生产部门和消除污染部门按比例地协调发展；研究生产布局和环境保护的关系，按照经济观点和生态观点相统一的原则，拟订各类资源开发利用方案，确定一国或一地区的产业结构，以及社会生产力的合理布局。

3. 环境保护的经济效果

包括环境资源评价、环境经济的效益评价、环境污染及生态失调的经济损失估价的理论和方法，各种生产、生活废弃物最优治理和利用途径的经济选择，区域环境污染综合防治优化方案的经济选择，各种污染物排放标准确定的经济准则，各类环境经济数学模型的建立等。

4. 运用经济手段进行环境管理

经济方法在环境管理中是与行政、法律、教育的方法相互配合使用的一种方法。它通过税收、财政、信贷等经济杠杆，调节经济活动与环境保护之间的关系、污染者与受污染者之间的关系，促使和诱导经济单位与个人的生产及消费活动符合国家保护环境和维护生态平衡的要求。通常采用的方法有：征收资源税，排污收费，事故性排污罚款，实行废弃物综合利用的奖励，提供建造废弃物处理设施的财政补贴和优惠贷款等。

2.1.5 资源经济学[①]

资源经济学(resource economics)是以经济学理论为基础，通过经济分析来研究资源的合理配置与最优使用及其与人口、环境的协调和可持续发展等资源经济问题的学科。资源经济学包括三大主题，即效率、最优和可持续性；包括四个方面内容，即生产、分配、利用和保护与管理。

从18世纪中叶的第一次工业革命到19世纪30年代的80年中，世界人口由10亿猛增到20亿，导致对资源的需求大幅增长。结束于20世纪初的第二次工业革命，开辟了人类电气化的新纪元，使全球的生产力得到更加高速的发展，致使大规模地开发利用偏远地区的自然资源(尤其是地下矿产资源)成为现实，从而大大促进了资源产业的形成和发展，也导致资源短缺、环境污染和生态破坏等问题进一步加剧。于是，从发展资源部门(产业)经济和解决世界性的资源及环境问题两个方面，提出了建立资源经济学的需要，资源经济学也于20世纪二三十年代应运而生。1924年美国经济学家伊力和豪斯合著的《土地经济学原理》出版，1931年哈罗德·霍特林发表了《可耗尽资源的经济学》，被认为是资源经济学产生的

---

① MBA智库百科，http://wiki.mbalib.com/wiki/资源经济学

标志。

资源经济学的基础理论既包括自然科学理论，又包括社会科学理论。属于自然科学理论的除了资源科学体系中的有关理论外，常用的还有物质平衡理论、再循环理论、热力学定律、环境污染理论、资源(环境)承载力理论、多种数学理论和计算机应用理论等。属于社会科学的主要有伦理学、微观经济学、宏观经济学、制度经济学(含产权经济学)、货币与金融学等学科中的一系列理论。其中最重要的是价值理论、价格理论和产权影响(作用)价值运动的理论。

2.1.6 国外矿产资源开发—经济—环境相协调的经验与借鉴

国外对矿产资源开采与经济、环境之间相协调的研究多是以矿业城镇为研究对象，从区域系统的角度分析矿产资源的开采对当地经济和环境的影响、开采安全与健康问题、国家各级政府的财政扶持和资源枯竭后的转型与可持续发展的问题。

目前发达国家基本上已经度过矿产资源开采(许多研究成果是以能源类矿产为例)对环境污染和破坏严重的时期，其过程中的一些具体做法值得我们学习和借鉴。

1. 国外矿业区域发展的经验

国外矿产资源型城市改造的成功范例中，比较典型的是德国鲁尔区的"转型型"范例、美国匹兹堡"复兴型"范例和法国洛林地区的"告别型"范例(石秀华，2006)。

1) "转型型"矿区经济转型

德国鲁尔区位于北莱茵-威斯特法伦州(以下简称北威州)的中部，面积4593平方千米，是德国最大的煤炭钢铁工业区。鲁尔区的工业有近200年的历史，目前仍然是德国西部最重要的工业基地。但从20世纪50年代起，新兴能源的兴起改变了世界能源结构，科技革命的冲击使劳动力需求骤减，鲁尔区的煤炭钢铁工业开始衰落，过度开采造成资源趋于枯竭，生产成本直线上升，产品市场萎缩，工人大量失业。20世纪60年代起，德国政府开始对鲁尔老工业基地进行整治，制订了一系列发展规划及经济推动政策，在面临诸多困难的情况下，推动产业转型。经过数十年的调整与发展，鲁尔区成功实现了产业经济结构转型。

发挥政府主导作用，协调联邦、州和市三级政府共同参与对老工业基地的改造。1920年，德国政府颁布法律，筹建鲁尔矿区开发协会，使之成为该地区城乡规划的最高权力机构。为了使规划具有广泛的代表性，协会成员的60%来自各市县，40%来自企业。1960年协会制订了鲁尔工业区整体发展规划，1966年编制了鲁尔区第一个总体发展规划，1969年又对该规划进行了修改完善和补充，并正式予以公布。该规划成为德国历史上第一个在法律上正式生效的区域整治规划。鲁尔区成功转型，规划起了不可忽视的作用。

首先，联邦政府经济部下设联邦地区发展规划委员会和执行委员会，州政府设立地区发展委员会并实行地区会议制度，市政府成立劳动局和经济促进会等职能部门，专门负责老工业基地振兴的综合协调，以克服"议而不决、决而不行、行而低效"的弊端；其次，分期制订振兴规划，以规划的广泛认同性来保障行动的协调一致性；最后，提供资金扶持，发挥政府投资的导向作用。从1985年起，分5个阶段，投资1.3亿马克，建设了一个技术园。其建设费用中有9万马克是由欧盟、联邦和州政府资助的。在环境治理方面，对填充废井和环境整治提供资金，由联邦政府承担2/3，地方政府负责1/3，还启动了煤炭补贴税。

改造传统产业，完善基础设施。1968年，北威州政府制订了第一个产业结构调整方案——《鲁尔发展纲要》，对矿区进行重点清理整顿，将采煤集中到赢利多和机械化水平高的大矿井，类似于中国的"关、停、并、转"，同时采取一系列优惠政策扶持并改造煤钢业。这些优惠政策包括价格补贴、税收优惠、投资补贴、政府收购、矿工补贴、环保资助、研究与发展补助等。此外，各级政府还通过大力改善当地交通基础设施、兴建和扩建高校与科研机构、集中整治土地等措施，为鲁尔区下一步的发展奠定基础。

吸引资金和技术，大力扶持新兴产业。1979年，联邦政府与各级地方政府及工业协会、工会等有关方面联合制订了"鲁尔行动计划"，旨在逐步发展新兴产业，以掌握结构调整的主导权。优惠的政策加上强有力的扶持措施，使得信息、电子信息等"新经济"工业在鲁尔区的发展极为迅速，并远远领先于德国其他地区。据统计，目前北威州从事数据处理、软件及信息服务的企业超过11万家，电信公司38多家，其中绝大多数位于鲁尔区内。为确保鲁尔区在未来竞争中始终处于领先地位，州政府采取了大量措施促进高新技术的发展，确立了12个优先发展领域，其中有生物、医疗技术、计算机、软件和通信技术等。

执行严格的整治制度保障土地修复。矿山开发企业以提取土地修复准备金的方式为矿山寿命结束后的土地整治做准备，准备金同时用于矿山存续期间，应对各种环境灾难。准备金数额由会计师事务所评估测算。矿山企业必须在完成对毁坏土地的整治后，才能向当地管理机关提交终止经营计划。土地的整治工作可以由该企业完成，也可以委托其他公司完成。完成土地整治后，矿山企业方可向矿务管理局提出验收申请。验收合格后，方可批准矿山企业终止经营活动，否则，需要继续投入资金修复土地。这种情况下，下一轮的检查将更加严格，市政府、区政府也将会派人加入到检查的队伍之中。

另外，鲁尔区作为工业用地，十分重视保护耕地，严格保护农牧用地，对土地实行集约式利用。在工业转型期，十分注重挖掘已开发土地的潜力，尽量保留未利用土地，给未来发展留下空间。德国政府要求在考虑未来发展的前提下，把开发程度降到最低。这种集约用地的理念值得我们学习、借鉴。

因地制宜实现产业结构多样化，同时积极创造就业。为充分调动有关各方的积极性和创造性，德国政府于1989年制定了"矿冶地区未来动议"，近年来，又着手实施"欧盟与北威州联合计划"，其目标是充分发挥鲁尔区内不同的区域优势，形成各具特色的优势行业，实现产业结构的多样化。例如，多特蒙德依托众多的高校和科研机构，大力发展软件业；杜伊斯堡发挥其港口优势，成为贸易中心，并建立了船运博物馆；埃森则凭借其广阔的森林和湖泊，成为当地的休闲和服务业中心等。

筑起社会保障大堤。每一个公民都能享受到最基本的生活保障。由于资源枯竭，鲁尔区一大批工人失业，为了保障失业者能够安定地生活，德国政府为他们建起了必要的社会保障。在此，完善的保险制度起到了关键性的作用。德国保险业的基本险种分为养老保险、医疗保险、失业保险(补贴)及公职人员退休金和职工病假工资等。

经过数十年持续不断的发展，鲁尔地区成功实现了经济结构转型。如今大部分矿山和钢铁厂关闭了，在煤炭污染过和炼钢炉烧烤过的土地上是绿荫环绕着的高科技产业园及商贸中心与文化体育设施。昔日林立的烟囱、井架和高炉已经不在，而代之以农田、绿地、商业区、住宅区和展览馆等；昔日浓烟蔽日、煤渣满地，如今天空蔚蓝，绿荫环绕。在鲁尔区穿行，如同行走在一个巨大的露天公园里。

2)"复兴型"矿区经济转型

匹兹堡曾是美国的"钢都"。从19世纪50年代一直到20世纪上半期，匹兹堡在美国的钢铁工业中一直处于垄断地位。但从20世纪70年代开始，由于资源开始枯竭，匹兹堡大批钢铁企业停产、工人失业、环境污染严重，一度成为"烟雾之都"。经过多年的努力，目前的匹兹堡多次被评为全美最适宜居住城市。

其转型成功的经验可概括为四条：治理环境污染、建立多元产业、促进科技研发、实施城市改造。环境治理方面的主要举措是将能源消费结构由煤炭为主向天然气为主转变，以达到控烟目的。1941年发布的烟雾控制法令规定消费者必须使用无烟煤或无烟设备，并规定了排放标准。受第二次世界大战的影响，该法令于1947年10月正式施行，并取得显著效果。在此基础上，市政府积极推动产业结构转变，大力发展金融保险、法律、医疗保健、工程设计等各种服务业、文化产业、高新技术产业，使匹兹堡从一个单纯依靠钢铁制造业的城市转变为一个拥有现代化产业体系的综合性城市。这一过程中，匹兹堡大学、卡内基-梅隆大学等国际知名学校对匹兹堡的转型起了重要作用，尤其是人力资源教育培训、医疗和机器人制造产业的发展等。城市建设方面，既注重历史古建筑的保护，又注重城市面貌的更新,在废弃的工业区建起崭新的现代民宅社区和商业中心,为本市贫穷居民提供了廉价住房,并吸引年轻的科技人才前来定居。[①]

3)"告别型"矿区经济转型

洛林区位于法国东北部,包括孚日、默兹、默尔特-摩泽尔、摩泽尔4个省,拥有丰富的铁矿、煤矿等自然资源,是法国重要的工业基地。类似于中国现在的辽宁。20世纪60年代末到70年代初,因资源、环境和技术条件的变化及外部市场的竞争压力,洛林下决心实施了工业转型战略。

第一,彻底关闭了煤矿、铁矿、炼钢厂和纺织厂等成本高、消耗大、污染重的企业,如虽有煤炭资源,但因井深开采,吨煤成本高于世界市场煤炭价格345法郎,而采取逐步放弃的政策。钢铁工业也由于成本高,吨钢售价比进口高457法郎(尽管铁矿资源丰富),采矿、炼铁、炼钢企业也已全部关闭;根据国际市场的需求,重点选择了核电、计算机、激光、电子、生物制药、环保机械和汽车制造等高新技术产业;用高新技术改造传统产业,大力提高钢铁、机械、化工等产业的技术含量和高附加值;制定优惠政策,吸引外资,将转型与国际接轨。

第二,把煤炭产业转型同国土整治结合起来,并列入整个地区规划。为此,他们专门成立了国土整治部门,负责处理和解决衰老矿区遗留下来的土地污染、闲置场地的重新有效利用问题。土地优惠政策搭配专项基金,扶植老工业区转型。转型初期,尽管洛林土地价格便宜,只相当于当时德国土地价格的1/5至1/6,但为了吸引更多投资,政府针对投资者规定,"地方还要资助50%,建设厂房可得20%的资助,设备可得到15%的资助"。可以说,对投资者扶持力度相当大。

法国政府设立了四大基金——经济社会发展基金、全国土地整治和城市建设基金、地区整治干预基金、地方分散援助基金,对洛林等老工业区进行直接投资,影响投资的地区分配。洛林区政府还运用基金,治理受污染矿区的土地,对土地进行整治,在关闭的矿区建设居民住宅、娱乐中心,或者建新厂、种植树木草地。对区内的环境进行了全面整治,使洛林从污染工业区成为宜居之所。

第三,创建企业创业园,扶持下岗职工创办小企业。由国家资助自身非营利的"孵化器",为新创办的小企业无偿制订起步规划,在初期或成长期为之提供各种服务,如创造厂房、车间、机器、办公室等条件,还配备专家、顾问作具体指导。在洛林地区,经企业创业园培育,转型后1人以下的小企业星罗棋布,占全部企业的91%。

第四,把培训职工、提高技能作为重新就业的重要途径,培训后可供选择的职业岗位达100种以上,90%的人员能重新就业;对再就业职工采用计算机管理,与各地招工局联网,提供求职热线等,使劳动力能够快速转移出去。

---

① 国外资源型城市转型经验,http://www.gtzyb.com/guojizaixian/20140106_56588.shtml[2016-12-15]

洛林转型花了3年多时间，尽管其转型成本巨大，但成效显著，使得原来让人很难睁开眼睛的工业污染地，变成了蓝天绿地、环境优美的工业新区，整个地区由衰退走向了新生，今日的洛林已成为法国吸引外资最主要的地区。

2. 我国矿业与国外矿业的比较

以德国为例，我国矿业企业经营和经营环境、政治、文化等均与之不同。

(1)企业制度不同。国外矿山集团大多采用完全私营化的方式，以股份公司为公司形态。我国矿山企业有的虽然建立了现代企业制度，但是由于这些企业是由"工厂制"脱胎而来的，而且大多改制为国有独资公司，企业自身和政府的管理方式都很难脱离旧有的方式。与典型的现代企业制度相比，存在诸多问题，最大的问题是国有独资的这种形态，政企难以分开，同时也难以形成有效的法人治理结构。

(2)企业负担不同。发达国家有完善的社会服务体系和社会保障制度，矿山企业不存在"企业办社会"的问题。医院、中小学等社会服务功能全部由社会承担，退休矿工可以得到优越的休养条件，而我国企业长期负担沉重的包袱。以兖州矿业集团为例，1999年该集团有中小学等各类学校18所，医院、医疗机构24所，各类后勤服务单位35个，职工12 334人，非经营性资产14.18亿元，1999年费用支出达4.25亿元。仅从这一点而言，中国国企与国外企业竞争就不在同一个起跑线上。而且，中国的社会保障体系刚刚起步，尤其是对矿产资源企业这样的劳动密集型企业而言，各种社会保障负担也较为沉重。

天津财经大学财政学科首席教授李炜光曾表示，从宏观数据分析，我国宏观税负率约37%，政府税收90%由企业承担，微观企业税负率则接近40%。如果用世界银行的世界发展指标中"总税率"来衡量我国企业所承担的税负，2013年至2016年我国企业总税率分别为68.7%、68.5%、67.8%、68%，也就是说，中国企业总税率将近70%，这个数据远远高于发达国家和发展中国家。根据2008年《中华人民共和国所得税法》，一般企业所得税的税率为应纳税所得额的25%。财政部规定，我国目前增值税最高税率为产品增值额(小规模纳税人除外)的17%，最低为3%。相比之下，日本的增值税率为5%、韩国与越南均为10%、新加坡为7%。①

(3)政府政策支持不同。德国政府对矿山企业的各种政策扶持力度相当大。德国煤炭生产成本高，吨煤生产成本达260～280马克，而市场售价仅70马克左右。为此，政府给予吨煤约200马克的补贴。1996～1998年，联邦政府给予鲁尔集团

---

① 中国企业税负到底有多高，http://news.ifeng.com/a/20161229/50491776_0.shtml[2017-02-15]

的煤炭补贴分别为104亿马克、97亿马克、85亿马克。德国政府的煤炭政策包括：价格补贴，是煤炭政策的核心部分；税收优惠，对煤炭公司所得税给予退还、豁免或扣除，还允许煤炭企业加速折旧，促进生产合理化；投资补助，对煤矿生产合理化、提高劳动生产率和安排转业人员等提供多种补助；政府收购，为保障煤炭供应，国家收购一定的硬煤作为储备，此外政府还提供贷款，建立"国家煤炭储备"，支持煤炭工业的生产和销售；矿工补助，主要是矿工退休金补贴；限制进口；环保资助，为治理矿区环境提供资助，一般由州政府负担1/3，联邦政府负担2/3，联邦政府和州政府给予研究与发展补助。

(4)社会条件不同。德国市场化程度很高，自德国统一以来，政府成立了托管局，按照市场经济的原则，将国有企业私有化。德国政府认为，只有动员市场力量和私人及国家投资，才能使国内生产、居民收入和就业岗位得以持续增长。相比之下，我国的市场经济处于初级阶段，部门、行业、区域分割，各自为政，壁垒高筑。政府体制和职能改革滞后于经济体制改革，企业建设项目需要层层审批，手续繁杂，历程漫长。

(5)文化背景不同。日耳曼民族是一个严谨、追求完美主义的民族，非常重视工作质量，认为工作质量决定人的尊严和价值，认为高品质是理所当然的事情。另外，德国企业程序化和等级化的组织管理体制，使得管理者把注意力集中在高质量的产品和服务方面。德国人非常讲究秩序和守规矩，企业规章制度一旦制定，人们就会不折不扣地自觉执行。相比之下，我们中国人在这方面要显得"灵活"得多。

2.2 矿产资源协调发展概念

2.2.1 协调的内涵

所谓协调(synergy)，按照协调学的创始人哈肯教授的观点，就是系统中诸多子系统的相互协调、合作或同步的联合作用、集体行为。协调是系统整体性、相关性的内在表现，万众一心、众志成城就是对集体协调力量的赞美。我国古代很早就有关于协调的模糊认识。《尚书·商书·汤誓》说"有众率怠弗协"，讲的就是协力同心的意思；《太玄·玄数》说"声律相协而八音生"，也指明了音律协调才能产生和谐美妙音乐的道理。其他如"积羽沉舟""群轻折轴""聚沙成塔"等成语也在不同方面表现了协调的道理及协调的结果。

复杂系统的协调性是指复杂系统中子系统及构成要素之间具有和谐、合作、互补、同步等多种关系，以及这些关联关系使复杂系统呈现出的协调结构和状态。

这种关联关系不是固定不变的，而是呈现出一种动态的协调关系。因此，复杂系统的协调性通过系统的动态调节机制反映出来，"协调"一词就有通过协调达到同步发展之意，是手段和目的的结合。

协调是以实现系统总体的演进目标为目的的，是动态的；是以各子系统及构成要素和各项工作在实现系统目标过程中相互适应、相互配合、相互协作、相互促进为条件和要求；是对系统的各种因素和属性之间的动态相互作用关系及其程度的反映。只有了解了为达到目标所聚合系统内部各子系统、各构成要素及各项工作的关联，才可以实现系统的协调。世界万物都是在其内部构成比例协调的前提下存在和发展的，因此说协调是系统的演进的动因和动力。

复杂系统的协调是多角度、多形式、多层次的，涉及系统的方方面面，具体表现在系统的结构、功能、目标、管理、内外部方面的协调。

结构性协调反映系统及构成要素之间在时空上的有机结合、相互渗透、相互制约、相互促进和相互衔接，且关联作用强弱适当，构成方式合理。结构性协调是系统正常运转所需要的、最基本的协调。

功能性协调是系统总体协调的具体表现，通过子系统功能的最优组合和相互协调作用达到整体功能最优，负效应最小。复杂系统的总体功能需要通过子系统的功能得以实现，尽管子系统的功能和特征不一，重要程度不同，但对整体功能都是不可缺少的，任何一个子系统功能的衰弱或残缺都会影响整体功能发挥。

目标协调是系统协调的表现和目的，它是通过复杂系统的多种反馈控制机制，使系统总目标与子系统目标之间产生合目的性，使总目标得以最大限度地实现。

管理协调反映系统管理中各项管理制度、方法、措施和手段的协调一致性，管理导向与系统目标的一致性。管理协调影响到系统管理体制的协调一致性、管理工作的效率及正确性和有效性，是系统实现协调的手段和措施。

内部与外部协调。任何系统都处在一定时间与空间的环境之中，与外界存在多种多样的关联，当这种关联受到阻碍时，将影响复杂系统内部的正常运转。因此，系统必须具有较强的自适应机制，以维持其发展，以及与外部环境相适应，并利用外部环境促使其演进，达到内外的协调。

2.2.2 发展的内涵

长期以来对"发展"一词有不同的理解，起初是将发展视为经济增长。1987年布伦特兰委员会的报告发表之后，人们对发展有了新的认识，满足人的需要和进步的愿望应当是发展的主要目标，它包含经济和社会的有效变革。1990年世界银行著名的研究人员 Daly 和 Cobb 对发展的理解进一步深化，他们认为：发展应是在与环境的动态平衡中，经济体系质的变化。将经济系统与环境系统之间的动态均衡作为衡量一个国家或区域发展的最高原则。发展不再单纯是经济的增长，而是更多地包含环境、效率和公平等方面的内容。我国学者牛文元（1994）把发展定义为：一个自然—社会—经济复杂系统的行为轨迹，该矢量将导致复杂系统朝着更趋于均衡、更加和谐、更加互补的方向发展。

综合上述观点，本书认为发展是自然、社会和经济的综合、全面、均衡的质的发展，不是单一的、片面的量的发展，要求在发展中讲究经济效率，关注生态和谐和追求社会公平，最终实现人类的全面发展。

2.2.3 协调发展的含义

协调发展（synergetic development）是对协调概念的推广和应用，是对"发展"概念的拓展、延伸和演化。从发展到协调发展是对发展的"实践—认识—再实践"的过程，是不断协调、各要素共同优化的演进过程。协调发展是以实现人类的全面发展为目的的，通过对区域资源、社会、经济和环境等系统及各系统内部各元素间的相互适应、相互协作、相互配合和相互促进耦合而形成的同步发展的良性演进态势。从横向上看，协调发展是指为实现人类的全面发展而达到的各子系统之间的比例关系协调的良性社会发展状态；从纵向看，协调发展是一个动态的、和谐的、进步的历史发展过程，是一个由量变到质变的具有阶段性的良性的历史演进过程。

协调发展不是单个系统的事情，是"整体性""综合性""内生性"的同步发展的聚合；是若干子系统之间动态的相互促进、相互作用关系及其程度的综合反映。无论资源、经济、人口及社会和环境子系统如何优秀、如何强大，都不能自发地、单独地实现总系统协调发展的目标，只有把这些子系统按照一定的规则架构在一个整体中，形成具有耗散结构的自组织系统，在耦合和协调机制作用下，才能产生总体倍增效应，实现人类的全面持久地发展。

协调发展系统是由许多子系统组成的，能以自组织方式形成空间、时间和功能有序结构的开放系统。它不是即生的，也不是一蹴而就的，它是通过对原有系统不断地诊断、调整、评价，再诊断、再调整、再评价，周而复始逐步实现的。因此，协调发展既是系统运行的目的，又是系统运行的方式和手段。

2.3 矿产资源—经济—环境演化过程分析

矿产资源区域由区域的自然资源系统、经济系统、人口系统、社会系统和环境系统等子系统组成。区域子系统内和子系统之间的相互耦合方式与程度及系统环境影响矿产资源区域演化的方向、模式和程度。矿产资源区域的演化除了遵循自组织系统的普遍演化规律外，由于受矿产资源开采规律和区域演化规律的影响，还具有其特殊性。本节在对影响矿产资源区域演化的矿产资源开采规律和一般城市的演化规律进行分析的基础上，分析研究矿产资源区域的演化过程。

2.3.1 矿产资源开采系统的演化过程

根据矿产资源开采规律，其开采过程必然经历勘探期、成长期、成熟期和衰退与资源枯竭期四个阶段，矿业系统中矿产资源的经济总量变化形成了"浴盆"形状的曲线，它反映了矿产资源开采的生命周期。该"浴盆"具有双层指数函数（也称为双指数函数）冈珀茨（Gompertz）曲线的形式，其表达形式为

$$Y = ka^{b^t} \tag{2-1}$$

其中，k 为 Gompertz 曲线的渐近线的极限值；a，b 为待定参数。当 k，a，b 满足条件 $k>0$，$0<a<1$，$0<b<1$ 时，其图形如图 2-1 所示。

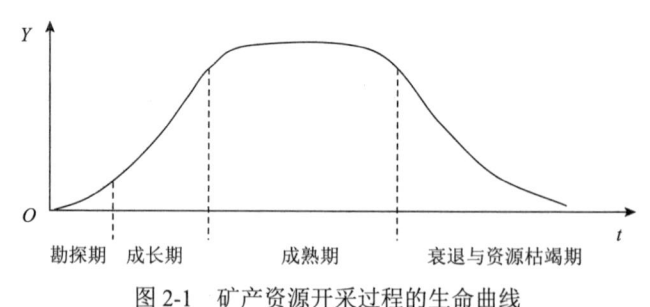

图 2-1 矿产资源开采过程的生命曲线

对式(2-1)两端取对数得式(2-2)。

$$\ln Y = \ln k + (\ln a) b^t \tag{2-2}$$

由式(2-2)可知，Y 时间序列的各观察值在取对数后，构成的时间序列 $\ln Y_t$ 的变化规律呈修正指数曲线的形式。所以，在对 Y 的时间序列的各观察值取对数后，由式(2-2)可以分别求出 b、$\ln k$ 和 $\ln a$ 的值。对 $\ln k$ 和 $\ln a$ 分别取对数后，可以解出 k 和 a 的值，将其代入式(2-1)，可以求出 Gompertz 曲线的具体表达式。

2.3.2 矿产资源—经济—环境演化过程

1. 矿产资源—经济—环境的演化特征

在矿产资源开采过程中，矿产资源特性和开采生命周期极大地影响着矿产资

源区域的演化规律与性质,使其在发展进程中表现出强烈的地域性、突发性和阶段性的特征。

(1) 地域性是指矿产资源区域的地理位置受资源赋存地的限制,一般远离经济发达地区,建设成本要高于一般地区,加之由资源开采造成的地表塌陷等环境破坏,使其发展的空间选择受到限制,发展所需的资金大量增加。在享用资源带来的利益的同时,需要承担较大的"收益代价"。

(2) 突发性是指矿业企业建设初期,随着大批基建队伍和矿山工人的调入,矿业生产和生活区域在短期内便形成一个相当规模的区域。有利之处是促进区域跳跃式快速发展,形成新的经济增长点。但是原有平稳发展模式被打破,无法承受突变的要求,产生矛盾,若矛盾解决不力,则区域发展结构和功能会极不平衡,成为维持快速持续发展的隐患。

(3) 阶段性是指矿产资源区域的产生和发展皆起因于资源的开采与开发。自然资源的勘探期、成长期、成熟期和衰退与资源枯竭期四个阶段产生不同的经济当量、结构和效应,使矿产资源区域具有了明显的阶段特征。

矿产资源区域(简称矿区)与当地的互动演化中,矿区的成因按照地质矿业界发生学的术语来划分,有无依托矿区和有依托矿区之分。无依托矿区是指在原先没有区域的地方,因矿业开发活动而形成的矿区。有依托矿区是指原先已有,后因附近地区发现和开发矿产,使早先的普通区域具有了矿业区域的功能。矿业区域的起因不同,演化的阶段性的表现也会有所不同。

2. 矿产资源—经济—环境的演化阶段

按矿业经济和人口规模占区域经济和人口经济规模的比重不同,无依托的矿业区域所形成的矿产资源区域的演化可以划分为:矿区、矿区型区域、矿业区域、综合区域四个阶段类型。

(1) 矿区。在开发初期,大量的勘探人员、基建队伍及矿产职工从四面八方聚集在矿产资源所属地的几个不同地点,进行开发建设工作,形成了若干个分散的、规模不等的生活区。这些生活区中往往以指挥建设的领导机关所在地为中心,建设一个较大规模的生活区,即矿区。随着矿产资源开发建设,这些生活区的规模会急速扩大,成为典型的工矿镇,是矿业区域的前身和雏形。该阶段的特点是矿区只有单纯的采矿业,伴有少量的服务业,其形态一般是小规模、分散的。

(2) 矿区型区域是以矿区为主的城镇。对于无依托的矿区来说,它是矿业城市形成初期。随着矿业开发建设进程的加快,矿业产量逐步上升,其加工业也有较快的发展,分散在矿区内的各个工矿居住区,特别是矿业集团机关所在地,规模不断扩大,相互连接,形成更大的生活居住区,其形态由分散向集中转变,或以某中心向四周扩展。矿区内第三产业也兴旺发达起来,生活区内基础设施也逐步完善配套起来，出现市、镇建制。这一时期的特征是：矿业型城镇基本形成，矿区的机关所在地就是城镇的中心。城镇人口中 2/3 以上从事与矿业有关的工作，矿业产值占矿城工业产值的 70%以上（张以诚，2005）。

(3) 矿业区域。随着矿业企业成熟期的到来，矿产资源的下游产业不断开发和发展，形成了"矿产资源—加工—化工"等一体化的发展模式，矿产资源和以矿产资源为原材料的企业数量增加，拉动矿城其他产业的需求和发展，城镇功能逐渐显现，非矿产业逐渐形成和发展，矿城人口中从事与矿产资源相关工作的人数比重低于矿区型区域，基本上占城镇总人口的 1/3 左右，矿业产值占矿城工业总产值的比重逐步下降，在30%到 70%（张以诚，2005）。

(4) 综合区域。一是由于资源有限性或市场对矿产资源需求的减少，矿产资源产量的衰减导致产值的下降，矿业富余人员增多，需要向其他产业转移，寻找出路；二是矿城的非矿产业得到大力发展，城镇工业结构趋于多样化，工业门类更多。矿产资源在城市工业结构中的比重下降至 30%以下。一般城镇的功能和中心作用更加突出，成为综合性城镇。

有依托的矿业区域所形成的矿产资源型城镇演化的阶段性与无依托矿城不同。它的演化阶段是普通区域—弱矿业区域—矿业区域—综合区域。其中，弱矿业区域中矿业经济和就业人口占区域经济和就业人口的比重，处于普通区域和矿业区域之间。

上述各发展阶段的开始时间及该阶段是否开始，取决于矿业与地区经济的协调的范围和深度，取决于非矿业的发展状况。并不是所有的矿业区域均可以发展成综合区域，有些矿城因为接续产业发展不利，随着矿产资源开采的结束，区域也随之落寞，并没有发展成综合区域。

2.3.3　矿产资源—经济—环境演化轨迹

1. 矿产资源—经济—环境的两种演化轨迹

矿业区域的演化有两种情况：一类是原来已有城镇，后矿产开发使其具有了矿业城镇的主要特征。这类区域随着矿产业逐步兴起、发展，城镇功能发生变化，待矿产业减弱以至消失后，重新"复原"成为综合性城镇。另一类是无依托矿业城镇，即原先没有城镇，因矿产开发而兴起。这类矿城占多数，其发展可能出现两种结果：在主客观条件皆备的情况下发展成综合城镇，或者经历一个长期痛苦过程，最后仍形成"矿竭、城衰、人口迁移"的局面（常春勤，2006）。

因此，根据矿业城镇与矿产资源开采系统的协调关系建立的矿产资源区域的演化也有两种情况：一是矿产资源区域从始至终完全依赖矿产资源开采系统，发展轨迹一致，属于"矿竭城衰"演化过程；二是以资源开采为发展契机和动因，依循自组织演化机理，逐步摆脱依赖，形成自我调整，持续发展态势，属于"持续发展"的演化过程。前者完全以矿业为支柱的区域经济具有与矿业经济完全一致的发展轨迹，如图 2-2 所示。

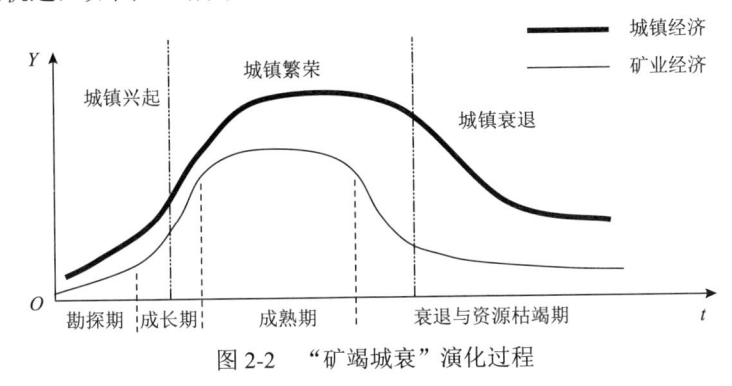

图 2-2 "矿竭城衰"演化过程

"矿竭城衰"的演化模式中，区域演化过程曲线具有与矿业资源生命周期相同的形式，即 Gompertz 曲线的形式。如果矿产资源区域是封闭的系统，则会出现这种演化模式，其结果是最终走向"死亡"。如 2001 年，依托百年老矿东川铜矿建立起来的云南省东川市，由于资源枯竭，替代产业建设未能见效，不得不撤销了地级市建制，成为"矿竭城亡"的一个实例。

然而具有自组织特性和服从社会规律性的矿产资源区域在面对这种情况时，会为了生存或发展，不断调整产业结构，寻求新的经济增长点，形成图 2-3 的演化形式，即矿产资源区域发展后期，并不随矿竭而走向衰亡。

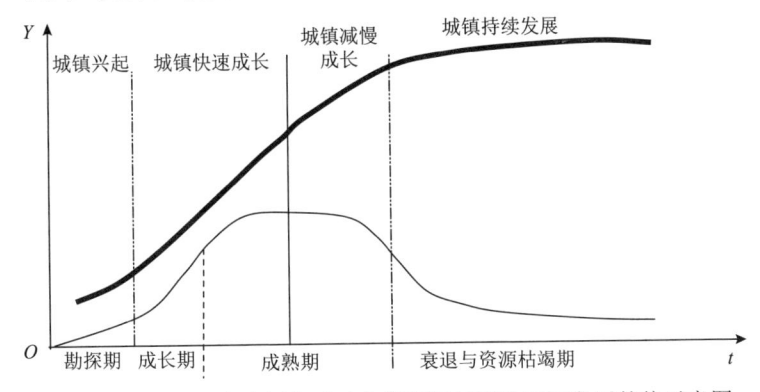

图 2-3 矿产资源生命周期及矿产资源区域两种不同发展趋势示意图

图 2-3 是矿产资源区域发展的一般趋势，但是任何系统的演化发展都不是一帆风顺的，在实际的演化过程中的某个时段，其发展轨迹可能会出现迂回、倒退，呈现"S"形的轨迹。

2. 矿业经济与矿产资源区域经济的关联分析

图 2-3 中矿产资源区域的演化轨迹符合 Logistic 限制增长曲线，呈现出慢—快—慢的演化趋势。矿产资源开采系统与矿产资源区域两者之间演化的特征及关联如表 2-1 所示(刘玉劲等，2004)。

表 2-1 矿产资源开采系统与矿产资源型城镇的演化特征及关联关系

矿产资源区域特征	Y	dY/dt	矿产资源开采系统阶段	矿产资源区域阶段
城镇兴起	缓慢上升	上升	勘探期	矿区
	$\frac{Y_J}{6}(3-\sqrt{3})$	$\lambda Y_J/6$		
城镇快速成长	迅速上升	上升	成长期	矿区型区域
	$Y_J/2$	$\lambda Y_J/4$		
城镇减慢成长	继续上升	下降	成熟期	矿业区域
	$\frac{Y_J}{6}(3-\sqrt{3})$	$\lambda Y_J/6$		
城镇持续发展	趋于平稳	趋于 0	衰退与资源枯竭期	综合区域

2.4 矿产资源—经济—环境演化机理分析

矿产资源区域演化过程不随矿产资源的枯竭或市场需求的减少而衰退，是我们所期望的。然而矿产资源开采系统的生命周期是客观存在的，具有确定性。因此，必须有削减这种衰退影响的因素，即在矿产资源区域中必须有正反馈机制，克服资源枯竭产生的负反馈作用，使系统走向持续发展。这种机制通过涨落及突变的作用，以及分岔等的适当选择得以实现。下面对矿产资源区域持续发展产生影响的因素进行分析。

2.4.1 矿产资源—经济—环境演化中的突变分析

矿产资源区域演化是渐进和突变共同作用的结果，其形成具有突发性。它是国家在一定时期内集中大量的人力、物力和资本，迅速注入矿产地，而获得区域聚集经济。在影响因素上既受矿产资源开采自身规律的影响，也受区域自身发展规律的影响。资源开发和区域演化中任何一方的突变都会影响到矿产资源区域的相变，而且按照突变论讨论自组织系统相变时质变的飞跃所揭示的，当系统外部控制参量的个数小于 4 时，至少有 7 种包含相互联系的突变类型；当外部控制参量增加时，每增加一个，突变类型就会增加到至少 11 种。突变的多种多样性反映了系统质变类型与途径的丰富性。因此,矿产资源区域在演化过程中有着极为丰富的突变可能,应该充分认识、利用和促发系统的突变,使系统向更有序的方向演化。

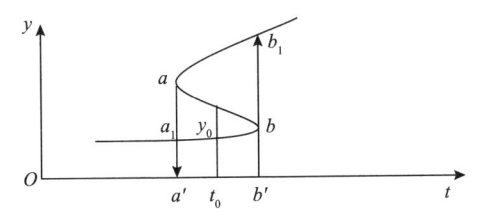

矿产资源区域中矿产资源的开采和枯竭、区域的形成、主导产业的转移等因素,皆属于不断进行着的突变性跳跃式的变化。如图 2-4 所示,曲线 S 为矿产资源区域发展中某一时段的轨迹。a 和 b 为曲线 S 的垂直切线,这两点是临界点。在区间 $[a',b']$ 中取一值 t_0,相应于输入值为 y_0,且 (t_0,y_0) 位于曲线的下方分支上。此时,让 t 从 t_0 开始增加,并使 $t<b'$,那么根据连续性,系统发展的演进轨迹将沿着 a_1b 前进。如果 $t>b'$,那么系统未必会受到破坏,其内部状态会突跃到上方分支 b_1 上继续前进。这一突跃使系统能继续存在,不再像通常情况那样消失,是系统得以生存和持续发展的手段,它帮助系统脱离通常的特征状态。

图 2-4 矿业开发对区域演进的突变论意义上的突跃示意图

因此,出现突变论意义下的突变显然是件好事(赵虹等,2008)。资源的发现和开发,新的产业的诞生和旧产业的替代,成为系统演进的突变点,它促使系统产生一个跃迁性质的发展,这种突跃起到新的经济增长点的作用,成为保证矿产资源区域持续发展的关键动因。

若矿产资源企业与周围环境的关联少,那么矿产资源开发的突变效应不能向周围地区传递、辐射和扩散,其将处于半封闭状态,矿产资源开采地区出现的突变辐射效应既没被重视,也没有充分利用,使得矿产资源区域的发展错失良机。目前在矿山企业和区域发展中,由于矿山企业和当地政府管理体制的条块分割,矿与城之间的互动依然不够充分,矿城协调发展的局面没有完全形成。

矿产资源区域衰退的原因很多,归纳起来有两点:一是该地区的资源已经采完;二是由于市场竞争等原因,失去了开采价值。用突变论的观点看,这两点可归结为该地区的经济社会系统与自然界系统之间的资源、能量和信息的交换链条发生了断裂,从而导致曾经蓬勃向上的矿产资源区域发生老化,而又无新的、有活力的系统去替代它,故不可避免地走向衰退。

2.4.2 矿产资源—经济—环境演化的驱动方向分析

根据分岔理论,矿产资源区域的演化轨迹多种多样,究竟选择哪条演化道路,取决于系统中众多吸引子中的强者，强吸引子形成的驱动力决定了驱动方向，即系统的演化方向。具有耗散结构特性的矿产资源区域存在着两种驱动方向：一种是趋向于平衡，意味着死亡；另一种是远离平衡，意味着生存。系统在两种驱动方向上的选择取决于驱动力的大小，驱动力的大小与系统"熵"大小相连。熵的增加意味着系统有序程度降低，驱动力减小。普里高津把熵作为系统演化的核心标度，矿产资源区域的熵可以看成一种状态函数，把握矿产资源区域熵的变化，可以判明系统演替的方向及其进程。

由于矿产资源区域的熵有多种表现方式，矿产资源区域也就有多种驱动力，因此也就有多种演化路径的选择。矿产资源区域的经济发展是靠外部能量的输入维持的，有序结构的形成就是能量输入转化过程。有序程度高的矿产资源区域必然是结构复杂、物质和能量流协调通畅的整体。该系统对外部输入能量无疑有较高的利用效率，无故损耗能量较少。反之，有序度较低的矿产资源区域，对外部输入能量的利用效率低。因此，系统对外部输入能量能否有效利用，可以说明其有序程度的高低，可以作为矿产资源区域熵值的一种度量指标。例如，对矿产资源区域中的矿产资源开采系统来讲，如果科技进步水平提高，采用综合机械化生产，开采量增大，熵值减小，反之熵值增大。

2.4.3 矿产资源—经济—环境演化的驱动过程分析

引起系统演化的更深层次的原因则是系统内各要素之间及与外界环境之间存在着的复杂非线性耦合作用机制。正是非线性作用导致各个子系统之间在层次上及输入与输出上的不平衡，形成了系统内部不同层次和不同能量的吸引子，强吸引子作为系统内部的驱动力，驱动物质、能量、信息等的流动。例如，人口向经济水平高、环境状况好的地方迁移；企业向原材料充足、产品增值率高、投资报酬率高的地区转移等。也正是这种"流"与"力"，促进系统不断与外界进行物质、人力、信息、技术的交流，使系统熵减少，促使系统各产业及其结构不断优化与发展，向更高层次、远离平衡态的方向驱动，并表现出阶段性。

2.4.4 矿产资源—经济—环境演化中的涨落分析

1. 系统结构、功能与涨落的关系

普里高津描述了系统功能、结构与涨落之间的相互作用，认为随机的涨落可以引起系统功能的局部改变；在一定条件下，这种局部改变又会引起整个系统时空结构的改变；结构的改变又反过来决定未来涨落的范围(吴彤，2001)。在系统内部非线性作用支配下，引起系统新的有序结构的产生。

根据自组织理论，涨落是对系统的稳定状态的偏离，在破坏系统原有稳定性的基础上，使得系统经过失稳获得新的稳定性，跃迁到新的有序状态。因此，一个新的、稳定有序的矿产资源区域的形成，有赖于不断形成的涨落，引起涨落的因素成为矿产资源区域发展演替的主因素和动因。

2. 涨落产生的动因

在一般情况下，个别因素的涨落对系统的宏观状态不会有影响，经常被忽略，即使偶尔有大的涨落也会立即耗散掉，系统总要回到平均值附近。只有足够大的涨落才可能使系统实现从无序到有序的转变，或从一种有序向另一种更高级的有序的转化。这种可能得到放大的涨落就是自组织系统最初的核心，也称为系统自组织的基核。

在矿产资源区域中，矿产资源的开发与开采所带来的各种变化及系统与外界的交流，是产生涨落的主要原因，是系统演化的基核。矿产资源区域的经济体制及其变革、科技进步水平、人力资源的数量和质量及矿区的自然资源条件等均会引起矿产资源区域的涨落。在扩散和扩张作用下，矿产资源区域中各经济要素不断扩张，如金属矿产开采量增加，当地的非金属产业（如服务业等）数量及规模也会随之扩大，能源需求提高，交通运输条件改善、科技人员增多及外部资金引入量加大等，成为矿产资源区域演化的基核。其结果对矿产资源区域的经济发展、当地人民生活水平的提高起到积极的作用。但与此同时，系统内人口相对集中与膨胀，耕地数量减少，污染严重，水资源破坏等也严重干扰了原有生态经济系统的平衡。

涨落是普遍存在的，是随时都可能发生的，关键是何时、何地、何种涨落，以何种形式得以放大、扩散。涨落的放大与否既受制于环境，也受制于系统内部的结构，是内、外合力影响的结果。

1) 引起涨落的内因

何种涨落得到放大与系统内部的非线性相互作用机制密切相关。功能、结构、涨落三者之间的相互制约、相互作用是系统演化的基础。这也说明何种涨落得到放大，实际上是受已有结构和功能所制约的。由于系统吸引子不是唯一的，涨落也是多样的，所以系统未来可能出现结构的多样性。因此，在矿产资源区域协调发展过程中，有多种结果可供选择，对不同结构进行分析和模拟，从中选择满意的发展模式，正是我们后面要解决的问题。

全球经济一体化下的企业或区域的经营范围和内容均大大增加，企业或区域的涨落受内部的影响较多，内因成为企业或区域有意识创造涨落的方式和手段。为了提高经济效益，矿产资源开采系统必须改变生产技术、管理技术和经营思想及模式，以促进劳动生产率的涨落。资源有限、资源利用效率的提高、环境的需要、矿业产品的替代等导致某种矿产需求减少，造成经济效益下滑。

矿业生产系统本身无法缓冲这种波动，为了生存，矿业经济系统要么衰退返回农业生产系统，要么增加非矿业产业投资，向以非矿产业为主导产业、矿业开采、农业生产并存的复合生态系统演变，此时非矿产业投资成为决定系统演替方向的关键涨落因子。

2) 引起涨落的外因

矿产资源区域所处的环境变化，如产业结构、市场需求变化，对外开放、政策改变及体制改革等，使区域和企业与环境之间原有的平衡被打破，形成"压力""熵差"，产生"熵流"，促使区域及企业内部形成涨落。

我国企业受国家政策和体制影响是系统涨落产生的主要因素。企业或区域自身涨落的产生和变化与外部的涨落和变化高度同步，国家的方针政策是企业或区域涨落产生的根本。我国矿业区域和矿业产业的现状也正是国家产业及区域政策实施的结果。

环境对系统涨落的影响表现为：第一，环境对系统序参量的作用；第二，放大后的涨落是否能够得到一段时间的稳定。后者通过涨落形成的新系统，不仅要被动地适应环境，更应主动地改造环境。从自组织理论看来，新结构一旦形成，应当具有一定的稳定性。这种稳定性实际上体现出系统应对变化的环境的适应能力，其本质仍然是系统内部的非线性作用形成的负反馈机制。负反馈机制的存在，使得系统可以对自己的行为加以调节，从而在一定范围内体现出对主动性的适应。

2.5 矿产资源—经济—环境协调运行机制

良好的运行机制是矿产资源区域多主体实现协调发展目标的重要前提和保障。基于对矿产资源区域中的矿产资源开采企业及其主管部门与行业协会、地方政府和各类中介机构等多主体协调运作机理的分析，可以看出矿产资源区域的各类主体是在开放机制、协调机制、竞争机制、激励机制、学习机制、创新机制、选择机制、调控机制、整合机制等的共同作用下协调运行的。

2.5.1 开放与创新机制

系统主体能够与环境进行物质、能量、信息交换的属性称为开放性。当交换使系统主体熵减少，且减少数值大于系统主体内部自发增长的熵时，整个系统的熵才有可能减少，系统才有可能向有序方向转化。矿产资源区域主体应保持高度开放性，其与外界社会、经济、生态系统不断进行物质、能量和信息的交换，不仅表现为劳动力、资金、物质、设备等物流资源的输入、输出，还表现为技术、信息、管理、政策等方面的开放。

创新是一种来自内部的、自身创造的变革，被视为一切事物发展的推动力。从系统科学角度来看，当矿产资源区域中涨落被放大并推动矿产资源区域进入不稳定状态时，会促使系统内部各主体的行为发生变化，引起系统内部创新的产生。矿产资源区域要健全和利用好创新机制，鼓励创新活动，包括推广新的物流产品，采用新的矿产资源开采和使用技术，使用新矿产资源的深加工技术和设备，最大限度提炼矿产资源的有用价值，开辟新的矿产资源市场，构建新的矿产资源生产、加工、消费组织，实现新的矿产资源全生命周期的管理模式等。

2.5.2 竞争与协调机制

经济学上的竞争是指经济系统中主体在市场上为实现自身的经济利益和既定目标而不断进行的角逐过程。在矿产资源区域中，主体在物流市场中不可避免地产生竞争。然而部分地区存在地方保护主义，矿产资源及其配套服务市场对外开放程度不够，致使外来企业很难进入该地区，同时也使得本地企业发展水平停滞不前。只有建立充分竞争的市场机制，逐步消除地方保护主义，才能促进矿产资源区域健康发展。

协调是指系统内子系统间、主体间、主体内部、系统内部的协调配合。矿产资源区域涉及开采、加工、运输、仓储、调度、信息服务等领域，包含生产企业、运输企业、仓储企业、货运代理企业、第三方物流企业、物流需求方、政府部门、行业组织、中介企业等多个主体，因此，应在矿产资源区域所涉及的领域和过程中建立起主体间广泛的协调机制，才能有效降低物流运作响应时间，提高物流运作水平，保证各主体功能和系统总体功能的充分发挥。

2.5.3 学习与激励机制

学习性是复杂适应系统中的主体的一个明显特征，主体的学习行为造就了它的适应能力。作为一类复杂适应系统，矿产资源区域主体具有学习性，是智能型主体。矿产资源区域主体正是在物流市场环境中不断学习新方法、新技术、新模式等，从而增强了自身业务竞争能力和对外界的适应能力。矿产资源区域主体学习行为具有以下特性：①交互性，指矿产资源区域主体间学习的双向性、互动性；②动态性，指矿产资源区域主体学习是在动态环境中进行的；③并发性，指矿产资源区域主体的学习是其组成成员并发学习、共同进化的过程。

激励是通过一套理性化的制度来反映激励主体与激励客体的相互作用。矿业产业需要相应的激励机制，引导和促进矿产资源区域主体协调发展。矿产资源区域激励机制包括政府、行业和中介等主体组织出台的激励机制及矿产资源供需主体自身建立的激励机制。矿产资源区域各主体可采用的激励方式包括启动资金激励、物质激励、精神激励、荣誉激励等。

2.5.4 选择与调控机制

选择是指主体间协调合作时相互选择对方的过程。当矿产资源区域从稳定态进入不稳定态时，呈现出多样性特征，为选择机制的运行提供了可能性。首先，矿产资源区域主管部门需要引入选择机制，依据区域和市场需求实际，制定选择标准，对矿产开采、销售、使用进行合理化布局；其次，所有矿产企业要有规模限制，在确保国家经济安全的基础上，有层次、有秩序地对矿产资源区域企业进行选择与合作；最后，矿产资源供需主体之间也需要选择机制，使供需之间达到最佳匹配。

调控是指主体依据外部环境的变化及时调整自身发展策略的过程。矿产资源区域主体调控机制包括企业调控机制和政府调控机制。企业调控是矿产企业依据外部经济、环境等变化，不断调节主体与外界的关系，调整和完善自身的目标、功能、结构及行为，主要依靠计划决策、组织执行、监控反馈等运行机构来实施，是矿业系统的自适应过程。政府调控机制是政府通过运用各种政策、法规及行政管理等手段，对矿产资源市场主体进行间接引导和管理的机制，引导矿产资源区域产业结构调整和供需主体发展。

2.5.5 整合机制

整合机制是指企业为适应不断变化的市场环境，在科学合理的制度安排下，进行并购重组或建立战略联盟，并借助现代科技，特别是计算机网络技术的力量，以培养企业核心竞争力为主要目标，将企业有限的资源与社会分散的资源进行无缝化链接的一种动态管理运作体系。整合机制是矿产资源区域主体自我扩张和自我发展的一种途径，是实现矿产资源区域资源的优化配置，实现资源共享，取得规模经济效益的重要保障。整合矿产资源区域资源，调整矿产资源区域产业结构和发展方向，提升矿业产业和矿山企业核心竞争力，消除矿产生产中"脏"、销售中"乱"的现象。

2.6 矿产资源—经济—环境协调发展的评价

地球上自然资源的有限性，经济发展对矿产资源需求的无限性，以及资源开采企业与资源需求地之间的地域差别和与所在地之间在管理体制上的分割，导致矿产资源区域协调发展与一般区域在发展过程和制约因素上存在显著不同，主要差别在于区域内经济要素之间发展的环境可持续性的协调上。目前矿产资源区域协调发展评价的研究成果与一般区域相比,多是增加了对各类环境指标的评价,但是对可持续发展的关键因素和实现手段分析不足,导致矿产资源区域可持续发展评价指标的整体性、协调性和适配性体现不充分,不能从根本上体现矿产资源区域协调发展过程中,各要素之间协调不足所带来的短板效应的影响。因而,协调发展问题也就没有引起普遍的重视。

可持续发展是"协调—发展—持续"的综合反映和内在统一,其关键是系统内部与系统之间的协调、合作、互补和同步。协调发展是可持续发展的前提条件,是可持续发展的动因和手段。可以说,协调和发展是可持续发展的"因",是可持续发展的基础和前提,是可持续发展的保证和制约,是可持续发展的关键和具体工作,是建设和谐社会的要求。

协调发展(cooperation development)是系统内部及各子系统之间相互适应、相互协作、相互配合和相互促进,耦合而成的同步、协作与和谐发展的良性循环过程。它不是单个系统"整体性""综合性""内生性"的聚合,而是系统整体中所有子系统之间相互关联、作用的动态程度的反映。在矿产资源区域的可持续发展评价中,如果忽略或者轻视了协调问题,则无法从根本上实现可持续发展。一个结构不合理、不协调、不能共同发展的系统是无法长期生存和演进的。一个内部互相独立、条块分割的孤岛式运行的系统也是无法长期生存和演进的。只有打破矿产资源区域内不合理的条块分割,将矿产企业与区域内产业在结构上、功能上进行统一、协调和耦合,才能使该地区永续发展。矿产资源区域的协调发展不是即生的,也不是一蹴而就的,它需要通过对原有系统不断地诊断、调整、评价,周而复始逐步实现。对矿产资源区域协调发展程度的评价是实施协调发展的前提、指导和实现的路径。因此,对矿产资源区域的协调发展程度进行评价、分析尤为重要。

2.6.1 评价方法选择

目前,对矿产资源区域系统协调发展状况的评价方法相关方面的研究很少,与之相关的可持续发展和系统协调程度方面的评价方法归纳起来基本有以下三类。

第一类是专家评价法,主要有评分法、优序法等。

第二类是经济分析法,包括指标评价法、一般费效分析法和可能满意度方法等。

第三类是运筹学和其他数学方法,如多目标决策方法、层次分析法(analytic hierarchy process,AHP)、模糊总体评价法和数理统计方法等。

在这些评价方法中,对系统静态评价的多,时序性评价的少。数据包络分析

(data envelopment analysis，DEA)方法是解决多输入输出的时序性评价问题较为有效和便捷的方法，鉴于此，本书以 DEA 方法为基础，通过适当的扩展，建立矿产资源区域系统内和区域系统之间的协调发展状况评价模型，从协调和发展两方面得出对区域协调发展的综合评价。评价内容和结构如图 2-5 所示。

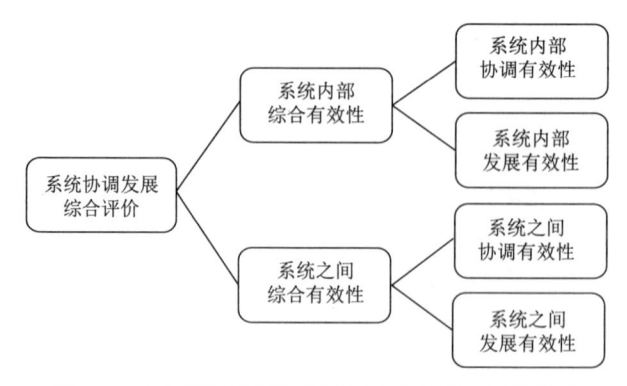

图 2-5　矿产资源区域协调发展有效性综合评价构成

用公式表示图中关系为

系统协调发展综合有效程度=系统内部综合有效程度×系统之间综合有效程度

其中，

系统内部综合有效程度=系统内部协调有效程度×系统内部发展有效程度
系统之间综合有效程度=系统之间协调有效程度×系统之间发展有效程度

DEA 模型有多种形式。其中，C^2R 是判断评价单元综合有效性的模型；C^2GS^2 模型判断评价单元的技术有效性。我们根据研究的目的和模型的特性，将 C^2R 模型和 C^2GS^2 模型集成在一个评价程序中，以便在对系统综合有效性判断的基础上，进一步分析评价单元技术有效性和评价单元的规模收益问题，深入地了解系统内和系统间在协调与发展方面的有效度及评价单元的评价时序。

2.6.2　矿产资源—经济—环境协调发展评价的 DEA 模型

矿产资源区域协调发展程度的评价可以从两方面进行：一是对区域同一运行模式进行不同年份的动态评价，因此，评价单元是该模式下区域各年份的资料，评价单元的个数就是评价年份数。二是在相同年份下，对区域运行的不同模式进行的评价，此时的评价单元是在相同年份下，区域不同运行模式下的资料，评价单元的个数是系统可能的运行模式的个数。各评价单元的输入及输出数据由图 2-6 给出。

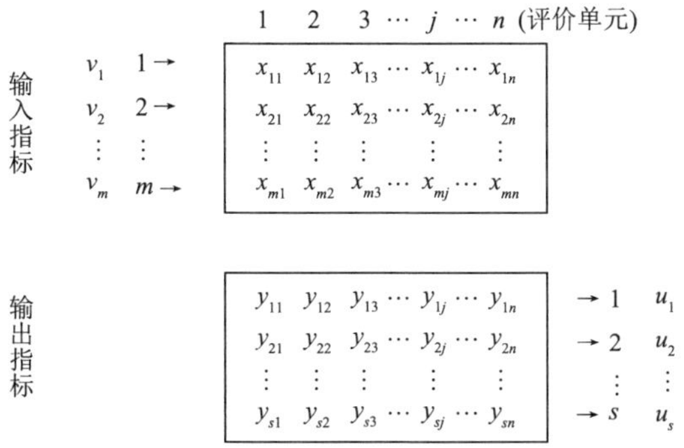

$$
\begin{array}{c}
\qquad\qquad 1\quad 2\quad 3\ \cdots\ j\ \cdots\ n\ (\text{评价单元})\\
\text{输入指标}\quad \begin{array}{c} v_1\ 1\to \\ v_2\ 2\to \\ \vdots \\ v_m\ m\to \end{array} \begin{bmatrix} x_{11} & x_{12} & x_{13} & \cdots & x_{1j} & \cdots & x_{1n} \\ x_{21} & x_{22} & x_{23} & \cdots & x_{2j} & \cdots & x_{2n} \\ \vdots & \vdots & \vdots & & \vdots & & \vdots \\ x_{m1} & x_{m2} & x_{m3} & \cdots & x_{mj} & \cdots & x_{mn} \end{bmatrix}
\end{array}
$$

$$
\text{输出指标}\quad \begin{bmatrix} y_{11} & y_{12} & y_{13} & \cdots & y_{1j} & \cdots & y_{1n} \\ y_{21} & y_{22} & y_{23} & \cdots & y_{2j} & \cdots & y_{2n} \\ \vdots & \vdots & \vdots & & \vdots & & \vdots \\ y_{s1} & y_{s2} & y_{s3} & \cdots & y_{sj} & \cdots & y_{sn} \end{bmatrix} \begin{array}{c} \to 1\ u_1 \\ \to 2\ u_2 \\ \vdots \\ \to s\ u_s \end{array}
$$

图 2-6 评价单元的输入、输出数据

图 2-6 中，x_{ij} 是第 j 个评价单元对第 i 种类型输入的投入总量，是已知的数据，且 $x_{ij}>0$；y_{rj} 是第 j 个评价单元对第 r 种类型输入的投入总量，是已知的数据，且 $y_{rj}>0$；v_i 是第 i 种类型输入的权重，是 DEA 模型变量，$i=1,2,\cdots,m$；u_r 是第 r 种类型输入的权重，是 DEA 模型变量，$r=1,2,\cdots,s$；$j=1,2,\cdots,n$。

基于 DEA 的 C²R 模型，评价单元的效率评价指数为

$$h=\frac{U^{\mathrm{T}}Y_j}{V^{\mathrm{T}}X_j},\quad j=1,2,\cdots,n$$

以第 j_0 个评价单元的效率指数为目标（$1\leqslant j_0 \leqslant n$），以所有评价单元（包括第 j_0 个评价单元）的效率指数为约束，构成如下相对效率最优化模型。

$$\max h_0 = \frac{U^{\mathrm{T}}Y_0}{V^{\mathrm{T}}X_0}$$

$$\text{s.t.}\quad \frac{U^{\mathrm{T}}Y_j}{V^{\mathrm{T}}X_j}\leqslant 1,\quad j=1,2,\cdots,n \tag{2-3}$$

$$U\geqslant 0;\quad V\geqslant 0$$

其中，

$$X_j=\left(x_{1j},x_{2j},\cdots,x_{m-1,j},x_{mj}\right)$$
$$Y_j=\left(y_{1j},y_{2j},\cdots,y_{s-1,j},y_{sj}\right)$$
$$V=(v_1,v_2,\cdots,v_m)$$
$$U=(u_1,u_2,\cdots,u_s)$$

对式(2-3)进行 Charnes-Cooper 线性变换，得到如下形式的线形规划(P)：

$$\max h_0 = \mu^{\mathrm{T}} Y_0$$

$$\text{s.t.} \quad \omega^{\mathrm{T}} X_j - \mu^{\mathrm{T}} Y_j \geqslant 0, \quad j = 1, 2, \cdots, n \tag{2-4}$$

$$\omega^{\mathrm{T}} X_0 = 1$$

$$\omega \geqslant 0, \mu \geqslant 0$$

其中，$\omega = (\omega_1, \omega_2, \cdots, \omega_m)$，$\mu = (\mu_1, \mu_2, \cdots, \mu_s)$。

线形规划(P)的对偶形式(D)为

$$\theta^0 = \min \theta$$

$$\text{s.t.} \quad \sum_{j=1}^{n} x_j \lambda_j + S^- = x_0 \theta \tag{2-5}$$

$$\sum_{j=1}^{n} y_j \lambda_j - S^+ = y_0$$

$$\lambda_j \geqslant 0, \quad S^- \geqslant 0, \quad S^+ \geqslant 0, \quad j = 1, 2, \cdots, n$$

2.6.3 协调效度和发展效度的概念

技术有效表示评价单元 j_0 的生产要素之间达到了经济学意义上的最适组合，也就是说，生产一定数量的某种产品所需的各种生产要素间的配合比例——技术系数在所有的评价单元中是最好的，即最适配的，从生产函数的角度来看，就是位于前沿生产面上的。对于矿城耦合系统来说，就是各子系统间(或系统内部各要素间)的配合比例是最适配的。它反映了系统间(或系统内部各要素间)的协调程度。因此，本书定义"技术有效"为系统间(或系统内部各要素间)"协调有效"。衡量协调有效性的指标定义为"协调效度"，当协调效度等于 1 时，即为"协调有效"。

规模有效性反映评价单元的投入与产出之间的变化比例关系。若产出增加大于投入增加，表示规模收益递增，此时 $\sum_{j=1}^{n} \lambda_j^0 < 1$；若产出增加小于投入增加，或投入增加，而产出不增加，甚至减少，表示规模收益递减，此时 $\sum_{j=1}^{n} \lambda_j^0 > 1$；若产出与投入按相同比例增加或减少，则为规模收益不变，即达到了"规模有效"，此时 $\sum_{j=1}^{n} \lambda_j^0 = 1$。因此，规模收益与 $\sum_{j=1}^{n} \lambda_j^0$ 呈反比关系。规模有效对矿城耦合系统来说，表明某一系统投入变化，该系统或其他系统产出发生同样变化，则整体规模收益不变，即达到经济学意义上投入与产出相对效益发挥的最佳状态，表明各子系统间(或本系统)发展规模是适配的。因此，定义"规模有效"为矿城耦合系统间(或系统内部)的"发展有效"，衡量发展有效性的指标为"发展效度"。

定义发展效度为 $\sum_{j=1}^{n}\lambda_j^0$ 的倒数，即

$$发展效度 = \frac{1}{\sum_{j=1}^{n}\lambda_j^0}$$

显然，当 $\sum_{j=1}^{n}\lambda_j^0 = 1$ 时，发展效度=1，即为"发展有效"。

当 $\sum_{j=1}^{n}\lambda_j^0 < 1$ 时，发展效度>1，表明评价单元处在规模收益递增阶段，表现为该阶段评价单元的发展所获得的收益递增，应增加投入以获取更大的产出。

当 $\sum_{j=1}^{n}\lambda_j^0 > 1$ 时，发展效度<1，表示评价单元处在规模收益递减阶段，较多的投入并不能带来更多的产出，说明该阶段评价单元的发展所获得的收益递减，应当从技术进步上提高投入产出效率，或者减少无效投入。

2.6.4 综合效度的概念[①]

在矿城耦合系统演化过程中，协调与发展是互为推动的过程，没有发展的协调是没有意义的，没有协调的发展也是实现不了的。因此，区域协调发展的综合效度是协调效度与发展效度的积。

我们用综合效度作为衡量矿城耦合系统评价单元协调发展有效性的指标，显然，综合有效是 C^2R 模型判断的 DEA 有效，此时，协调与发展同时有效。因此，评价单元的协调有效和发展有效同时达到，是综合有效的充分必要条件。

若矿城耦合系统评价单元是综合非有效，则有三种情况：一是技术有效、规模非有效；二是技术非有效，规模有效；三是技术和规模皆非有效。究竟是何种原因导致总体非有效？详细的计算方法及如何调整非有效的情况，在《矿城耦合系统的演化与协同发展研究》一书有详细阐述(穆东，2004a)。

---

① 由于综合有效是协同有效与发展有效的积，所以它也不是真正意义上的 DEA 有效

第 3 章　非能源矿产资源—经济—环境协调的关键技术研究

3.1　单个非能源矿产资源枯竭后的转型技术研究

资源是发展经济的基础。从局部看(如一个矿城)，资源是有限的、不可再生的。从宏观和世界范围看，在相当长的时间内，非能源矿产资源供给是可以满足经济发展需求的。但是，对于一个单一的矿产资源来说，其开采的枯竭是不可避免的，因此，除发展可再生新材料的替代品外，具体某个矿产企业的转型是社会和经济可持续发展必须考虑的。下面主要对转型模式的选择方法技术和转型规则进行分析。由于转入行业不同，转型的方式、方法、规则和步骤等均不相同，下面以非能源矿产资源型企业向物流企业转型为例，分析其转型过程的模式、规则问题。

3.1.1　非能源矿产资源型企业转型物流企业模式分析

1. 转型方向指标的耦合度计算

非能源矿产资源型企业要实现向区域第三方物流企业转型耦合，就必须主动学习新规则和适应外部环境的变化，自觉遵守市场规则、资源型行业规则和转入行业的规则，按照相关法律法规要求，依托非能源矿产资源型企业运作过程中积累下来的设施、设备、人员、经营、政策等方面的优势，实现在产品、技术、信息、网络、管理和文化等多方面全方位的转型，成为面向社会服务的真正意义上的非矿产类综合物流企业。

构建耦合度指标用以反映系统或要素彼此作用影响的程度。从协调学的角度看，耦合作用和协调程度决定了系统在达到临界区域时走向何种序与结构。系统在相变点处的内部变量可分为快、慢弛豫变量两类，慢弛豫变量是决定系统相变进程的根本变量，即系统的序参量。系统由无序走向有序机理的关键在于系统内部序参量之间的协调作用，它左右着系统相变的特征与规律，耦合度正是反映这种协调作用的度量。

非能源矿产企业转型综合物流企业是一种转型方向。可以把非能源矿产企业已有的物流资源和拟转入物流行业的资源相互作用、互动、耦合，两者之间形成一定的耦合度，它的大小反映了拟转型的非能源矿产企业转入物流行业系统的难易程度和成功概率。

设变量 u_i ($i=1,2,\cdots,m$) 是非能源矿产企业转型物流企业的耦合系统（下称转型耦合系统）的序参量，u_{ij} 为第 i 个序参量的第 j 个指标（主要包括物流运作能力、物流服务能力、物流信息化等），其值为 x_{ij} ($j=1,2,\cdots,n$)。A_{ij}、B_{ij} 是非能源矿产企业物流系统稳定状态时序参量的上、下限值。因而非能源矿产企业物流系统和转入的物流行业对转型耦合系统有序的功效系数 u_{ij} 可表示为

$$u_{ij}=(x_{ij}-B_{ij})/(A_{ij}-B_{ij}) \quad u_{ij}\text{具有正功效} \tag{3-1}$$

$$u_{ij}=(A_{ij}-x_{ij})/(A_{ij}-B_{ij}) \quad u_{ij}\text{具有负功效} \tag{3-2}$$

其中，u_{ij} 为变量 x_{ij} 对转型耦合系统的功效贡献大小。按照式(3-1)、式(3-2)构造的功效系数具有如下特点：u_{ij} 反映了各指标达到目标值的满意程度，u_{ij} 趋近于 0 为最不满意，u_{ij} 趋近于 1 为最满意，所以 $0 \leqslant u_{ij} \leqslant 1$。由于非能源矿产企业物流和转入物流行业是处于转型耦合系统中两个不同而又相互作用的子系统，对子系统内各个序参量的有序程度的"总贡献"可通过集成方法论来实现，一般情况下采取几何平均法和线性加权和法，在这里采取线性加权和法。

$$u_{ij}=\sum_{j=1}^{n}\lambda_{ij}u_{ij},\ \sum_{j=1}^{n}\lambda_{ij}=1 \tag{3-3}$$

其中，u_{ij} 为子系统对转型耦合系统有序度的贡献；λ_{ij} 为各个指标的权重，具体通过层次分析法予以确定。

耦合度的计算要借鉴物理学中的容量耦合概念及容量耦合系数模型，推广得到多个子系统相互作用的耦合度模型，即

$$C_m=\left\{(u_1\times u_2\times\cdots\times u_m)/\left[\prod(u_i+u_j)\right]\right\}/m \tag{3-4}$$

对式(3-4)而言，耦合度值 $C\in[0,1]$。当 $C=1$ 时，非能源矿产企业物流系统与转入物流系统的耦合度最大，说明这两个系统之间达到了良性共振耦合，非能源矿产企业物流系统转入物流系统相对容易；而当 $C=0$ 时，非能源矿产企业物流系统与转入物流系统整体耦合度最小，说明非能源矿产企业物流系统转入物流系统耦合度低。

例如，若耦合度值为 0.89，利用上面阐述的耦合度计算方法，说明该非能源矿产企业与物流系统的耦合度比较大，转型的难度相对较小，成功的概率较大。

2. 转型成功指标匹配度计算

转型匹配度衡量转出企业关键指标与转入行业的标杆企业指标之间匹配的程度。它可以反映出转型企业系统在关键指标领域中的差异，为转型企业在向转入产业转型时强化和完善自身系统关键指标提供决策支持。

在基于市场规则的前提下，根据非能源矿产企业市场规则和转入物流行业市场规则的不同，选取非能源矿产企业物流转型匹配的关键指标，主要包括物流运作能力、服务能力、物流信息化等方面关键指标。

设数列 $x^* = (x_1^*, x_2^*, \cdots, x_m^*)$ 为 t 时段非能源矿产企业物流系统指标，$x_i^* (1 \leqslant i \leqslant m)$ 为第 i 个子物流指标，$y^* = (y_1^*, y_2^*, \cdots, y_m^*)$ 为国内相同规模物流系统行业标杆企业指标，$y_i^* (1 \leqslant i \leqslant m)$ 为第 i 个标杆指标。依据灰色理论，首先按式(3-5)对系列 x_i^* 和 y_i^* 进行无量纲化：

$$x_i^* = \frac{x_i^*}{\frac{1}{m}\sum_{i=1}^{m} x_i^*}, \quad y_i^* = \frac{y_i^*}{\frac{1}{m}\sum_{i=1}^{m} y_i^*} \quad (1 \leqslant i \leqslant m) \tag{3-5}$$

然后按式(3-6)计算两个系列中各对应值绝对差的最大和最小值：

$$\Delta(\min) = \min\{|x_i - y_i|\}, \quad \Delta(\max) = \max\{|x_i - y_i|\} \quad (1 \leqslant i \leqslant m) \tag{3-6}$$

由灰关联分析(grey relational analysis，GRA)方程式，x_i^* 和 y_i^* 在 t 时段的灰色关联系数为

$$\varepsilon_i(t) = \frac{\Delta(\min) + \rho\Delta(\max)}{|x_i - y_i| + \rho\Delta(\max)} \tag{3-7}$$

其中，ρ ($0 < \rho < 1$) 为分辨系数，通过设置其值，可以控制 $\rho\Delta(\max)$ 对数据转化的影响，ρ 取较小值，可以提高关联系数间差异的显著性。

由式(3-7)可看出，关联系数越大，说明非能源矿产企业物流系统和相同规模物流系统行业标杆企业两个系列之间的差距越小。计算出来的灰关联系数可以反映非能源矿产企业物流系统在物流运作能力、物流服务能力、物流信息化等方面与相同规模物流行业标杆企业指标之间的匹配程度，定量出企业物流系统在不同方面的差异程度，从而为非能源矿产企业物流改进和优化物流系统，实现向物流转型提供决策依据。

3. 转型可能性分析技术

根据上述耦合度和匹配度计算方法，我们分别计算出非能源矿产企业物流向

物流产业转型的转型方向指标耦合度和转型执行指标匹配度，绘制非能源矿产企业物流向物流产业转型可行性分析图，如图3-1所示。

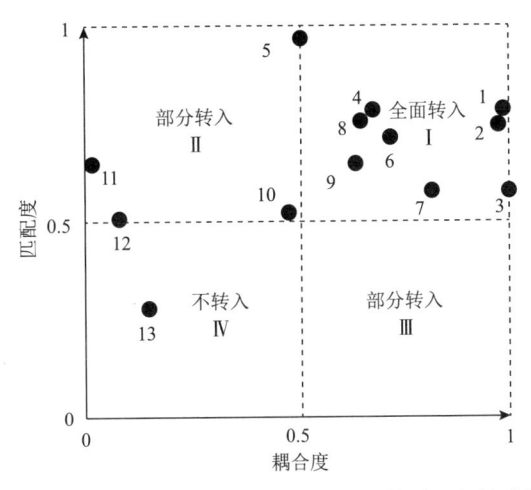

图 3-1 资源型企业物流向物流产业的转型可行性分析

Ⅰ区：耦合度高，匹配度高。转出与转入产业属性一致性强；转出企业竞争力高。转型成功率大，适宜转型。

Ⅱ区：耦合度低，匹配度高。转出与转入产业属性的一致性差，转出企业竞争力高，则宜选择竞争力强的领域转型。

Ⅲ区：耦合度高，匹配度低。转出与转入产业属性一致性强；转出企业能力与转入产业标杆企业之间差异大，则宜选择培养竞争能力并择机转型的策略。

Ⅳ区：耦合度低，匹配度低。转出与转入产业属性的一致性差，转出企业的竞争力差，则宜选择其他转入产业。

3.1.2 非能源矿产企业物流与物流产业转型耦合界面构建

非能源矿产企业物流向物流产业转型过程中，面临着转型冲突。非能源矿产企业物流为矿产资源企业服务，有一套矿产资源企业特有的市场规则，即资源型企业文化、集团物流信息、企业物流技术、专用物流网络和企业物流模式。转入物流行业是为整个社会提供综合物流服务，则需要按照综合物流市场规则运作物流企业，市场有着不同于矿产企业市场的规则，如专业物流供应商、区域物流信息、综合性物流技术、公用物流网络和第三方物流模式等。因而在非能源矿产企业物流向物流产业转型的耦合界面上，会有文化冲突、信息冲突、技术冲突、网络冲突和管理冲突。转型耦合界面如图3-2所示。

因此，为了避免非能源矿产企业硬转型，实现非能源矿产企业物流向社会综合物流企业成功转型,就必须主动学习新规则和适应外部环境的变化,自觉遵守物流企业规则、市场规则、行业规则,以及各种规范。

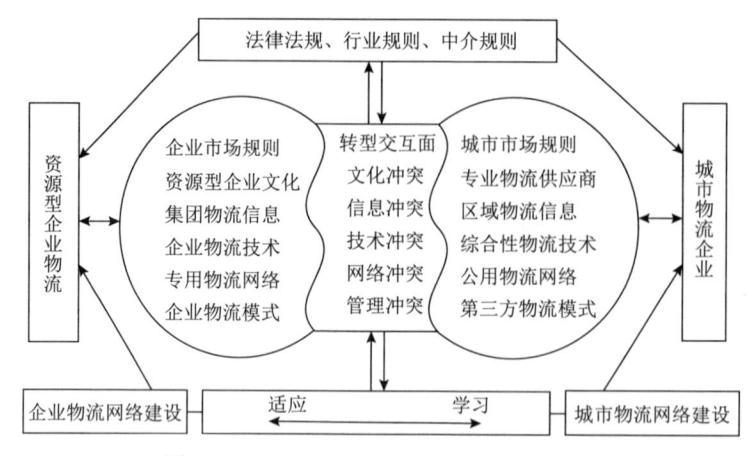

图 3-2 企业物流向物流产业转型耦合界面

资料来源:周凌云.2012.区域物流多主体协调的演化与协同发展研究.北京交通大学博士学位论文:108

3.1.3 非能源矿产企业物流向综合物流转型涉及的主体和市场规则

非能源矿产企业物流要向物流产业转型就是在政府管理部门、行业协会、中介主体、物流供给主体、物流需求主体等多主体之间相互作用下,自觉适应市场规则、行业规则的转变,实现非能源矿产企业物流主体向物流主体角色转变。非能源矿产企业物流向物流行业转型涉及的相关主体包括七大类,如图 3-3 所示。

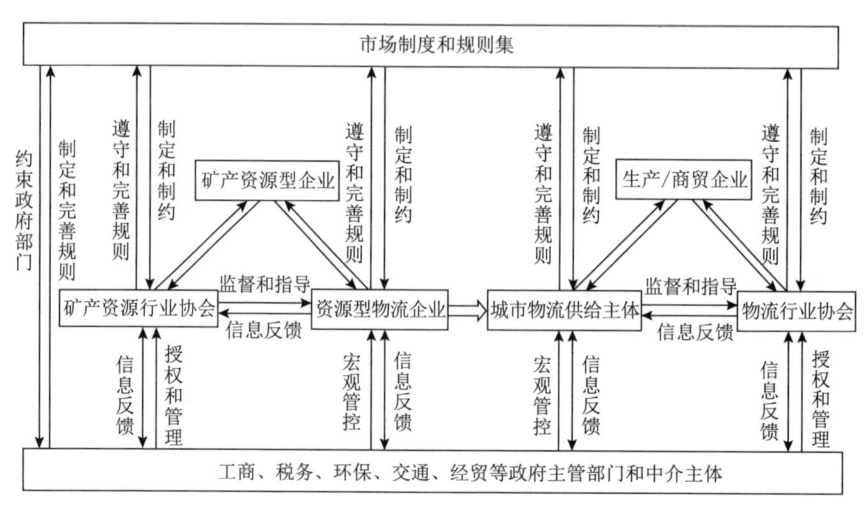

图 3-3 非能源矿产企业向物流产业转型主体和市场规则的关系

资料来源:周凌云.2012.区域物流多主体协调的演化与协同发展研究.北京交通大学博士学位论文:59

(1) 政府主管部门，包括工商、税务、环保、交通、经贸等政府主体。

(2) 行业组织，包括资源行业协会、物流行业协会、运输行业协会等行业主体。

(3) 非能源矿产企业物流需求主体，包括非能源矿产企业集团、非能源矿产粗加工企业、非能源矿产精加工企业等。

(4) 非能源矿产企业物流供给主体，主要指非能源矿产企业集团运输公司、仓储公司等。

(5) 物流供给主体，包括运输企业、仓储企业、货运代理企业、流通加工企业、综合型物流企业、第四方物流企业等主体。

(6) 物流需求主体，包括各种类型的生产企业、商贸企业、区域居民等主体。

(7) 中介主体，包括银行、保险公司、担保公司、风险投资公司等。

这七类主体不是孤立存在的，而是相互作用的。制定市场规则来约束行业组织，反过来行业组织遵守和完善市场规则；行业组织得到授权来管理或者宏观调控工商、税务、环保、交通、经贸等政府主管部门和中介主体，反过来政府主管部门、中介主体将信息反馈给行业组织；市场规则约束政府主管部门、中介主体，反过来政府主管部门、中介主体制定和完善市场规则；非能源矿产行业协会、物流行业协会分别监督和指导非能源矿产企业物流、社会物流，这两类物流又将信息反馈给行业协会。

3.1.4 基于复杂适应系统的非能源矿产资源企业转型物流产业的方法技术

1. 非能源矿产资源企业物流系统整体转型机理

根据复杂适应系统(complex adaptive system，CAS)理论，系统的主体如同自然界中的生物体一样，它的行为特征可以概括为刺激—反应模式，通过对外界的反应从而使主体出现新的空间上、时间上、功能上的有序结构，即系统从旧结构向新结构转型。非能源矿产资源企业转型过程中的多主体转型行为可以以自组织耗散结构的形式进行演化，主体转型的整体行为来自非能源矿产资源企业主体自身对外部环境(包括经济、社会和自然环境)变量输入的反应。因此，非能源矿产资源企业主体转型耗散结构演化过程如图3-4所示。

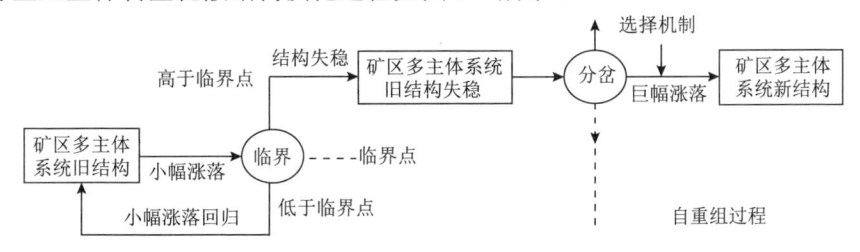

图 3-4 非能源矿产资源企业主体转型耗散结构演化过程

2. 非能源矿产企业转型方程描述

根据非能源矿产资源企业转型刺激—反应机理，推导非能源矿产资源企业转型行为表现为

$$Q(t) = F_c\{EN(t), G(t), H(t), M(t), A(t), R_a\} \tag{3-8}$$

$$EN(t) \in (EN_1(t), EN_2(t), EN_3(t), \cdots, EN_m(t)) \tag{3-9}$$

$$A(t) \in (Goal(t), Element(t), Structure(t), Function(t)) \tag{3-10}$$

其中，$Q(t)$为t时刻非能源矿产资源型企业转型行为，它是非能源矿产资源型企业在外部环境输入变量、市场规则、内部状态、转型主体相互耦合关系的综合作用下经过F_c转换的结果；F_c为非能源矿产资源型企业对外部环境变量输入的转换函数，它实际上是转型主体 IF-THEN 规则；$EN(t)$为外部环境对非能源矿产资源型企业转型主体的输入变量，包括物流需求、物流信息、扶持资金、优惠政策等引导；$G(t)$为政府主管部门和行业组织规则；$H(t)$为中介规则；$M(t)$为市场规则；$A(t)$为非能源矿产资源型企业转型主体属性和状态集合；$Goal(t)$，$Element(t)$，$Structure(t)$，$Function(t)$分别为t时刻转型主体的要素、结构和功能属性及状态的集合；R_a为非能源矿产资源型企业转型主体内部耦合关系及主体与外部环境主体耦合关系的集合，它是非能源矿产资源型企业转型主体中作用关系因素。

3. 非能源矿产资源企业转型涉及行为规则

上述函数可表示为，在外部环境对非能源矿产资源型企业提供的物流需求、扶持资金、物流信息、优惠政策等要素引导下，在政府主管部门、行业组织、中介主体、市场等行为规则相互作用下，非能源矿产资源型企业开始向综合物流主体转型拓展，从而形成新的有序结构。

非能源矿产资源型企业物流转型涉及的行为规则主要包括转型涉及主体制定的相关规则，即包括以下几个方面。

(1)政府规则。政府主管部门的主要职能是制定完善的法律法规体系，维护市场秩序，保证公平竞争。要放权给行业协会，发挥行业协会的作用。要建立一个联网配套的市场管理信息系统，以便不断地从市场主体和行业协会处获取反馈信息，及时下达指令，并及时处理市场建设中遇到的问题。政府主管部门的职能以监督、指导和宏观调整为主，必要时也可采用行政手段，但必须遵循市场运行的客观规律，主要目的是协调市场的其他要素共同促进市场规则的完善。

(2)行业规则。行业协会是政府主管部门和市场主体之间的桥梁及纽带。在政

府主管部门授权的基础上，制定经营活动规则，对市场主体的资质进行评审，对从业人员进行资格认证及再培训。行业协会将各种信息反馈给政府主管部门，传达指令给市场主体，贯彻执行法规条例。通过行业协会的自律行为完善市场机制，促使市场有序运转。

(3)市场规则。市场规则是市场运行的准则，政府部门在制定市场规则时，必须遵循市场运行的客观规律。市场规则能促进行业协会的自身建设，使行业协会在市场运行中发挥独特的作用，同时具有自律性的行业协会的参与，又使市场规则不断完善。市场规则制约着市场主体，规范着市场主体的市场行为。同时，市场主体又反作用于市场规则，促使市场规则进一步健全。

(4)中介规则。在市场经济运行中，企业要发展必须借助银行、保险公司、担保公司、风险投资公司等中介主体，而中介主体提供服务的相关规章、条款等构成了中介规则。

政府主管部门、行业协会、市场主体和市场规则相互作用，彼此促进，从而完善了物流市场运行机制，增强了市场的自律性，使市场规则不断完善、不断健全，促进资源型企业物流向物流产业转型。资源型企业物流主体在国家法律法规的约束下，在行业协会的监管下，遵守市场规则，依法经营，通过建立现代企业制度，加强转型建设，提高企业的自律行为，以质量、效益为目标，为自己营造一个良好的市场竞争环境，最终向物流产业成功转型。

3.2 非能源矿产资源—经济—环境的有序发展技术研究

3.2.1 基于热力学第二定律的自然环境演化规律分析

对于非能源矿产资源型区域来说，非能源矿产资源开采促进了当地的经济发展，但同时在非能源矿产资源开采过程中不合理的开发利用，造成了环境污染和生态破坏，对人们的生存和发展构成了严重的威胁。

熵(S)是系统的一个状态函数，它不仅可以描述某个系统的存在状态，而且它的变化可以表征系统的演化方向。从熵的角度分析可知，原生态的自然环境是一个有序的低熵系统。任何矿物开采都是以增加自然环境的熵（增加无序度）为代价的。

根据能量守恒原理可知：非能源矿产资源开采所产生的熵增=依靠非能源矿产资源经济系统所产生的熵减。

于是便产生了一种矛盾：依赖矿产资源的经济系统越发展，自然环境熵增越多，即环境的无序度越大，不可逆的破坏越严重。

1. 非能源矿产资源开采对经济系统的熵分析

非能源矿产资源的开采带动了矿产资源区域的经济发展。非能源矿产资源区域的经济是一个十分复杂的系统，包括生产、流通和消费三个子系统。其中，生产过程是将自然资源开发利用过程中得到的原料资源，通过人工劳动和非能源矿产资源消耗制造出人类所需的产品。相对于低熵的产品而言，投入的原料资源属于高熵物质，所以生产过程就是将高熵原料转变成低熵产品的过程。流通过程实现了产品从生产领域向消费领域的运动。以矿产资源和非矿产资源为输入，经过转换，经济系统产生输出，实现了经济增长，经济发展有序，即熵变为负。

2. 非能源矿产资源开采对环境系统的熵分析

非能源矿产资源开采会打破自然环境原有状态，造成环境不可逆转的破坏。就环境系统而言，它是一个开放的，由大气、水体、岩石、土壤和生物五大要素组成的复杂整体，其正常运行离不开与外界系统的物质和能量交换。矿产资源生产过程中向环境排放的各种废物和废热使环境受到污染，从而导致了环境熵（表征环境污染或破坏的程度）值的增加。非能源矿产资源通过各种交通运输工具，将矿产运往消费低的地区，需要消耗大量的化石燃料，产生废热、废气。运输工具在运行过程中要与公路、铁路、水、空气等发生摩擦产生废热等。大量"三废"的产生也导致了环境熵值的增加。所有这些过程均不可逆地使系统熵值增加。因而非能源矿产资源开采打破了环境原有状态，造成环境不可逆转的破坏，环境演化无序，即熵变为正。

3. 矛盾和转变的关键

非能源矿产资源的开采和使用会带动矿产资源区域的经济有序发展，使非能源矿产资源对经济系统产生熵减；与此同时，非能源矿产资源的赋存条件、开采方式和使用方式，使得非能源矿产资源的开采和使用不可避免地扰动环境和其他资源，造成一系列不利影响，使非能源矿产资源对自然系统产生熵增。因而出现了经济发展和环境保护的矛盾：依赖非能源矿产资源的经济系统越发达，自然环境熵增越多，即环境的无序度越大，不可逆的破坏越严重。

非能源矿产资源是人类生活和生产所必须投入的。随着人口增加和经济发展，人类生活、生产需要的能源与自然资源数量越来越多，造成的环境污染越来越严重，然而，自然界所蕴藏的矿产资源是有限的，特别是不可再生资源，有朝一日总会消耗完。所以，通过研究非能源矿产资源、经济与环境三个方面的关系，需要资源型区域转变发展模式，寻找一条协调发展的道路，转变的关键是摆脱经济系统持续发展对非能源矿产资源的依赖。

3.2.2 非能源矿产资源开采与经济和环境的熵关联分析

能源类矿产资源与非能源类矿产资源在开采过程中对环境的污染有一定的相似性，但是对经济的支撑与安全保证是不同的。本书涉及的非能源矿产资源是以金属矿产资源为主的非能源类矿产资源，研究其开采对环境和经济的影响时，必须将其与能源类矿产资源开采对环境的影响分开研究。

1. 能源矿产与非能源矿产之间的关系

目前，国内将矿产资源分为能源矿产资源、金属矿产资源、非金属矿产资源、水气矿产资源等四大类。在矿产资源利用过程中，能源矿产资源对环境的破坏程度，与金属矿产、非金属矿产相比存在着显著的区别。一方面，能源矿产资源在完成自身生产消耗的同时，还支撑着金属矿产资源、非金属矿产资源的生产。另一方面，能源矿产资源是一个持续耗散的过程，其再循环程度远远低于金属矿产资源及非金属矿产资源。这就要求在研究矿产资源对环境的影响时，应该将能源矿产资源和非能源矿产资源分开立项研究。能源矿产与非能源矿产的关系如图3-5所示。

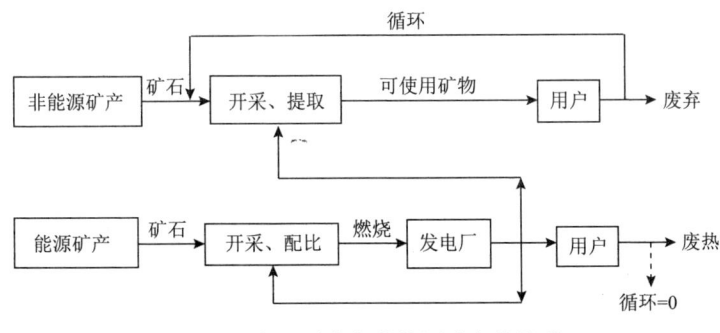

图 3-5 能源矿产与非能源矿产的关系

2. 能源矿产与非能源矿产对环境熵影响

依赖矿产资源开采和使用的经济系统是直接以矿产资源为原材料或动力的经济系统。正如前面描述的，矿产资源的开采和使用会引起经济系统的熵减及环境系统的熵增。具体来说，矿产资源的开采和使用会促进经济的发展，使依赖能源矿产资源和非依赖能源矿产资源的经济系统有序，即熵减；矿产资源的开采和使用过程中，不可避免地对环境造成破坏，使能源与非能源矿产资源开采和使用的自然环境无序，即熵增。与此同时，能源政策、产业结构、能源效率、生产方式和开采回采率等起到支点作用，这些因素的变动会影响力臂的变化。图3-6是矿产资源开采与经济和环境系统的杠杆关系。

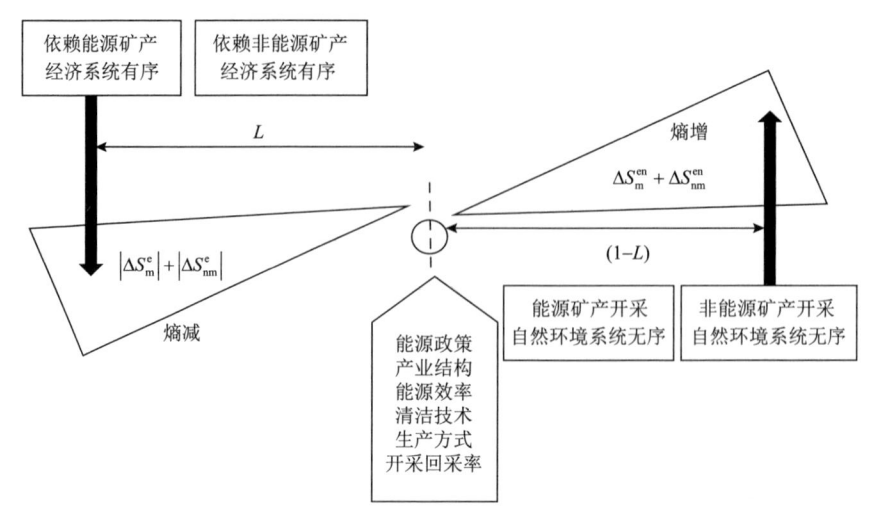

图 3-6　矿产资源开采引起经济和环境熵变化的杠杆关系图

m 代表能源矿产，nm 代表非能源矿产；上标 e 代表经济系统，上标 en 代表环境系统

根据热力学第一定律，则有式(3-11)：

$$\left|\Delta S^{e}\right| \cdot L = \Delta S^{en} \cdot (1-L) \tag{3-11}$$

其中，L 为杠杆中经济系统熵减的力臂；$1-L$ 为环境系统熵增的力臂。

在分析能源和非能源矿产资源开采及使用过程中带来经济系统的有序度时引起的自然环境的无序度，能源矿产资源对经济系统熵减所引起的自然环境的熵增大于非能源矿产资源对等量经济系统熵减所引起的自然环境的熵增。因此，在矿产资源开采和使用过程中，加强对能源矿产资源的开采与使用的管理，可以减少矿产资源的开采和使用破坏环境的程度。

3.2.3　构建"矿产资源—经济—环境"熵联动技术

通过基于热力学第二定律的自然环境演化规律分析，可知非能源矿产资源、经济和环境不是单独封闭的系统，而是相互作用、相互影响联动的系统。

1. 构建"矿产资源—经济—环境"熵联动关系

能源矿产和非能源矿产的开发、加工、运输及使用过程，促进了经济的增长，影响经济的增长模式、人口和区域化、产业结构与能源消费结构等，同时对环境系统也产生影响，造成土地资源的破坏、水资源的破坏、矿区废水污染、固体废弃物污染和矿区各种废气污染。经济的发展使政府税收、矿产资源企业的盈利增加，将会有更充足的资金投资于矿产资源和非矿产资源，进而促进经济的进一步

第3章 非能源矿产资源—经济—环境协调的关键技术研究

增长。另外,政府、矿产资源企业必须将一部分收入用于治理环境,以减少矿产资源的开采对当地自然环境造成的破坏。当能源矿产和非能源矿产的开采对环境的破坏程度小于环境承载力时,自然环境的有序性不会被打破;当矿产资源和非矿产资源的开采对环境的破坏程度大于环境承载力时,自然环境原有状态将会改变,造成环境不可逆转的破坏,环境演化无序,即熵变为正。通过分析资源、经济和环境的联动关系,构建了"矿产资源—经济—环境"熵联动关系图,如图3-7所示。

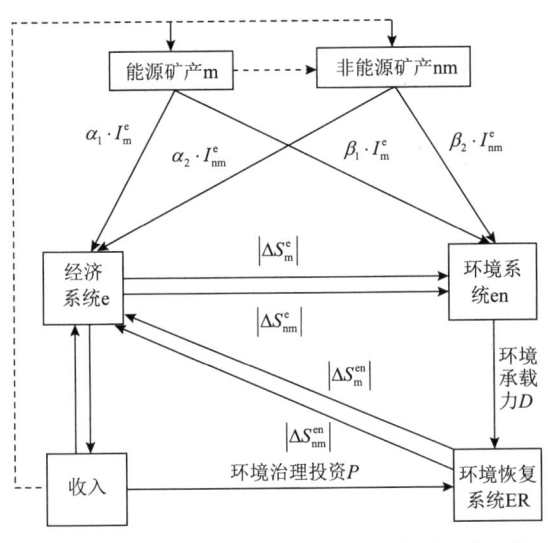

图3-7 "矿产资源—经济—环境"熵联动关系图

2. 构建"矿产资源—经济—环境"熵联动关系

1) 矿产资源开采与经济系统的关系

非能源矿产资源开采与使用使得依赖矿产资源而生存的经济系统的有序性增加。以能源矿产资源和非能源矿产资源为输入,经过转换,经济系统产出为输出,实现经济增长,经济发展有序,即熵变为负。

数量关系为

$$\alpha_1 \cdot I_m + \alpha_2 \cdot I_{nm} = |\Delta S_m^e| + |\Delta S_{nm}^e|$$

即

$$\alpha_1 \cdot I_m + \alpha_2 \cdot I_{nm} = -\Delta S_m^e - \Delta S_{nm}^e \tag{3-12}$$

其中,I_m为能源矿产资源输入量;I_{nm}为非能源矿产资源输入量;α_1、α_2为资源—经济转换率(转换当量),即单位资源的使用使经济系统产生的熵减。转换率越高,单位资源产生的经济产出越大,并且满足二者之和为1,即 $\alpha_1 + \alpha_2 = 1$。

2)非能源矿产资源开采与环境系统的关系

非能源矿产资源开采使环境系统的无序性增加,非能源矿产资源开采打破环境原有状态,造成环境不可逆转的破坏,环境演化无序,即熵变为正。

数量关系为

$$\beta_1 \cdot I_m + \beta_2 \cdot I_{nm} = (\Delta S_m^{en} + \Delta S_{nm}^{en})\frac{(I_m + I_{nm})}{D}\gamma \qquad (3\text{-}13)$$

其中,β_1、β_2 为资源—环境转换率,即单位资源开采产生的熵增,转换率越高,产生单位资源带来的环境破坏越大,满足 $\beta_1 > \beta_2$,且 $\beta_1 + \beta_2 = 1$;γ 为单位资源的环境熵转换率(转换当量);D 为环境承载能力。

当 $(I_m + I_{nm}) \geqslant D$ 时,$\frac{(I_m + I_{nm})}{D}\gamma = 1$。

3)经济系统与环境系统的关系

以矿产资源为唯一或主要资源(能源)的经济系统发展是以对环境的破坏为代价的,即依赖矿产资源的经济系统的熵减与环境系统的熵增之间存在熵量守恒。

数量关系为

$$\left|\Delta S_m^e\right| + \left|\Delta S_{nm}^e\right| = (\Delta S_m^{en} + \Delta S_{nm}^{en}) - \delta P$$

即

$$\delta P - \Delta S_m^e - \Delta S_{nm}^e = \Delta S_m^{en} + \Delta S_{nm}^{en} \qquad (3\text{-}14)$$

其中,P 为投资到环境治理的费用;δ 为单位投资减少环境熵的转换率。

4)建立矿产资源—经济—环境的熵联动系统方程

联立上述三个子系统熵关系方程式(3-12)、式(3-13)和式(3-14)可得

$$\begin{cases} \alpha_1 \cdot I_m + \alpha_2 \cdot I_{nm} = -\Delta S_m^e - \Delta S_{nm}^e \\ \beta_1 \cdot I_m + \beta_2 \cdot I_{nm} = (\Delta S_m^{en} + \Delta S_{nm}^{en})\frac{(I_m + I_{nm})}{D}\gamma \\ \delta P - \Delta S_m^e - \Delta S_{nm}^e = \Delta S_m^{en} + \Delta S_{nm}^{en} \end{cases} \qquad (3\text{-}15)$$

通过上述关系,可以对参数及变量的敏感性进行分析,得出不同转换率下,矿产资源开采与经济、环境之间的动态关系;研究经济增长率与环境要求(如碳排放率)一定的前提下,矿产资源开采比例及与替代产业的比例关系。

3.2.4 "矿产资源—经济—环境"熵联动技术的实施

"矿产资源—经济—环境"系统是由三个相互独立、相互影响、互为环境的彼此平行又广泛交叉的子系统构成的。矿产资源系统、经济系统、环境系统三者关联的时间、内容和侧重的角度不同,理解这种关联和处理它们之间矛盾的方式与方法也不同。图 3-8 显示了在矿产资源的一个生命周期,三个子系统之间随时间发展从上至下的耦合联动的关系。

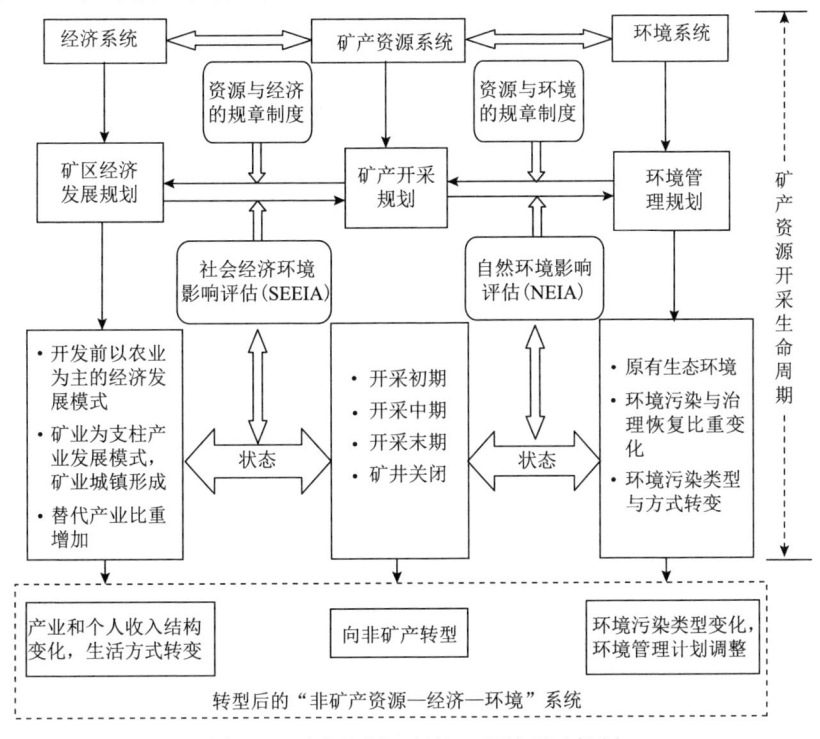

图 3-8 矿产资源—经济—环境联动机制

SEEIA: social and economic environmental impact assessment。NEIA: nature environmental impact assessment

三个子系统通过与矿产资源开采、经济、环境相关的各种制度,利益分配方式,以及评价方法和监控措施关联成一个整体,形成联动机制的三个纽带:相关的制度与规则、评价方法、执行与反馈。

3.3 非能源矿产资源生态循环技术研究

生态经济是生态伦理学(也称为环境伦理学)与循环经济理论的耦合,是从伦理的角度来审视和研究人与自然的关系,构建生态道德。将人类社会的道德规范扩大到对待自然界的态度，同时，循环经济作为实践和维护"生态伦理道德"的经济发展技术范式，正确认识和处理经济增长与资源环境保护之间的辩证关系。

3.3.1 构建生态伦理道德文化体系

人类赖以生存的地球和自然，是我们生存的母体，必须对自然有一种敬畏和感恩的心理。人类应放弃算计、盘剥和掠夺自然的传统价值观，转而追求与自然同生共荣、协调进步的可持续发展价值观。所有污染环境、破坏生态的行为都是不道德的，而保护环境则是新的道德风尚，人类有义务尊重生态系统平衡。构建生态伦理道德系统包括以下方面的内容(图3-9)。

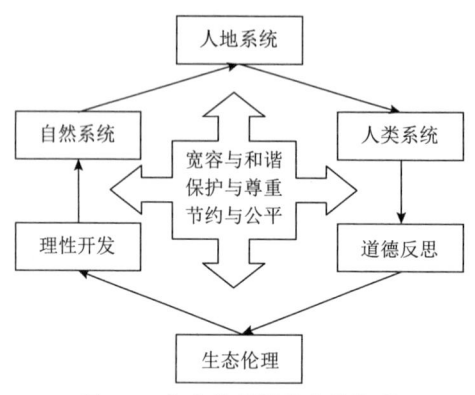

图 3-9 生态伦理道德文化体系

宽容与和谐：人类是大自然中的一个类别，是自然界权利的代言人。自然界是物种与物种的联结，个体与个体的聚合。如果没有宽容这个纽带，自然界很难结合成一体。和谐强调科学掌握人与自然之间关系的平衡点，既保证人类自身生存与发展，又不威胁自然的有序和稳定。

保护与尊重：在关注人的价值、权益和自由的同时，必须关注自然界的价值和权益。也就是考虑自然界的承载能力和承受能力。人类无权干涉和剥夺自然界权利，应尊重一切生命和物种。强调人类的发展靠人类自身的创造力解决，而不是靠对自然界的剥削与破坏。

节约与公平：在自然资源稀缺的前提下，节约意味着可持续，使实现代际公平成为可能。

通过生态伦理，将人类与自然系统(人地系统)构成一个可循环的闭环系统，实现人与自然、经济与环境、文化与道德螺旋式循环上升的范式。

3.3.2 金属矿产资源循环利用技术

循环经济的矿业开发技术载体主要包括矿山综合性开采与资源的合理化利用

技术、环境无害化技术、废弃物综合利用技术、矿山复垦生态环境技术等。

矿产资源属性不同，循环使用的方式和技术也不同。一般来说，可以将非能源矿产资源的循环经济分成三个阶段：开发阶段、使用阶段和废品处理阶段。所谓循环经济，主要是运用生态学规律指导矿业开发、矿产品的使用和废弃物的再利用。在矿业开发中引入循环经济，形成"低开采、高利用、低污染"的技术体系；在使用阶段引入循环经济，形成"高利用，低能耗、低排放"的技术体系；在废弃物利用阶段形成"高回收、高利用、高清洁"的技术体系。在三个阶段中，第一、第三阶段是循环经济发展的重点。本书主要对这两个阶段的循环经济技术进行分析。

1. 矿产资源开采阶段的循环利用技术

矿山综合性开采与资源合理化利用技术包括贫富矿石的综合开采利用、选矿与加工技术使资源合理化利用两方面内容。矿山综合性开采，即制订开采方案，在开采时高、低品位矿石统一开采，杜绝采富弃贫、资源浪费。资源综合开发利用包括两个方面：一是矿物中伴生的有用组分的回收利用；二是尾矿的再利用。其中尾矿再利用是矿产综合利用的一个必不可少的组成部分。

环境无害化清洁生产技术包括生产过程中的清洁和生产产品的清洁两个方面。采用先进技术进行无废或少废生产，使生产过程和产品消费过程变为无污染或少污染，实现生产过程的零排放和加工产品的绿色化。为此，在非金属矿业的生产过程中，应大力发展清洁选矿和加工技术，提高矿物的纯度、精度，提高矿石的利用率。既要实现生产过程的无污染或少污染，又要实现生产出来的产品在使用时不会对环境造成危害。

由于我国大多数矿产的矿石品位低，多数呈多组分共伴生，矿物嵌布粒度细，再加上选矿技术不高，选矿设备自动化水平低及管理水平落后等，选矿厂普遍存在矿物回收利用水平低的现象。目前，我国矿产资源总回收率只有30%左右，以采选回收率计，非金属矿只有20%~60%，造成大量资源损失于尾矿中。在国外，尾矿的再生利用研究普遍受到重视，特别是工业发达国家在第二次世界大战之后就开始了尾矿再生利用的研究，并把建立废料矿山作为矿业开发的目标之一。例如，奥地利政府积极支持矿山采用无废料生产工艺，提倡综合利用低品位的矿物原料和排放的尾矿废料，还在财政上给予必要的资助，在法律上给予保障。

开展尾矿与废石合理利用及处置技术研究，实现废弃资源的循环利用。我国金属矿山尾矿与废石综合利用率很低。本着"尾矿再选提取有用组分，去除潜在污染，尾矿与废石回填或生产建筑材料，建设人造景观和复垦"的思路，国内外金属矿山尾矿与废石要着重解决下列关键技术：①金属矿山尾矿再选重点是要解决氧化矿尾矿再选；②大用量、高附加值尾矿与废石建材产品的技术开发；③尾矿整体利用技术，主要是全尾充填技术。

2. 金属矿产资源废弃物循环利用技术

金属矿产资源综合利用是以金属矿产资源所在地为活动场所，以其"利用"为目标，以"综合"为灵魂的基本原则而进行的。纵向而言，涉及矿山的勘探、测量、开采、选矿方法的选用及其对应设备（包括药剂的选用及配套的相关设施）的采用。横向而言，不论是矿山、选矿，还是冶金或工艺加工，都需要各自对应的配套设施的应用，才能达到各自的目的。

再生金属是将生产、流通、消费等过程中产生的不再具有原使用价值而报废的各类金属制品或边角余料，进行回收加工，还原其使用性能或生产新产品。再生金属与原生金属相比，能源消耗和污染物排放大幅减少，再生铜、铝、铅、锌的综合能耗分别只是原生金属的18%、4.5%、27%和38%，再生金属产业节能减排效益突出。

加强废金属拆解中的技术自主创新。由于我国每年有大量金属产品报废，生产制造企业可以承担其废旧产品的拆解工作，同时可以吸纳较多额度人员就业。金属拆解业是随着金属回收再造而兴起的产业，是通过拆解回收的金属废弃物等，来获取需要的铜、铁、铝等金属资源。

目前，我国再生金属利用企业和拆解企业在技术装备上与国际水平差距很大，废旧物资及危险废物的无害处理能力相当薄弱，加上管理不到位，造成环境二次污染，存在安全和环境方面的双重隐患。当前，拆解主要是依靠工人利用气割、风动工具把废旧金属设备分割成可直接利用的零部件及金属等各个部分，并借助机械设备来切割完成。采用焚烧炉把废旧电极定、转子绕圈漆包线的漆层和固定绕组的合成树脂等物质烧掉，待出炉冷却后，再把铜线及金属零件等各个部分拆解出来。很明显，这些企业的整个生产过程属于劳动密集型，机械自动化水平很低。由于缺乏管理和技术落后，拆解后不可利用的固体废弃物存在不可忽视的垃圾污染问题。需要努力引进和开发先进的拆解技术，在改进设备的基础上，不断地优化拆解工艺和流程，从根本上提升拆解效率、质量，解决环境二次污染问题。

引进再生金属重熔炼技术。我国再生金属企业数量增长快速，但在熔炼设备上，规模和水平参差不齐，既有最为简单、污染严重的坩埚、地炉，又不乏投资动辄几千万元的国外引进的成套设备，绝大多数企业技术水平一般，熔炼设备陈旧。熔炼技术水平的高低决定着再生金属的质量、能耗和烧损的高低，以及企业污染的状况，所以，熔炼设备是再生金属企业的核心，它的优劣决定着企业能耗的高低、环境污染的轻重、产品质量的优劣。国外在这方面有着先进的实验室和成熟的材料与化工技术，我们应该大力学习、引进。

3.3.3 金属废弃物回收再造中垃圾焚烧技术

金属的循环利用工程面临一个非常重要的环境二次污染的问题，即对金属回收再造过程中不可以利用的废物焚烧环节造成的污染。这个过程虽然不属于金属的再循环，但是却不可忽视。如果解决不好，将会影响到金属再循环使用的可行性。因此，本书为此做了专门调研。焚烧环节存在的问题包括：针对高分子废物的焚烧技术、装备缺失；国内焚烧炉厂家过多，创新能力弱，低价位恶性竞争，焚烧炉不合格；焚烧炉油耗大、烟尘治理难度大等。不完全燃烧的焚烧炉烟囱喷出的黑色浓烟，就是未完全燃尽的大分子可燃气，也就是残留在烟气中的有机污染物。

通过分析可以了解到，多种废橡胶、聚稀类塑料、聚酯类物质、废油脂、沥青的可燃质特征为可低温气化，气化率可达 99%；气化生成高挥发性、高热值可燃气体；易着火；火焰传播迅速；火焰粉尘少；完全燃烧机理复杂，适用气相的、在空间进行的燃烧方法。岩棉、云母、玻璃纤维等，轻质碳酸钙、砂土、碎石、耐火砖等可燃质特征为基质，很难燃烧；灰渣、粉尘量大。金属、金属氧化物等可燃质特征为有机污染物聚合生成的触媒。这些废弃物共同适用熔炼炉内低温、低速度、可减少粉尘等燃烧方法，要尽可能避免低熔点金属有机毒害的燃烧方法。

再生金属行业对高分子废物焚烧炉有特殊的要求：第一，减量化。各种工业垃圾必须送到市政当局指定的地点和部门，集中进行减量化，并且要付出相应的按吨计量的处理费用。第二，灭害化。提供垃圾焚烧装备的制造商和各地方垃圾焚烧场的经营管理者，必须遵守相关焚烧污染控制排放指标。如果相关技术不过关，只靠行政法规强化管理，并不能真正彻底解决有机污染问题。勉强的执法管理，必然是软弱无力的。第三，资源化。资源化是金属再生等循环经济产业的经营主题，企业自身的迫切要求是：首先，高分子废物焚烧炉在对工业垃圾做到有效减量化、灭害化的同时，还必须为拆解生产中那些必须采用热分解的环节提供低价位热能，而这种热能对企业拆解和再生铜铝行业，应该是不需要再付费的；其次，高分子废物焚烧炉在有效脱除废金属表面所附着的有机污染物外，还应尽可能提供更方便、更有效的回收低熔点金属等的先进工艺。

3.4 非能源矿产资源开采过程污染控制技术研究

矿产资源开采过程对环境污染的监控包括两方面：污染前控制和污染后治理技术。矿业环境污染问题是指矿业生产过程中废气、废水和固体废弃物排放造成的对大气、水体和土壤的污染。矿业环境污染问题主要有：采掘爆破作业产生的有毒、有害炮烟、矿尘和冶炼炉排出的烟气对空气造成的污染；含有大量固体微细粒物质、重金属离子和残余化学药剂的选冶工业废水与矿坑废水排放地表及渗透造成对地面水系、地下水体的污染，并毒化土壤；采掘废石、选矿尾砂和冶炼炉渣等固体废弃物堆置在地表既破坏地面植被，同时对土壤、大气、地下水、地表水造成污染。

3.4.1 开采污染控制的制度措施研究

对于矿产资源开采过程控制，国外一般采用源头、全程和合力控制的方法进行。

1. 源头控制

在矿业环境保护中要采取各种预防措施，防止环境问题的发生，以较小的经济代价取得较高的环境效益，即源头控制原则。

国外的源头控制主要通过矿山企业设立时授予特许权过程中的环境影响评价和开采计划的行政审批。提高矿业市场准入门槛。特许权制度本身就是严格限制财产权行使而设立的高门槛制度，再加上环境影响评价的严格要求，避免技术、管理、环保能力差的企业进入采矿市场。

2. 全程控制

矿山企业进入勘探和开采环节以后，必然带来一些环境污染和破坏。然而环境保护是一个整体过程，这就要求行政特许的源头控制与许可后的监督及污染后的治理、恢复等有机结合起来。澳大利亚政府制定了14项矿业环境标准，包括环境评估、关闭及修复措施、尾矿及大量滤取物的处理、废物残渣处理等。这些环境标准既是预防手段，又是一种治理手段，体现了全过程控制。

3. 合力控制

矿业环境保护不仅是环保与矿业部门的职责，而且受国家有关相应职能机关协调配合的合力管制。加拿大的各级政府、协会和企业，在所有权限中，除严格按照法律要求外，所有成员均积极应用技术及经济手段，力求做到勘探、开采、加工制造和闭坑各个环节的环境保护。

此外，还要建立透明的，包括公众听证制度的司法机制。体制上，立法者要与执法者分离，建立法律上授权的职能部门，全面负责矿山复垦规范的制定、执行、监督与协调等工作，并在各级地方建立由中央垂直领导的办事机构。各级部门之间应权责明确，以减少重复管理或责任推诿现象。在复垦资金方面，建立全国性的复垦保证金制度，并辅之以国家专项复垦基金。还可以采取其他方法，如采矿拟用地与复垦土地以地换地，通过拍卖、招标和减税等方式激发复垦积极性，等等。

借鉴国外经验，我国应该加强对矿产开采过程的综合控制，建立并完善矿山环境保护法律法规体系。必须有严密保护体系和监控制度，并长期一贯地坚持不懈，不应以"运动"式的方式对待环境问题。

对于矿区工业污染的防治，我国要从终端控制为主，转向生产全过程控制为主，从分散治理向集中控制转变，从浓度控制向浓度与总量控制相结合转变。要在排污收费、排污权交易、污染的集中控制等方面制定一些具体的政策。实行有利于矿区环境保护的积极政策，包括对矿区污染物征收环境补偿费，对相关的环保工程项目给予必要的税收优惠，对矿区"三废"综合利用和环境保护产品的生产给予一定的优惠贷款和税收减免等。

3.4.2 非能源矿产开采污染治理技术

矿业开发过程中，即使有良好的制度和法律法规保证，对环境的破坏依然是无法避免的，必须通过实施各项同步的治理和恢复技术加以解决。必须广泛地采用先进的污染修复技术恢复环境，诸如生物修复技术(利用各种生物过程处理环境污染)和地球化学工程修复技术(将地球化学作用于改造环境)等，采取矿产开采的环境污染综合控制模式，具体见图3-10。

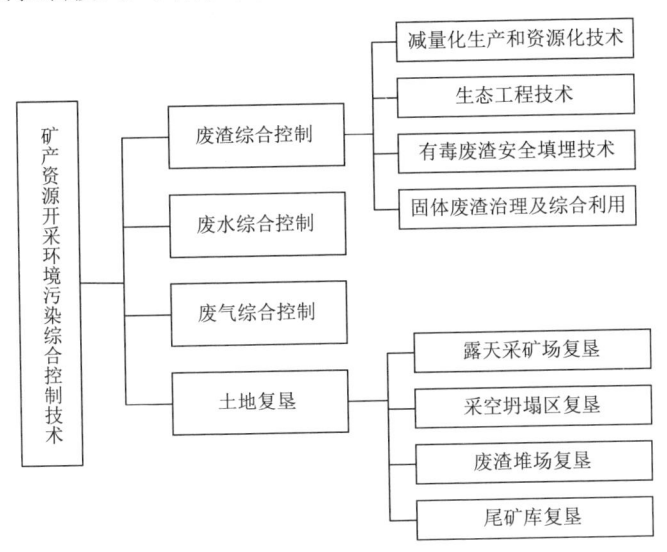

图3-10 矿产开采的环境污染综合控制

矿业环境保护和环境问题的防治必须以先进的矿业技术为支撑，坚持预防为主、防治结合的原则。同时，通过资源综合利用，促进和发展与环境协调的矿业技术。矿产资源开采的环境污染综合控制涉及的技术主要有如下几种。

1. 生态充填材料工程技术

以矿业工业固体废弃物为基本充填材料的充填采矿方法是实现矿山无废开采和解决地下矿山环境岩土工程问题的核心技术，但矿业工业废弃物作为充填的材料本身通常含有有害组分，因而有可能对地下水体造成二次污染或带来新的环境安全问题，因此，要研究开发物理、化学性能稳定，符合环境保护要求的生态型充填材料或矿用充填添加剂，确保在充分利用废物、解决矿业环境问题的同时，避免二次环境问题的产生。

2. 原地浸出采矿工程技术

原地浸出采矿工程技术是非能源矿产资源开采技术发展的必然方向，它类似于煤炭地下气化工程技术，通过采用生物或化学溶解介质浸出和回收有用矿物成分，基本实现无废气、废水和固体废弃物排放，彻底解决传统矿床开采技术不可避免的环境污染问题、环境岩土工程问题和环境安全卫生问题。

3. 生物矿冶工程技术

以生物技术替代传统的化学选矿技术和化学、火法冶金技术，解决化学药剂及冶炼烟气带来的环境问题和危害。

4. 矿业微环境调节技术

采用人工环境技术，如人工微气候环境技术、计算机远距离遥控技术和岩层加固技术等，强化矿业工人劳动安全保护和个人健康卫生防护。

5. 矿山复垦技术

矿山复垦技术的研究必须贯穿矿产资源开发的各个阶段，使矿产资源开发整个过程始终保持一个与周围自然环境协调一致并能自我维持的生态环境，最终恢复被矿产资源开发扰动和破坏的生态，使生物种群达到破坏前的程度。

3.4.3 固体和酸水污染对策

固体污染、矿业酸水是非能源矿产资源开采过程中产生的两大较为严重的环境公害，需要特别重视其污染预防与综合治理。

1. 固体废物环境污染的预防对策

固体废物的堆放除可以引发重大工程地质灾害问题外，还会侵占土地，破坏植被，使重金属元素迁移及活化。目前矿山固体废物综合利用和预防的途径有：①回收尾矿中有益元素，降低尾矿的产率，特别是加大稀有贵重金属的回收利用；②采矿废石用于建筑材料，开发高附加值产品，把尾矿用作肥料；③尾矿库复垦，防止尘沙飞扬，尾矿外流，减少尾矿坝的渗漏水。

在国外，矿山环境管理已经从末端的治理向全过程预防转变。为了把污染和破坏降到最低限度，在充分利用清洁生产工艺和处理系统时，要充分考虑矿山自身的地球化学特性，开展矿山的清洁生产，把污染消灭在矿业的最初阶段，走可持续发展道路。

对于尾矿库的复垦，目前用改性材料，如粉煤灰、蛇纹石和海泡石进行矿区复垦的研究比较多，用粉煤灰作为矿区土壤改良剂可以使土壤酸性降低；用改性海泡石处理部分矿业废水，处理后的重金属离子含量可达到国家排放标准。我国粉煤灰、蛇纹石和海泡石资源丰富，改性技术条件成熟，可以达到以废治废的目的，符合国家的环保政策，将其运用在矿区污染治理中有很大的发展前景。

2. 矿山酸性废水的环境污染预防对策

不同的矿物类型、大气条件及生物地球化学作用都影响硫化物的氧化。与酸性废水生成直接相关的首要因素是硫化物、氧、水、三价铁、细菌，因此要从这几方面进行控制：①使氧透入量最小是主要手段，可以采用覆盖物和密封层；②拦截地表水及大气降雨，限制水进入易风化的废石和尾矿；③在排放之前分离硫化矿物；④添加石灰、石灰石、磷酸盐来提高 pH，可以拟制细菌的活度；⑤使用杀菌剂抑制氧化铁硫杆菌的腐蚀；⑥还原三价铁及控制硫化物的粒度和温度。

国内外治理酸性废水的技术主要有碱性物质中和、工程密封覆盖、生物膜吸附处理和电化学处理，这些技术已经成功地运用到矿山酸性废水实践中。例如，利用碳酸钙作主要的中和药剂，铁氧菌技术对日本松尾矿废水的处理非常有效，江西银山铅锌矿、铜陵的铜矿也都有利用该技术处理废水的水质条件。

国内对酸性废水的治理大部分是依靠工程和化学技术，由于自身局限性，利用地球化学工程学解决矿山酸性废水污染问题显得尤为必要。矿山环境中元素的分离、迁移、富集、固定都服从地球化学规律，只要对污染物进行详细调查，掌握污染物的地球化学特点，寻找合适的天然物料，把污染物的处理过程放到天然系统中去，矿山环境污染问题就可以利用地球化学过程本身来解决。

第4章 非能源矿产资源—经济—环境协调过程控制理论与模拟

4.1 非能源矿产资源—经济—环境的协调过程模拟

根据地域不同，非能源矿产资源开采由上而下构成国家、区域和矿区三个层次。三个层次的非能源矿产资源—经济—环境系统构成的主因素及影响指标受矿产资源类型影响。相同属性矿产资源的开采对经济和环境之间的互动关系指标基本相同，仅指标的统计范畴不同。因此，三层次系统具有相同形式和内容的非能源矿产资源—经济—环境系统的主因素。本书将以铁矿石资源的开采为例，构建非能源矿产资源—经济—环境系统，并分析主因素。

4.1.1 非能源矿产资源—经济—环境协调系统的仿真方法选择

非能源矿产资源—经济—环境协调系统是多因素、多组合、多关联的复杂大系统，在有限的时间里我们无法分析这些事物的所有方面，这类复杂问题的局部优化解对全局不见得合理，有时甚至可能对全局造成灾难性后果。人们的直觉和主观判断也不可能深入精细地正确认识这种大系统内部的各种复杂关系，系统的发展和变化往往要经历较长时间才显现出来，其代价、可能的结果和长远影响也往往令人望而却步。

1. 协调系统模拟方法选择

对系统了解、分析，进而达到调整和控制的目的，是基于对系统正确抽象和描述之上的。描述系统运动过程的方法很多，有定性的，也有定量的。定性方法一般用于对系统的文字性描述和对解决方案的解释；定量的方法一般用于方案的提出、分析、优化。系统定量描述方法主要有：马尔可夫模型法、回归法、线性规划法、指标体系法、过程模拟法。

系统动力学(system dynamics，SD)方法属于过程模拟法，与马尔可夫模型法、回归法、线性规划法、指标体系法方法相比，系统动力学方法具有特有的优越性。系统动力学方法既可进行时间上的动态分析，又可以进行因素间或子系统间的协调；它能对系统内部、系统内外因素的相互关系予以明确的认识和体现；对系统内所隐含的反馈回路予以明确的认识和体现；并可对系统设定各种控制因素，以观测当输入的控制因素变化时的系统行为，从而可以对系统进行动态仿真实验。系统动力学作为一门认识系统问题和解决系统问题交叉的、综合性的学科，在高阶次、非线性、多重反馈的系统问题的分析中得到了广泛和有效的应用。

本书采用系统动力学方法创新性地构建了非能源矿产资源—经济—环境协调系统，并以山东淄博和湖北黄石为例进行单个系统的模拟，在此基础上集成出整个国家的非能源矿产资源—经济—环境协调总系统，通过灵敏度分析，给出各种政策性发展和监控建议。

2. 非能源矿产资源—经济—环境协调系统的动力学特征

从系统动力学角度分析，非能源矿产资源—经济—环境协调系统是具有一定的边界的，由人类社会与自然环境相互联系、相互影响、相互作用而形成的大系统；是一个由矿业、经济、环境子系统组成的复杂系统；是以合理配置各种资源，实现整体系统的协调发展，达到人类全面发展目的的社会系统。非能源矿产资源—经济—环境协调系统除具有集合性、整体性、功能性、关联性、层次性、动态性等一般系统特点外，由于存在众多的非线性反馈回路，系统特性多元化，产生大量的不确定性，因此，还具有以下系统动力学特征(王其藩，1994)。

(1) 系统反馈回路多、阶次高、非线性，以及反馈机制复杂。非能源矿产资源—经济—环境协调系统由四大子系统组成，系统整体的发展受子系统间和内部耦合关系的影响，使系统各要素间存在强烈的相互促进、牵制或抵消的作用，形成众多的反馈关系。正负反馈交互作用，正反馈使系统具有发散特性，负反馈使系统具有收敛性，系统在两者的相互作用下演化。

(2) 系统行为表现为反直观性和不确定性。复杂系统的特征之一就是按复杂系统的表象对系统进行调整，这样往往会导致无效，甚至得到相反的效果。非能源矿产资源—经济—环境协调系统也具有这个特征。反直观性要求在对非能源矿产资源—经济—环境协调系统模拟模型进行有效性检验时，不能简单地使用诸如相关分析中的置信水平来衡量，需要用历史数据进行拟合检验。而且在系统的影响因素中，有些是随机的不确定因素，使得系统呈现出一定的不确定性。因此，寻找贯穿系统演化全过程的主因素就显得十分重要。

(3) 对少数参数变化和一些结构变化的高度敏感性。这是因为当参数在临界点附近时，系统可能形成不同类型的耗散结构和有序状态，一些微小的偏差将导致整个系统形成完全不同的发展前途。因此，对非能源矿产资源—经济—环境协调系统的模拟，寻找敏感参量，是抓主要矛盾的关键。但是系统对非临界点附近的变化反应却是消极和滞后的。当系统采取一项变更调整（在非临界点附近的变化）时，其行为结果却依然如故。其原因是复杂系统的反直观性和构成因素越多，此消彼长，使得系统总体反应越不明显。这要求在对非能源矿产资源—经济—环境协调系统进行调整和改善时，要抓住可以产生有效涨落的因素，使各项子系统同步调整，使其产生巨涨落，并为此做出长期的努力。

(4) 系统的多时段性和多目标性。非能源矿产资源—经济—环境协调系统是一个社会系统，需要实现总体经济效益、社会效益和环境保护等多种目标。而且系统演化是从无序到有序，从有序到更高层次有序的转变，是从平衡态到非平衡态，再从非平衡态到更高层次的平衡态的递进，是一个周而复始螺旋式上升的阶段性过程。因此，在对系统进行分析、评价、调整时，需要采用多时段的、综合的和多指标的集成方法。

4.1.2 矿产资源—经济—环境系统各子系统主因素分析及系统构建

国家和区域层次的矿产资源—经济—环境总系统是单个矿产资源—经济—环境系统的集成。本书首先建立单个矿产资源—经济—环境协调子系统，然后将其统计指标范畴扩大到区域或国家。在对参数进行调整后，即可得到区域或国家的矿产资源—经济—环境总系统。

环境问题的研究必须本着"谁开发、谁保护、谁污染、谁治理"的原则。矿产资源开发是影响当地经济与环境的主导者。因此，对矿业区域层级的资源、经济、环境的研究必须以矿产区域即矿业区域为系统研究对象，必须与矿产资源开采地或区域的具体情况结合起来，研究矿产资源—经济—环境相协调过程的控制问题。本书以山东淄博金岭铁矿和湖北黄石铁矿为例，分析、研究并给出实现矿产资源—经济—环境相协调的过程监控的一般方法、过程与步骤。

由于不同矿产资源开采对环境和经济的影响不同、参数不同，在构建其与经济、环境的协调模型时，必须具有针对性。本书以铁矿石开采为例，给出其系统动力学的矿产资源—经济—环境协调系统的模型构建，以及过程的模拟。

1. 铁矿资源—经济—环境协调系统主因素的确定

系统动力学仿真方法是对现实的再现，其基本原理是分析确定系统中主要影响因素（简称主因素或关键因素）之间的关系，其特点是根据现实因素指标大小运作过程，不需要人为输入主因素的权重。但是构建系统动力学模型前，必须清楚了解系统运作的主要影响因素。本书研究的是矿产资源—经济—环境三者之间的协调技术与过程控制,因此,总系统主因素的寻找是从矿产资源、经济和环境三个子系统分别进行,然后建立子系统内部和子系统之间的关系方程。

各子系统主因素确认,首先是寻找、识别、确认。本书采用铁矿现场调研、查阅相关文献和咨询专家的方法,然后根据研究目标确定。

建立模拟模型,根据山东金岭铁矿实际数据仿真后,可以进一步得到影响矿产资源—经济—环境系统协调的因素有:价格、回采率、自给率、污染比、GDP增长率、循环利用率、环境治理费占 GDP 比例。下面将对子系统进行论述。

2. 铁矿资源—经济—环境系统各子系统主因素分析

铁矿石开采是一个复杂的巨系统,由资源开采、经济、环境等要素及要素之间的相互关系组成。其中,经济主要包括为促进生产而进行的必要投资,以及矿产资源开采对经济的贡献;环境主要包括矿产资源开采对环境造成的主要危害。通过实地调研和分析,构建的铁矿资源—经济—环境系统的各子系统的主因素图,如图 4-1~图 4-3 所示。

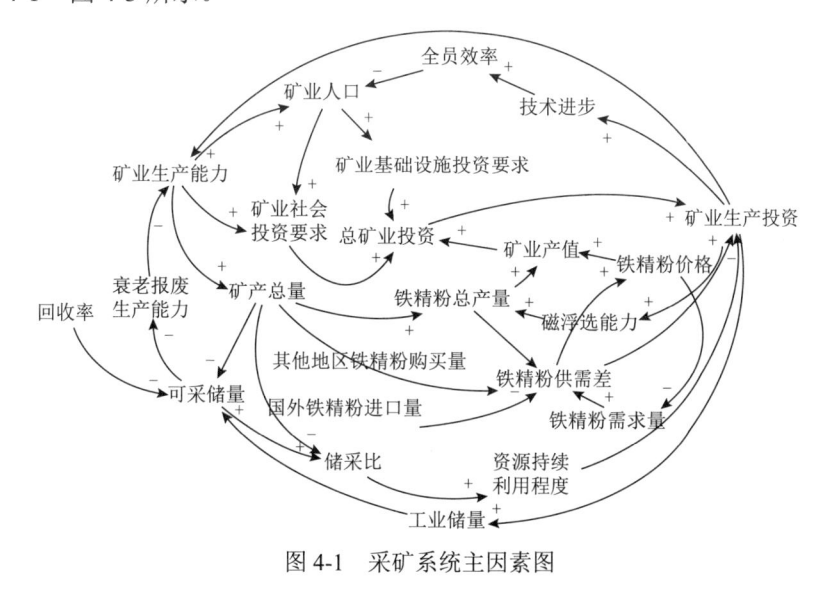

图 4-1 采矿系统主因素图

3. 铁矿资源—经济—环境系统动力学模型构建

根据系统原理和模拟方法,在各子系统主因素关联关系分析的基础上,本书创新性地构建了单一铁矿资源—经济—环境协调系统的动力学模型及总流图,如图 4-4 所示。

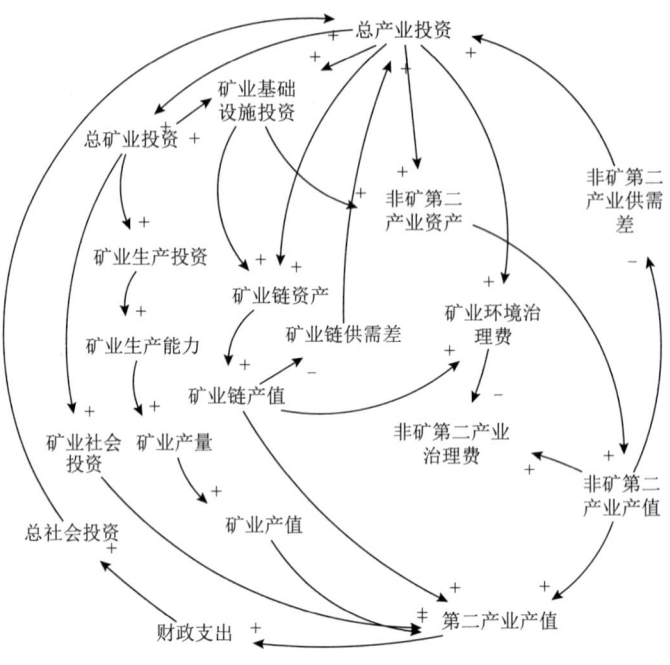

图 4-2　经济系统主因素图

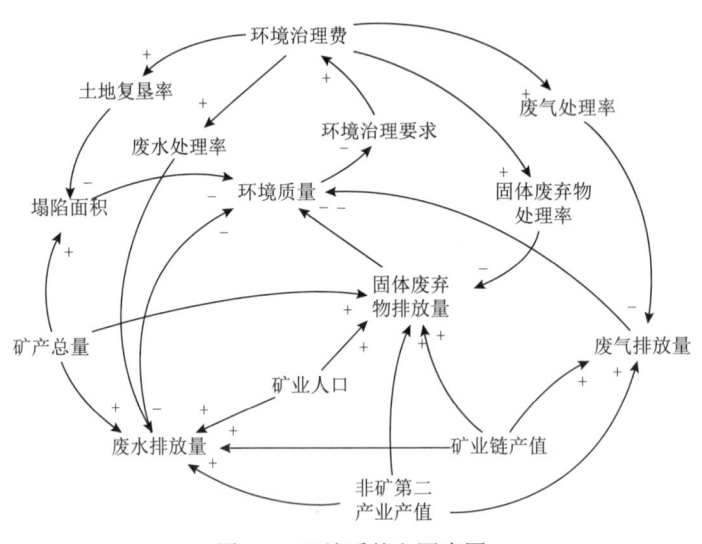

图 4-3　环境系统主因素图

4.1.3 矿产资源—经济—环境协调系统动力学模型有效性检验

一个良好的系统动力学模型应能正确、真实地反映出实际系统的结构和功能，能够重现系统运行模式，能够应用于不同的环境中，也就是说，能够应用于不同矿产资源开采企业和区域。因此，在模型应用之前首先需要对所建模型能否客观反映实际系统的结构和功能进行检验，对模型的真实性、有效性和可信度进行评估。根据在山东省淄博金岭铁矿调研得到的数据，对模型参数进行估计，由于部分参数无法获取，只能采用统计回归与指数平滑的方法得到。因此，为确保系统尽可能地贴近实际，我们以实际可以得到的指标作为检验指标，与仿真结果比对，进行有效性检验与模型调试。最终得到的验证指标显示，误差均在±5%的范围内，模型可用。部分检验结果如图 4-5 所示。

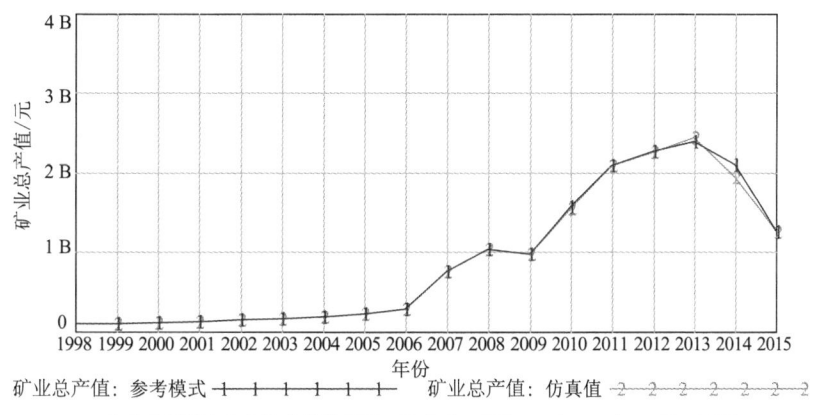

B 为软件系统中自动生成的数量级，代表"10 亿"。1B(billion)=10 亿，下同

(a1)矿产资源—经济—环境系统系统动力学模型矿业总产值检验结果(淄博)

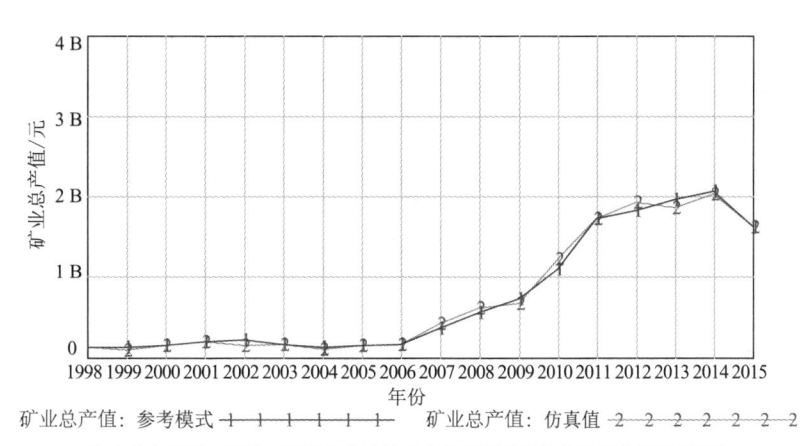

(a2)矿产资源—经济—环境系统系统动力学模型矿业总产值检验结果(黄石)

(b1)矿产资源—经济—环境系统系统动力学模型土地塌陷检验结果(淄博)

(b2)矿产资源—经济—环境系统系统动力学模型土地塌陷检验结果(黄石)

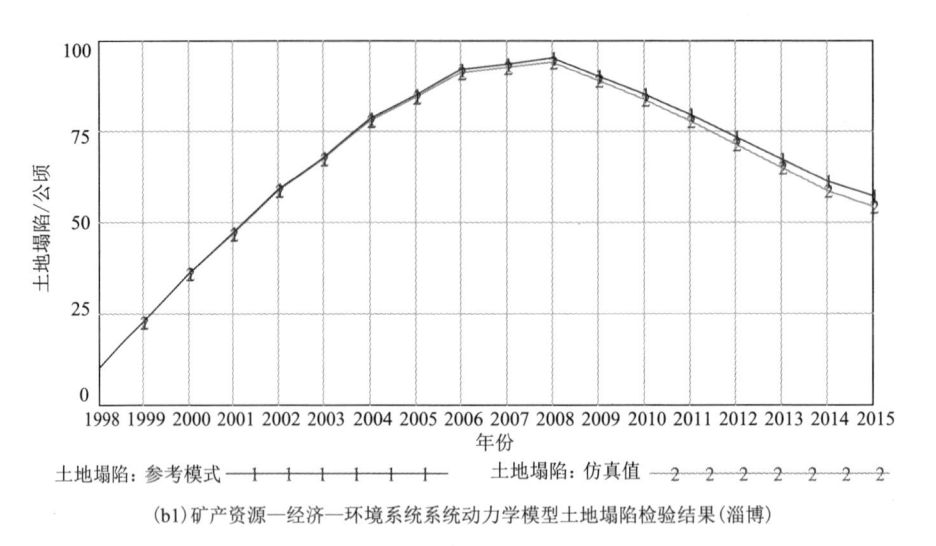

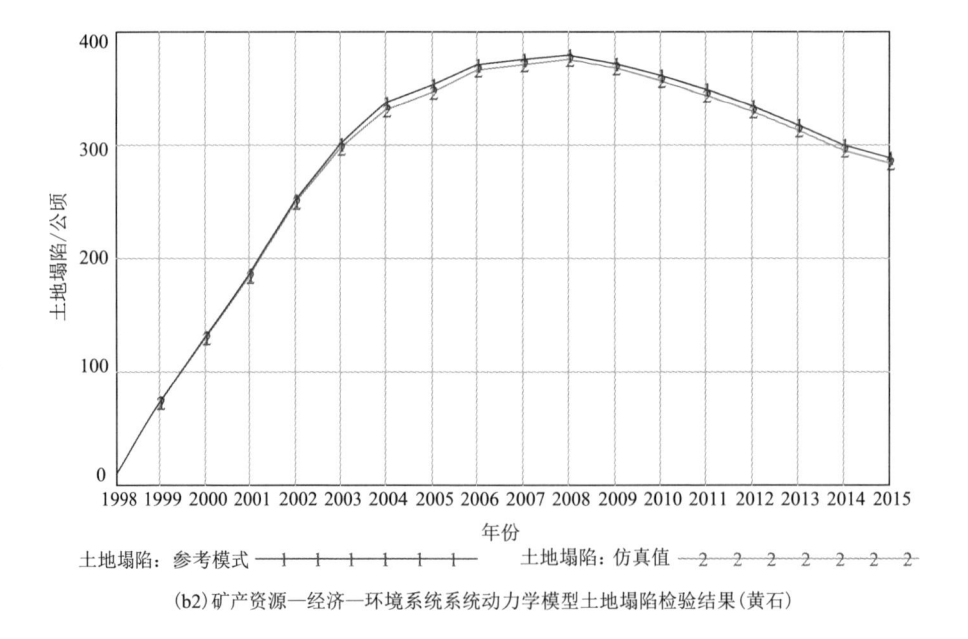

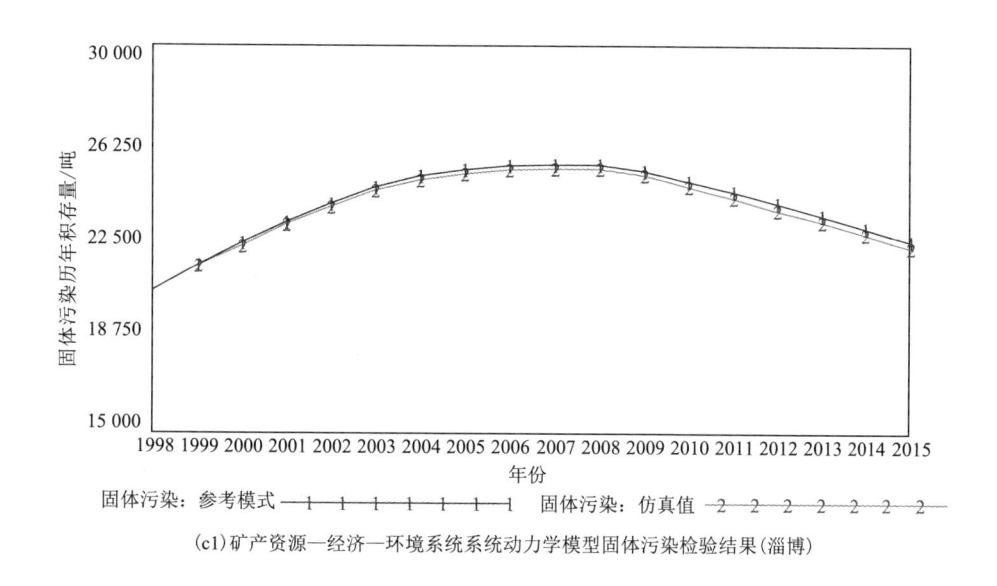

(c1) 矿产资源—经济—环境系统系统动力学模型固体污染检验结果（淄博）

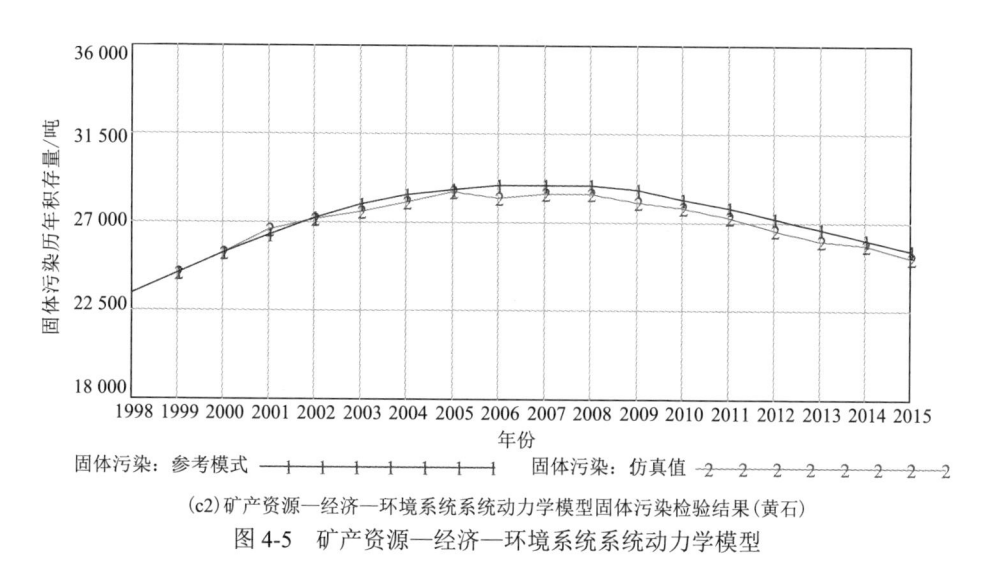

(c2) 矿产资源—经济—环境系统系统动力学模型固体污染检验结果（黄石）

图 4-5　矿产资源—经济—环境系统系统动力学模型

运行模型数据、参数估计和检验指标数据见表 4-1 和表 4-2。

表 4-1 淄博矿产资源区域系统动力学模型运行结果与实际数据的比较

检验指标		1998年	1999年	2000年	2001年	2002年	2003年	2004年	2005年	2006年	2007年	2008年	2009年	2010年	2011年	2012年	2013年	2014年	2015年
矿业总产值	仿真值/亿元	0.98	1.08	1.16	1.32	1.49	1.64	1.91	2.23	2.8	7.52	10.38	9.75	15.40	20.88	22.59	24.44	19.46	12.53
	实际值/亿元	0.94	1.03	1.11	1.26	1.43	1.65	2.01	2.34	2.67	7.18	10.36	9.33	15.75	20.88	22.72	23.92	20.99	12.53
	误差比/%	4.26	4.85	4.50	4.76	4.20	-0.61	-4.98	-4.70	4.87	4.74	0.19	4.50	-2.20	0	-0.60	2.20	-7.30	0
矿业职工数	仿真值/人	4324	4326	4329	4331	4333	4336	4346	4525	4920	4979	4978	4977	4900	4905	4912	4800	4610	4297
	实际值/人	4324	4338	4157	4158	4451	4287	4583	4462	4694	4769	4676	4688	4680	4685	4550	4335	3976	3970
	误差比/%	0	-0.28	4.14	4.16	-2.65	1.14	-5.17	1.41	4.81	4.40	6.46	6.16	4.70	4.70	7.90	10.70	15.90	8.20
开采塌陷面积	仿真值/公顷	10.00	22.60	35.94	46.81	58.70	67.58	77.99	84.38	91.14	92.59	94.07	89.11	83.80	78.03	71.62	65.24	58.75	54.39
	实际值/公顷	10.00	22.65	36.05	46.98	58.95	67.91	78.43	84.94	91.84	93.45	95.10	90.34	85.24	79.70	73.54	67.48	61.34	57.34
	误差比/%	-0.00	-0.23	-0.30	-0.37	-0.42	-0.50	-0.56	-0.67	-0.77	-0.93	-1.09	-1.37	-1.71	-2.14	-2.69	-3.43	-4.40	-5.42
固体废物排放积存量	仿真值/万吨	2.06	2.14	2.23	2.32	2.38	2.44	2.47	2.50	2.52	2.52	2.52	2.49	2.46	2.40	2.36	2.32	2.27	2.20
	实际值/万吨	2.06	2.15	2.25	2.32	2.40	2.46	2.49	2.52	2.54	2.54	2.54	2.52	2.48	2.44	2.39	2.34	2.30	2.24
	误差比/%	0	-0.47	-0.89	0	-0.83	-0.81	-0.80	-0.79	-0.79	-0.79	-0.79	-1.19	-0.81	-1.26	-1.26	-0.85	-1.30	-1.79
废水历年积存量	仿真值/百万标立方米	24.92	51.95	79.40	107.10	134.84	162.42	189.59	216.09	241.64	265.89	288.48	308.95	326.75	341.31	351.89	357.57	357.11	357.56
	实际值/百万标立方米	24.64	50.11	75.42	98.98	134.52	174.53	199.04	200.61	233.82	254.29	289.59	290.48	313.25	346.76	357.83	354.74	362.79	365.36
	误差比/%	1.12	3.67	5.29	8.20	0.24	-6.94	-4.75	7.72	3.34	4.56	-0.38	6.36	4.31	-1.57	-1.66	0.80	-1.56	-2.14
废气历年积存量	仿真值/百万标立方米	9.785	9.716	9.667	9.639	9.627	9.636	9.668	9.715	9.777	9.870	9.973	10.093	10.240	10.400	10.600	10.850	11.140	11.450
	实际值/百万标立方米	9.561	9.694	9.547	9.442	9.458	9.463	9.551	9.588	9.617	9.721	9.792	9.885	10.910	11.000	10.320	11.310	12.120	13.210
	误差比/%	2.34	0.23	1.26	2.09	1.79	1.83	1.23	1.32	1.66	1.53	1.85	2.10	-6.17	-5.42	2.68	-4.07	-8.10	-13.34
第二产业产值	仿真值/亿元	294.25	330.02	378.96	408.00	470.96	605.58	774.74	900.87	1047.23	1224.44	1433.92	1677.99	1760.30	1988.20	2169.30	2182.30	2291.90	2291.20
	实际值/亿元	294.34	315.11	362.25	387.56	429.63	577.08	747.16	955.78	1079.06	1256.39	1368.2	1554.28	1766.57	1975.38	2101.20	2171.30	2251.50	2228.80
	误差比/%	-0.03	4.73	4.61	5.27	9.62	4.94	3.69	-5.75	-2.95	-2.54	4.80	7.96	-0.35	0.65	3.24	0.51	1.79	2.80

第 4 章　非能源矿产资源—经济—环境协调过程控制理论与模拟

表 4-2　黄石矿产资源区域系统动力学模型运行结果与实际数据的比较

检验指标		1998年	1999年	2000年	2001年	2002年	2003年	2004年	2005年	2006年	2007年	2008年	2009年	2010年	2011年	2012年	2013年	2014年	2015年
矿业总产值	仿真值/亿元	1.30	0.98	1.58	1.96	1.56	1.69	1.10	1.57	1.59	4.20	6.20	6.78	12.25	17.26	19.34	18.60	20.37	16.20
	实际值/亿元	1.30	1.28	1.58	1.96	2.22	1.69	1.34	1.57	1.59	3.66	5.66	7.34	11.04	17.26	18.30	19.60	20.69	16.20
	误差比/%	0	−23.50	0	0	−29.64	0	−17.86	0	0	14.77	9.59	−7.70	11.04	0	5.68	−5.09	−1.54	0
矿业职工数	仿真值/人	2762	2975	3186	3395	3618	3892	4276	4804	5507	5849	5928	5922	5978	6001	6012	6033	6042	6057
	实际值/人	2725	2933	3137	3337	3550	3814	4182	4692	5370	5696	5767	5753	5740	5833	5846	5887	5890	5900
	误差比/%	1.35	1.44	1.57	1.73	1.91	2.04	2.25	2.39	2.56	2.68	2.79	2.93	4.15	2.88	2.84	2.48	2.58	2.66
开采塌陷面积	仿真值/公顷	10.00	72.30	129.06	183.80	249.06	296.26	330.74	346.57	365.65	370.14	375.28	368.07	356.22	343.61	329.06	312.81	294.91	283.98
	实际值/公顷	10.00	72.30	130.60	185.34	250.60	300.11	337.17	353.00	370.18	374.88	379.05	371.84	361.10	348.60	333.87	317.59	299.37	288.44
	误差比/%	0	0	−1.18	−0.83	−0.61	−1.28	−1.91	−1.82	−1.22	−1.27	−1.00	−1.01	−1.35	−1.43	−1.44	−1.51	−1.49	−1.55
固体废物排放积存量	仿真值/吨	2.34	2.45	2.55	2.67	2.73	2.75	2.81	2.86	2.83	2.85	2.84	2.81	2.79	2.73	2.66	2.61	2.59	2.52
	实际值/吨	2.35	2.44	2.55	2.65	2.73	2.80	2.85	2.86	2.89	2.89	2.89	2.88	2.82	2.78	2.73	2.66	2.62	2.57
	误差比/%	−0.43	0.41	0	0.75	0	−1.79	−1.40	0	−2.08	−1.38	−1.73	−2.43	−1.06	−1.80	−2.56	−1.88	−1.15	−1.95
废水历年积存量	仿真值/百万标立方米	17.80	37.11	56.76	76.63	96.59	116.48	136.14	155.41	174.06	191.89	208.63	223.99	237.59	249.04	257.88	263.50	265.13	267.93
	实际值/百万标立方米	17.60	37.29	56.63	75.63	95.36	115.27	127.37	152.33	166.53	183.93	210.38	238.21	246.33	251.63	243.62	253.63	251.63	251.65
	误差比/%	1.10	−0.50	0.23	1.32	1.28	1.05	6.89	2.02	4.52	4.32	−0.83	−5.97	−3.55	−1.03	5.85	3.89	5.36	6.47
废气历年积存量	仿真值/百万标立方米	9.785	9.924	10.089	10.276	10.485	10.719	10.990	11.284	11.599	11.931	12.289	12.687	12.875	13.010	13.243	13.597	13.312	13.889
	实际值/百万标立方米	9.643	9.769	9.919	10.089	10.282	10.501	10.760	11.030	11.323	11.633	11.968	12.342	12.655	12.946	13.257	13.824	14.214	14.998
	误差比/%	1.47	1.59	1.72	1.85	1.97	2.08	2.14	2.30	2.43	2.56	2.68	2.79	1.74	0.49	−0.11	−1.64	−6.35	−7.39
第二产业产值	仿真值/亿元	74.25	80.02	98.96	108.00	112.96	135.58	144.74	165.87	217.23	234.44	303.92	327.99	380.30	588.20	629.30	708.30	741.90	691.20
	实际值/亿元	72.93	82.35	93.03	107.21	118.43	131.45	148.30	176.06	212.53	247.62	297.50	314.12	394.91	577.56	645.01	699.20	723.45	679.88
	误差比/%	1.81	−2.83	6.37	0.74	−4.62	3.14	−2.40	−5.79	2.21	−5.32	2.16	4.42	−3.70	1.84	−2.44	1.30	2.55	1.66

4.1.4 铁矿资源—经济—环境系统动力学模拟过程监控过程

铁矿资源—经济—环境系统过程监控包括以下内容。

(1) 铁矿资源—经济—环境系统运作过程再现,即运作过程模拟。

(2) 铁矿资源—经济—环境系统运作过程的关键因素寻找及分析。

(3) 铁矿资源—经济—环境系统的环境(主要是市场环境)变化时,对系统的影响的分析与监控。

(4) 政策和行业制度调整等试运行模拟。

其中第一项内容在前面模型构建部分已经完成,下面介绍后三项的内容。

1. 铁矿资源—经济—环境系统协调过程的关键因素确认与分析

铁矿资源—经济—环境的系统动力学模拟的目的之一,是通过模拟过程,发现影响协调过程的关键因素,通过控制这些关键因素,实现对系统运作过程的控制。在铁矿资源—经济—环境系统协调过程中,掣肘的因素是环境。因此,下面分析铁矿石、精粉价格、需求等对环境指标的影响。

灵敏性测试通过改变模型中一个或多个变量或参数数值,观察其对系统整体运行效果的影响。通过分析可知,山东金岭铁矿的固体废弃物指标对环境的破坏比土地塌陷和废水排放的影响大。湖北黄石的废水指标的影响大。因此,加大对这两方面的环境治理,将会大幅度提高系统的协调程度。

模型中 1998~2015 年铁矿石产量变化为 10%,通过模型模拟,分析其变动对环境子系统中土地塌陷、固体污染、废水污染的影响,运行结果如图 4-6 所示。

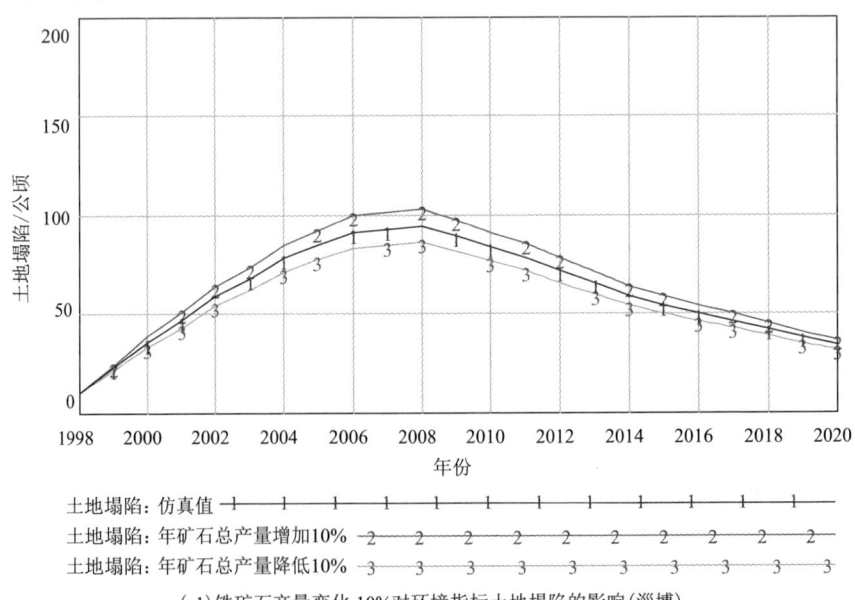

(a1) 铁矿石产量变化 10%对环境指标土地塌陷的影响(淄博)

第 4 章 非能源矿产资源—经济—环境协调过程控制理论与模拟

(a2)铁矿石产量变化 10%对环境指标土地塌陷的影响(黄石)

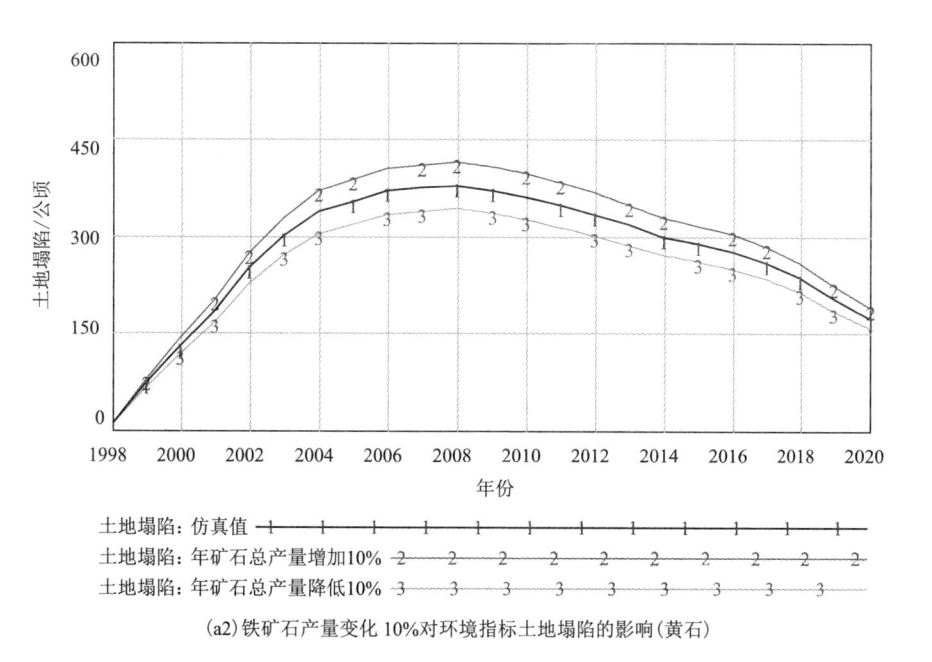

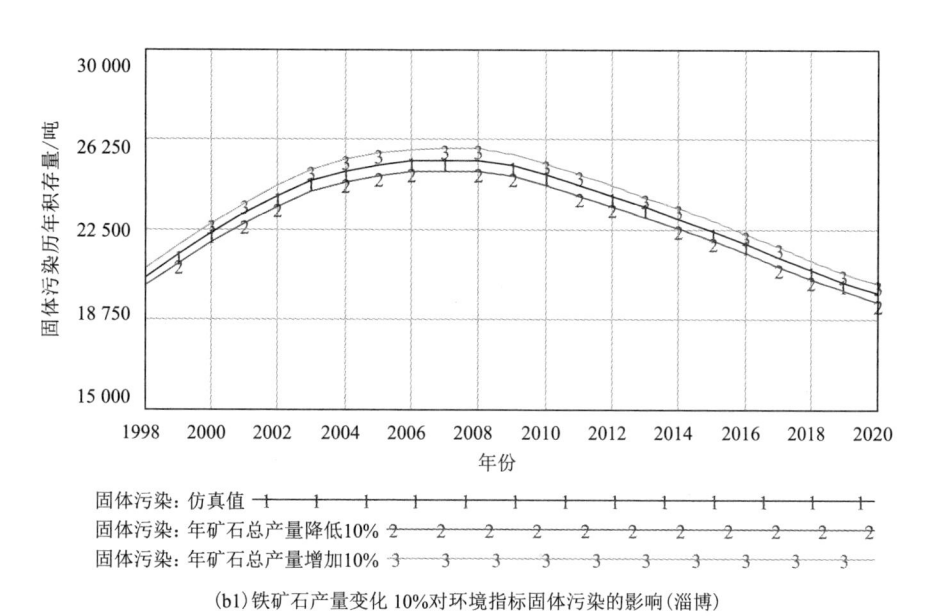

(b1)铁矿石产量变化 10%对环境指标固体污染的影响(淄博)

(b2) 铁矿石产量变化10%对环境指标固体污染的影响(黄石)

1M(million)=100万，下同
(c1) 铁矿石产量变化10%对环境指标废水污染的影响(淄博)

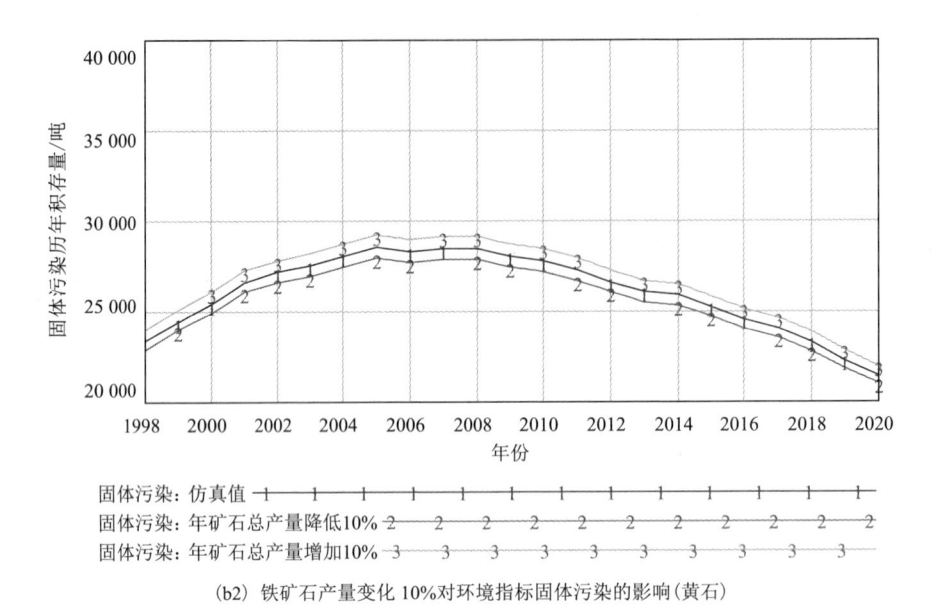

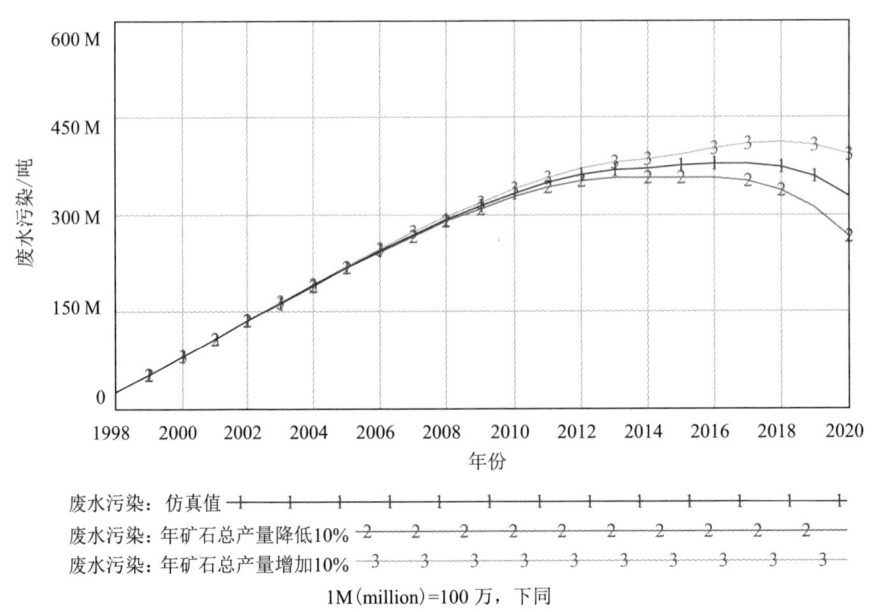

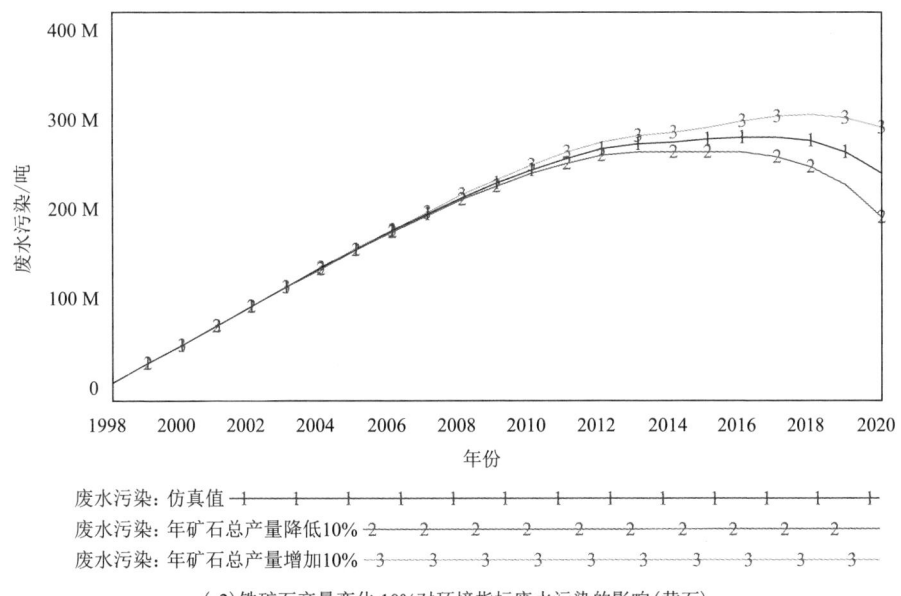

第4章 非能源矿产资源—经济—环境协调过程控制理论与模拟

(c2) 铁矿石产量变化10%对环境指标废水污染的影响(黄石)

图 4-6 铁矿石产量变化10%对环境指标的影响

从图 4-6 中可以看出，铁矿石产量变化 10%后，对土地塌陷的影响较为明显。我们可以利用因果树进一步寻找产生影响的原因，实现对铁矿资源—经济—环境系统的过程监控。下面对仿真结果进行逐项分析。

(1) 土地塌陷：通过土地塌陷的因果树，可以看到土地塌陷面积受初始土地塌陷、塌陷治理和新增塌陷影响。其中，初始土地塌陷是固定值，实际影响土地塌陷的是新增塌陷和塌陷治理，这两个因素都与年铁矿石生产量呈较强的线性相关关系。下面进一步分析产生该结果的原因。选定模型中土地塌陷相关部分的流图，如图 4-7 所示，寻找并绘制出因果树，如图 4-8 所示。(其他环境指标分析方法相同，以下不再重复，直接给出因果树)

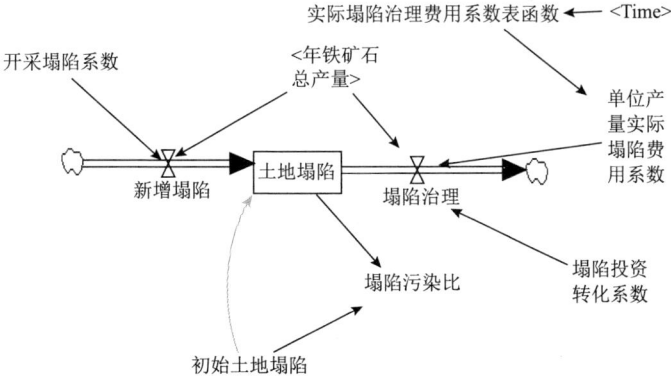

图 4-7 土地塌陷与年铁矿石产量相关部分的流图

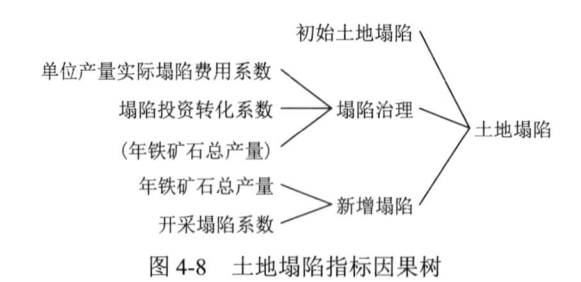

图 4-8　土地塌陷指标因果树

（2）固体废弃物：随着年铁矿石总产量的增大，固体污染和实际值相比有所增大。图 4-9、图 4-10 为固体污染和新增固体废物因果树。

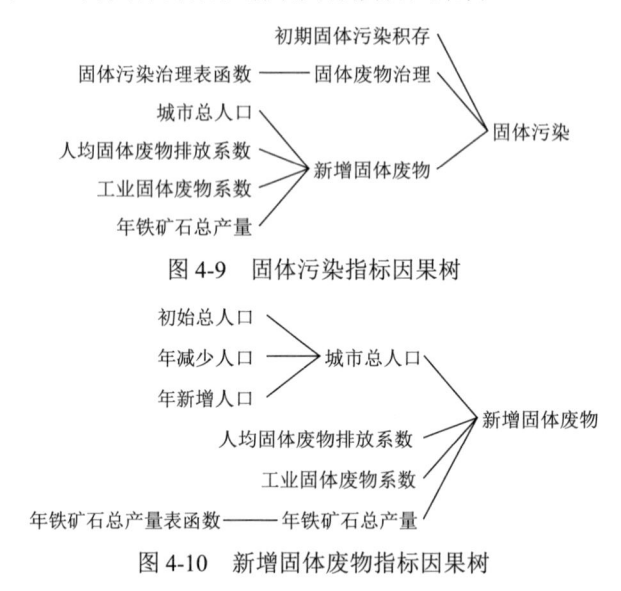

图 4-9　固体污染指标因果树

图 4-10　新增固体废物指标因果树

从图 4-9 和图 4-10 可以看到，固体污染的变动可以追溯到两条因果链中：①固体污染—新增固体废物—年铁矿石总产量—年铁矿石总产量表函数；②固体污染—新增固体废物—工业固体废物系数。这就意味着固体污染受新增固体废物影响，而新增固体废物又受到工业固体废物系数和年铁矿石总产量的影响。当年铁矿石总产量上升 10%时，对应产生的固体污染比例发生明显变化，固体污染的积存量还是有了相应增加。这说明，即使在环境治理力度较大的情况下，铁矿石产量的增加还是会对环境产生相应的影响，这种影响能得到一定程度的控制，但是无法消除。

（3）废水：从图 4-6 中可以看出，当年铁矿石总产量上升 10%时，产生废水污染比例并没有明显变化，但是在废水污染的积存量上还是有了相应增加。年铁矿石总产量的增加会增加铁精粉的销售量，使矿业总产值增加，从而使废水量增加，因果关系如图 4-11 所示。

第4章　非能源矿产资源—经济—环境协调过程控制理论与模拟

图4-11　年铁矿石总产量对废水污染的因果树

2. 市场环境变化对铁矿资源—经济—环境系统的影响

本书以铁精粉需求量变动(市场变动)为例,分析其对环境系统(土地塌陷、固体污染、废水污染)的影响,如图4-12所示。

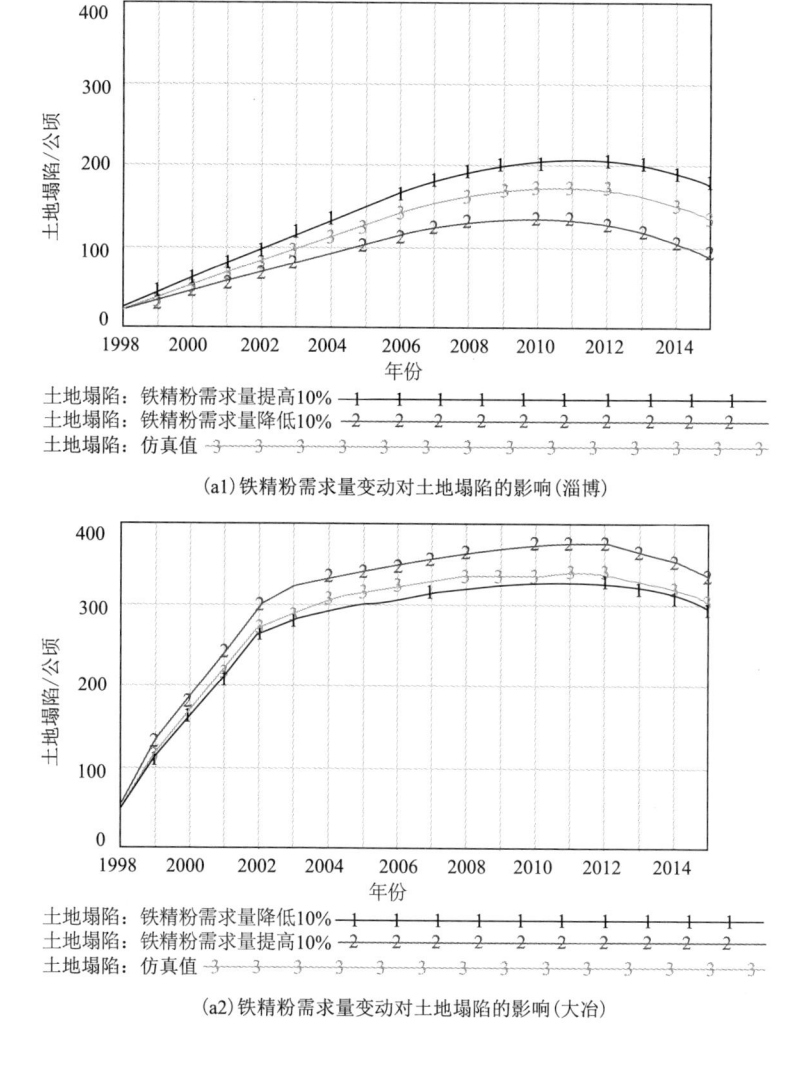

(a1)铁精粉需求量变动对土地塌陷的影响(淄博)

(a2)铁精粉需求量变动对土地塌陷的影响(大冶)

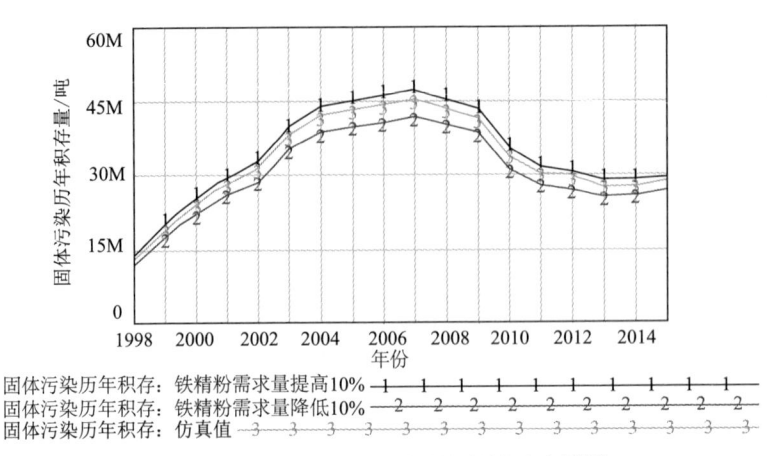

(b1) 铁精粉需求量变动对固体废物排放量的影响(淄博)

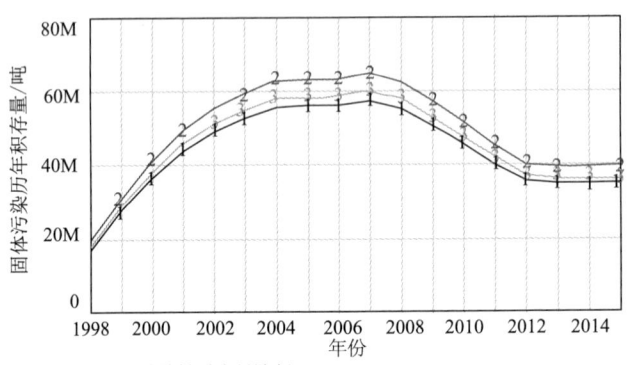

(b2) 铁精粉需求量变动对固体废物排放量的影响(大冶)

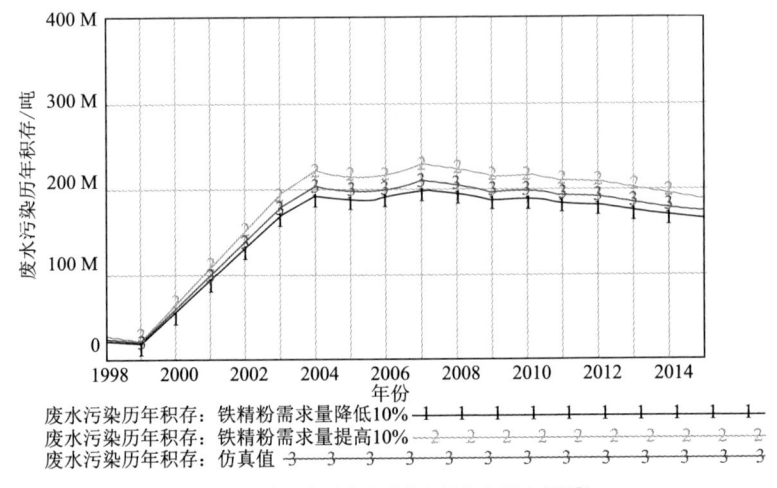

(c1) 铁精粉需求量变动对废水污染的影响(淄博)

第4章 非能源矿产资源—经济—环境协调过程控制理论与模拟

(c2) 铁精粉需求量变动对废水污染的影响(大冶)

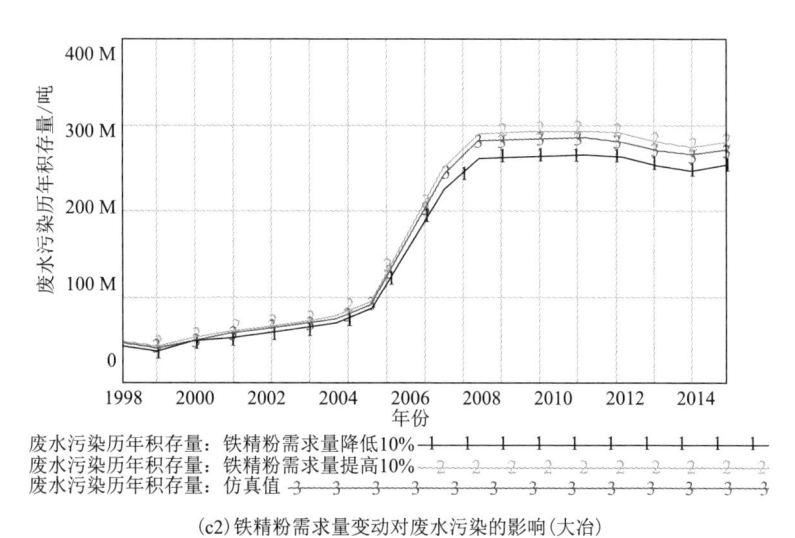

图 4-12 铁精粉需求量变动对环境指标的影响

从图 4-12 中看出,土地塌陷和固体污染对铁精粉需求的变化都较敏感。但废水污染对铁精粉需求的变化并不敏感。经过与铁矿相关工作人员沟通了解到,该铁矿对水的利用率较高,超过 90%。土地塌陷和固体污染尽管也有所控制,但随着开采量的增加,对土地塌陷和污染物(矿渣)的治理无法跟上产量的增加。因此,加强对土地塌陷和污染物(矿渣)的控制,仍是该区域治污工作的重点。

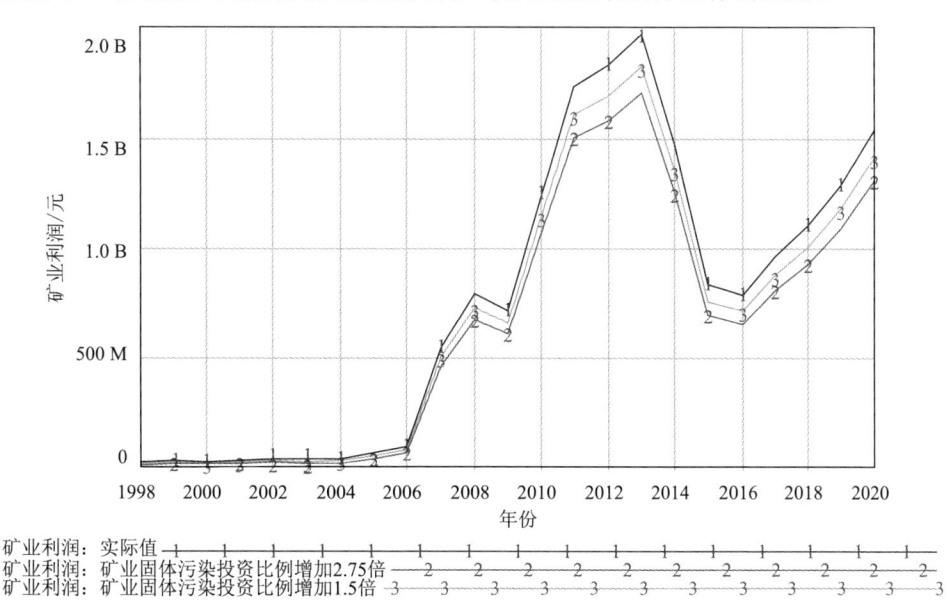

(a) 矿业固体污染投资比例变动对矿业利润的影响(淄博)

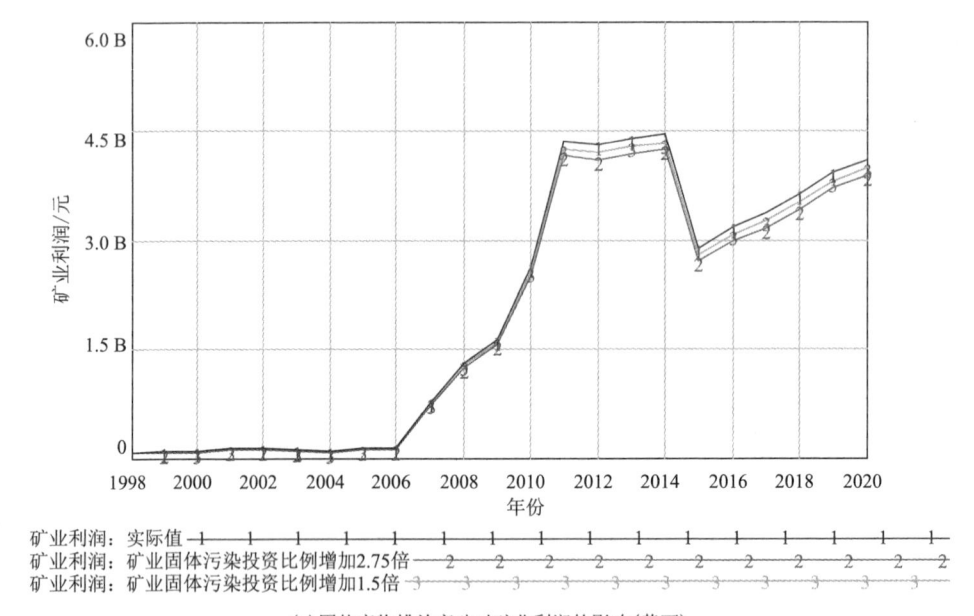

[图表：矿业利润随年份变化]

矿业利润：实际值 —1—
矿业利润：矿业固体污染投资比例增加2.75倍 —2—
矿业利润：矿业固体污染投资比例增加1.5倍 —3—

(b) 固体废物排放变动对矿业利润的影响（黄石）

图 4-13　固体废物对企业利润的影响

从图4-13中固体废物对企业利润的影响来看，政府对铁矿生产企业固体废物的排放量缩减的要求要循序渐进，必须给出一定的期限，使企业逐渐寻找废物的处理方法。并扶持、鼓励矿产资源开采企业发展循环经济，提高固体废物的综合利用率，化废为利，既能提高企业效益，又能降低对土地资源的破坏。

4.2　我国非能源矿产资源—经济—环境协调过程分析

矿产资源—经济—环境协调系统具有分层结构，由上而下形成了国家层级、地方层级和矿业区域层级，矿业区域层级的矿产资源—经济—环境系统是基础。研究某一矿业区域的资源—经济—环境的协调性问题，是解决其他矿城乃至全国协调性问题的关键。

图4-14表示国家矿产资源—经济—环境(resource economic environment，REE)协调系统与地区和矿区之间的集成关系。其概念模型表示为

$$国家REE系统 = \sum_{i=1}^{m} 地区_i 的REE系统 \times \alpha_i$$

$$= \sum_{i=1}^{m}\sum_{j=1}^{k} (j 类矿产资源生产矿区的REE系统) \times \beta_j \times \alpha_i$$

$$= \sum_{i=1}^{m}\sum_{j=1}^{k}\sum_{l=1}^{n} (单一矿产资源的REE系统) \times \lambda_l \times \beta_j \times \alpha_i$$

其中，α_i、β_j、λ_l 为不同层次、不同类别、不同矿区矿产资源差异因子。

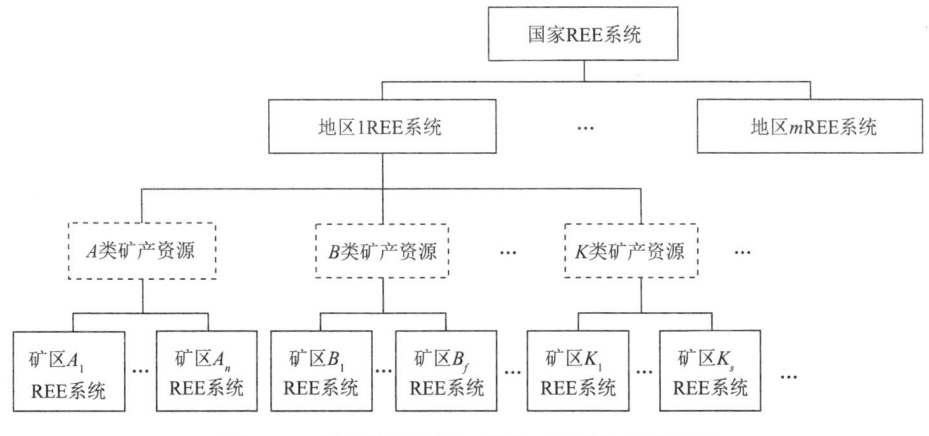

图 4-14　国家矿产资源—经济—环境的关系系统

将 4.2 节中的山东淄博金陵铁矿的统计指标所属范畴扩大到全国，同时增加矿产资源勘探投资及金属综合利用率等指标，即可得到全国范围内矿产资源—经济—环境协调系统的模拟过程。利用国家模型，本书主要分析国际铁矿石价格变化、金属综合利用率及国家政策变化对铁矿石需求和环境污染的影响。

4.2.1　国际铁矿石价格变化对我国铁矿石需求量、铁矿勘探资金影响主因素

我国是铁矿石的进口大国，国家铁矿石价格波动极大地影响我国经济安全和探勘投资与决策，影响到自主生产计划的调整和铁再循环使用力度，进而影响到环境及国家各行各业的发展速度与发展成本。

根据上述全国矿产资源—经济—环境协调子系统主因素关系和总流图（图 4-14），将与国际铁矿石价格和我国铁矿石需求直接相关的因素提取出来，得到如下主因素关系图（图 4-15）。

从主因素图看出，国际铁矿石价格变化除了对我国铁矿石需求有影响外，还会影响到国家对矿产资源勘探的投资、新增生产能力、国内铁矿石价格及矿业利润。

从间接影响的角度分析，由于我国经济发展的需要，国家铁价的上涨并不能造成我们对其需求量的减少，而是通过铁矿石这个中间产品，将价格上升因素转递、分解到各个使用部门、企业、项目和产品，在一定程度上削弱了影响程度。这种削弱的产生有一定的滞后性，若不及时发现并采取适当措施，将会给全国的经济发展造成不可逆转的损失。这就要求我国钢铁行业参与到国际价格的制定中。

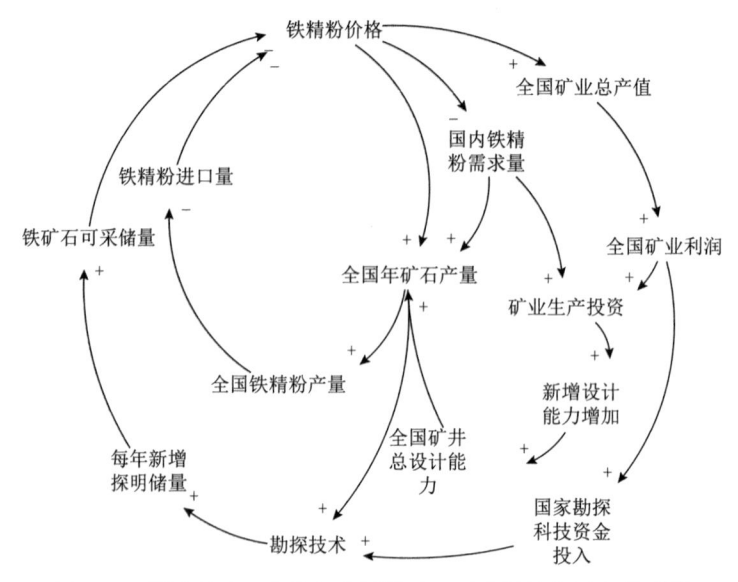

图 4-15　国家铁矿石价格与我国铁矿石需求量的主因素关系图

4.2.2　资源回收利用率对经济安全和环境影响主因素分析

资源回收利用率包括两个方面：矿产资源回采率和废旧金属循环利用率。

提高矿产资源回采率，增加资源使用年限或提高单井的产能，提高矿产资源自给率年限，增加经济安全性，减少单位 GDP 对环境污染与破坏。据测算，目前我国地下开采铁矿石的回采率平均为 87% 左右；露天开采铁矿石的回采率平均为 97%。我国有色金属矿产总体采矿回采率相对较高，露天采矿回采率均在 95% 以上，地下开采回采率在 90% 以上。与煤炭相比，我国金属矿产的回采率较接近国际水平，大幅度提高的空间不大。因此，加大金属产品的循环利用率，是减少对金属原矿石需求，从源头上减少环境污染与破坏的关键。

中国有色金属工业协会再生金属分会的资料显示，目前再生有色金属的回收网已遍布全国，同时每年从国外大量进口废杂金属。废杂金属回收利用产业蓬勃发展，涌现出再生金属企业 5000 多家，形成了珠江三角洲、长江三角洲和环渤海地区三大再生金属利用中心，建设了若干个 30 万吨以上的再生金属、再生铝、再生铅示范企业。具有代表性的企业，如广东著名的再生金属产地——清远金属的价格每天在伦敦金属交易所、纽约金属期货交易所报价，加入到影响国际金属价格涨跌的行列。

我国在循环经济指导下，大力推广和提高钢铁产品的回收、再利用率，期望在保证经济发展需求的前提下，减少对铁原矿石的需求，延长矿山寿命，并且从根本上解决由矿产资源开采造成的环境破坏。钢铁回收利用率的变化对铁矿石开采量的影响的主因素图如图 4-16 所示。

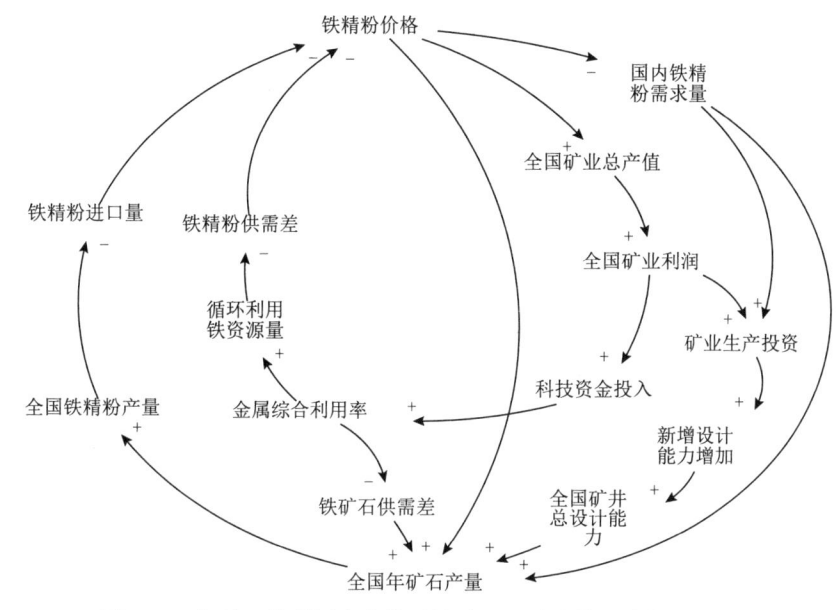

图 4-16　钢铁回收利用率变化对铁矿石开采量的影响的主因素图

金属的回收利用率与金属的循环能力和效率有很大关系。一般来说，钢材从原料—产品—报废—回炉重炼，平均 20 年左右一个轮回。目前我国铁矿和有色金属采矿回收率为 50%~60%，非金属矿产仅为 20%~60%。我国矿产资源总回收率只有 30%~40%，比国际水平低 10%~20%（王晓琳，2010）。从政策上鼓励加强废旧和有用金属的回收，是实现金属循环使用的关键。

虽然金属回收减少了对原生矿产资源的需求，减少了对环境的污染与破坏，但是再生金属产业园的废五金拆解过程、金属重熔炼生产环节、垃圾焚烧环节中的有机污染问题仍很严重。实现了循环经济，并没有实现环境的改善，这也成为实现金属循环使用的瓶颈。必须对有关金属拆解、焚烧过程的技术进行持续创新和改进。

4.2.3　国家环境政策变化对环境破坏的影响

1. 政策调整对系统影响效果模拟

以土地塌陷政策调整与年铁矿石的开采量的关联关系为例，说明模型对政策影响分析与调控。

图 4-17 为年铁矿石总产量变动对土地塌陷的影响曲线。仿真结果显示，土地塌陷与年铁矿石总产量之间关系比较敏感，土地塌陷并非随着年矿石开采量的增大而一直增大，而是有一个峰值（2008 年前后，年铁矿石总产量 160 万吨，单位

产量实际塌陷费用 60 元/吨；2014 年前后，年铁矿石总产量 300 万吨，单位产量实际塌陷费用 70 元/吨）。

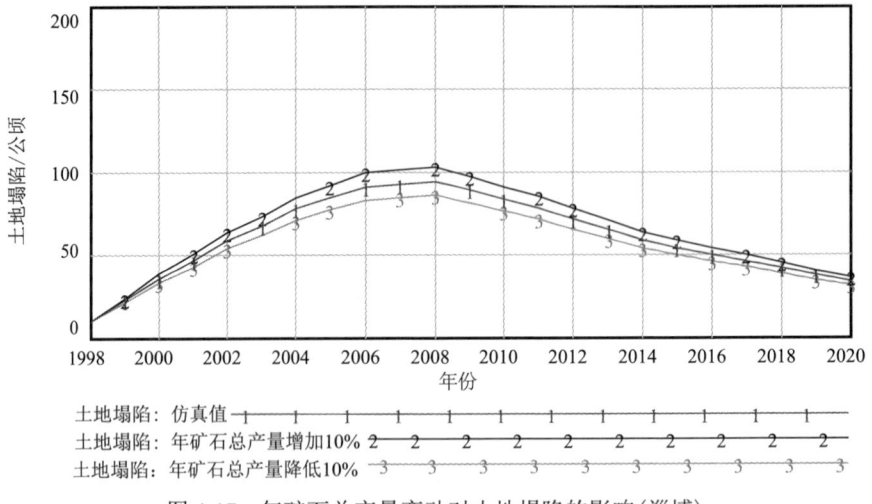

图 4-17　年矿石总产量变动对土地塌陷的影响（淄博）

图 4-7 和图 4-8 分别给出了年铁矿石产量与土地塌陷的流图及因果树。地方政府部门可根据这样的结果，结合当地矿产资源开采区的实际情况，制定更为合理的开采政策。研究显示，当地政府通过提高单位产量实际塌陷费用，如由目前的 60~65 元/吨增加到 70 元/吨，或者追加环境治理投资 2000 万元左右，能很好地控制土地塌陷与年矿石总产量的关系。同时，地方政府应给开采企业适当的优惠政策，鼓励其进行充填技术的改进和研制，努力降低充填成本。

2. 企业对政策的承受能力的模拟

为了节约更多的土地，中央或地方政府要求矿产资源开采企业必须降低对土地的占用与损毁。图 4-13 模拟了矿产开采企业固体污染投资比例增加 2.75 倍和 1.5 倍情形下，与实际值的关系。由图 4-13 可以看出，矿产资源开采企业的利润和固体废物排放之间的关系极为紧密。目前，我国铁矿开采企业使用较大面积的土地暂时存放矿渣及部分矿石。如果国家或地方政府要求矿产资源开采企业降低固体废物的排放，而矿产资源开采企业在满足政府的要求下，又希望保持正常的生产，就需要投入更多的资金处理固体废物，比如，需要更多的车辆将废物及时运走、将废物及时填埋到地下，这很可能影响到企业自身的生产能力。

4.3 协调效果评价和约束分析

由于实地收集到的山东金陵铁矿的资料比较多,湖北黄石的资料许多是估算得到的,我们仅选取金陵铁矿进行协调效果评价。

根据本书 2.6 节的方法,本书分别从系统内和系统间两方面对金陵铁矿—经济—环境协调系统发展情况进行数据包络分析评价。由数据包络分析及评价的基本原则确定评价指标,各评价指标如下。

矿产资源开采系统指标子集:①输入指标——矿业生产投资、矿业职工数、铁矿石可采储量、环境治理费、铁精粉供需差;②输出指标——矿业总产值、储采比、铁精粉价格。

经济系统指标子集:①输入指标——矿业链投资、非矿第二产业投资、废弃钢铁回收率;②输出指标——矿业链产业产值、非矿第二产业产值。

环境系统指标子集:①输入指标——环境治理费、废水污染、土地塌陷、固体污染、废气污染;②输出指标——废水治理率、土地塌陷治理率、固体废弃物治理率、废气治理率。

协调总系统指标集:①输入指标——产业总投资、环境治理费;②输出指标——矿业总产值、污染比。

4.3.1 协调综合效度评价

根据金陵铁矿—经济—环境协调系统综合效度的计算及判断方法和金陵铁矿的基本资料及系统动力学模拟数据,计算系统综合效度,计算结果如表 4-3 和图 4-18 所示。

表 4-3 金陵铁矿—经济—环境协调系统的综合效度值

系统内综合效度		1998 年	1999 年	2000 年	2001 年	2002 年	2003 年	2004 年	2005 年	2006 年	2007 年
子系统	矿产资源开采系统	1.000	0.955	1.000	0.926	0.879	0.781	0.809	1.000	1.000	0.937
	经济系统	1.000	1.000	1.000	0.999	0.997	1.000	0.999	0.998	0.989	0.897
	环境系统	0.623	0.635	0.719	0.750	0.676	0.608	0.577	0.595	0.620	0.616
矿产资源区域		0.673	0.642	0.476	0.442	0.571	0.825	1.000	0.965	0.984	1.000

系统内综合效度		2008 年	2009 年	2010 年	2011 年	2012 年	2013 年	2014 年	2015 年	平均效度
子系统	矿产资源开采系统	0.911	0.871	0.932	0.857	0.868	0.811	0.803	0.792	0.919
	经济系统	0.881	0.839	0.847	0.877	0.844	0.803	0.789	0.712	0.941
	环境系统	0.693	0.778	0.780	0.755	1.000	0.837	0.854	0.821	0.719
矿产资源区域		1.000	0.864	0.937	0.745	0.870	0.859	0.906	0.943	0.835

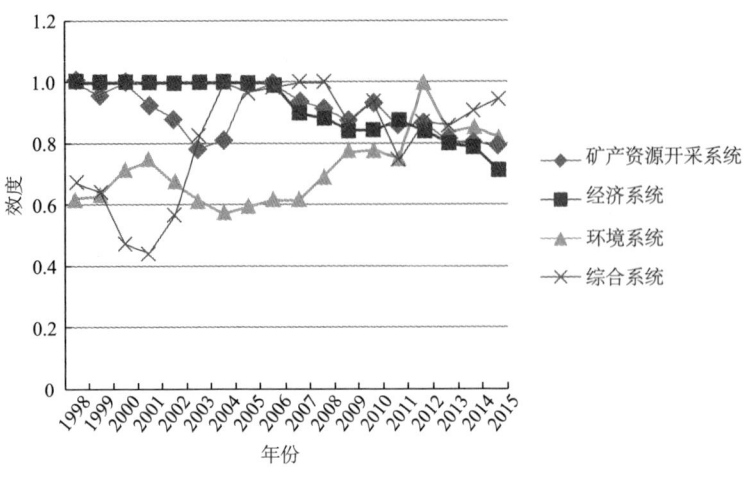

图 4-18　金陵铁矿—经济—环境协调系统各类效度对比

1. 总体结论

从各子系统的年平均综合效度来看，均在 0.7 以上，综合效度都较好。就数据的整体走势来看，矿产资源开采系统和环境系统的综合效度整体呈现逐步向好的趋势，其中虽然有起伏波动，但符合系统由不完善、匹配度差逐渐发展为资源配置优化、自然环境有所好转的实际现状；环境系统的综合效度则经历了由逐渐降低到逐渐上升的"U"形趋势，说明环保意识、环保投入及可持续发展的观念由弱到强，目前在不断提升。经济系统的效度呈现下降趋势，原因之一是受国际铜矿石供求关系和价格的影响；另一个原因是环境保护、恢复和治理费用的增加。整个金陵铁矿—经济—环境协调系统的平均综合效度为 0.835，呈现降低后逐渐升高，并伴随着些许波动。

比较来看，经济系统的综合效度最好，其次为矿产资源开采系统，环境系统的综合效度最低，但是环境系统的综合效度呈现稳定上升的态势。经济系统从1998 年至 2006 年，达到 DEA 有效的年份较多，并且未达到有效的年份的综合评价指标也都较高，接近于 1，经济系统在结构配置和规模效益上都比较合理，具有良好的发展势头。矿产资源开采系统的综合效度数值仅次于经济系统，其数值变化受市场供求状况和市场价格影响较大，波动比经济系统大。同时，经济的发展和矿产资源的开发必然会对环境系统带来巨大影响，如采矿产生的废弃物、污染物、塌陷、土壤和水的污染，以及尾矿废矿的弃置等，导致环境子系统近年来的平均综合效度是最低的。但随着企业财富的积累和意识的提升及政府对企业环境管制的加强，企业逐渐加强了对环境的治理和保护，环境系统综合效度呈现稳定上升的趋势。

2. 环境系统分析

多年以来,人们对矿产资源的研究和关注除了其经济社会效益之外,越来越重视其对自然环境的影响,这不仅切实关系到人们的生活和发展,也关系到子孙后代的生存和延续。因此,根据有效性的判断程序,详细计算了环境系统的协调效度和发展效度,结果如表4-4、图4-19所示。

表4-4 环境系统的各类效度值

指标	1998年	1999年	2000年	2001年	2002年	2003年	2004年	2005年	2006年
协调效度	0.786	0.785	0.752	0.678	0.783	0.712	0.870	0.834	0.846
发展效度	0.793	0.809	0.823	0.850	0.777	0.810	0.684	0.724	0.728
综合效度	0.623	0.635	0.619	0.576	0.608	0.577	0.595	0.604	0.616

指标	2007年	2008年	2009年	2010年	2011年	2012年	2013年	2014年	2015年
协调效度	0.793	0.716	0.810	0.987	0.897	1.000	0.939	0.816	0.908
发展效度	0.638	0.778	0.780	0.755	0.841	1.000	0.891	0.746	0.794
综合效度	0.506	0.557	0.614	0.745	0.755	1.000	0.837	0.608	0.721

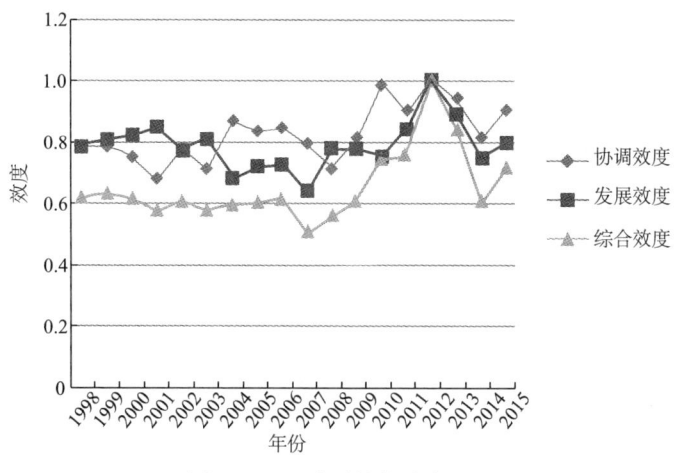

图4-19 环境系统的效度对比

环境系统的评价结果显示,在最初的1998年、1999年协调与发展效度均达到有效,综合效度也有效;接下来的2000~2004年环境系统综合效度持续下降,在2007年降至0.506;之后2007~2012年,环境子系统综合效度持续上涨至DEA有效,环境系统整体经历了典型的"U"形过程。

根据环境系统在1998~2015年的效度变化情况作以下具体分析。

(1)在矿产资源开发的初期,环保意识淡薄,资金基础薄弱,因此忽视了资源开采过程中的环境保护问题,存在土地塌陷、"三废"排放超标、生态破坏等诸多不利因素,因此环境系统的协调效度下降。

(2)在2009~2012年环境协调效度下降的过程中,国家对环境治理和保护要求及相关政策越来越严,企业的环保意识也逐渐增强,因此环境的发展效度一直在上升,从而使得环境协调的综合效度并没有太大的降低。这说明在这个过程中,环境系统内各要素之间的配合比例是较为合理和有效的,但是该子系统投入产出的规模效益很低,并持续递减,较多的投入并不能带来更多的产出。造成这种现象的原因众多,如环境的投入所产生的效果滞后于投入时期;环境改善带来的效益多为社会效益,因此系统收益提高不明显;等等。

(3)在随后的2013年和2014年,随着企业的资本积累和环保意识的加强,国家在对矿业进行开发的同时,加大对环境的保护和治理力度。金陵铁矿企业需要投入大量的资金改善环境治理技术和生产方式及产品类型,由于经费的限制,企业在环境治理方面力不从心,使得环境系统的发展效度和协调效度有阶段性下降,2015年开始有所好转,各类效度提升明显。同时,我国注重环境保护宣传,加强了对环境的治理、维护和管理及政策支持,这些都起到重要作用。

总体来说,金陵铁矿—经济—环境协调系统评价整体较好,但绝不能放松对环境的保护和治理,切不可在环境好的时候放松治理,环境差的时候又加强,以防环境系统出现较大波动,造成不可弥补的破坏。另外,要注意环境投资的积累,适时调整消耗结构。

4.3.2 子系统之间的综合效度评价

设 M 表示矿产资源开采系统,Ec 表示经济系统,En 表示环境系统。金陵铁矿—经济—环境协调系统各子系统之间的综合效度计算结果如表 4-5、图 4-20 所示。下面分别就两个子系统之间、三个子系统之间综合效度进行分析。

表 4-5 金陵铁矿—经济—环境协调系统各子系统间的综合效度值

指标	1998年	1999年	2000年	2001年	2002年	2003年	2004年	2005年	2006年	2007年
(Ec, En)	1.000	0.855	0.793	0.673	0.573	0.491	0.444	0.523	0.408	0.482
(En, M)	0.870	0.855	0.952	0.985	1.000	0.957	0.643	0.624	0.602	0.900
(Ec, M)	0.791	0.805	0.807	0.720	0.655	0.556	0.519	0.594	0.668	0.893
(M, Ec, En)	0.547	0.688	0.625	0.779	0.838	0.776	0.792	0.786	0.783	0.854

指标	2008年	2009年	2010年	2011年	2012年	2013年	2014年	2015年	平均值
(Ec, En)	0.590	0.597	0.578	0.641	0.630	0.722	0.784	0.790	0.643
(En, M)	0.782	0.758	0.807	0.839	0.829	0.901	0.911	0.879	0.852
(Ec, M)	1.000	0.830	0.866	0.912	0.899	0.932	0.973	0.947	0.818
(M, Ec, En)	0.898	0.844	0.872	1.000	0.906	0.844	0.803	0.884	0.789

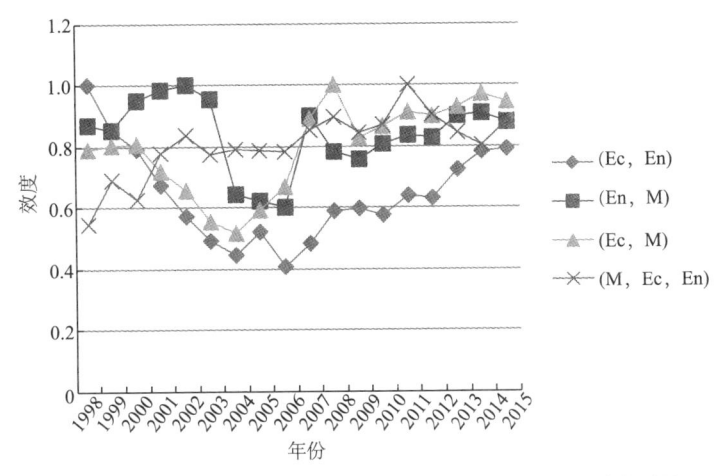

图 4-20 金陵铁矿—经济—环境协调系统各子系统间效度对比

1. 两个子系统间综合效度的评价

从两个系统之间各年平均综合效度来看，环境与矿产资源开采系统之间的平均综合效度最高，为 0.852，其中 2002 年为 DEA 有效；其次为经济与矿产资源开采系统，为 0.818；经济与环境系统间的综合效度虽然最差，为 0.643，但经历了先降后升的过程，未来的趋势是好的。

2. 三个子系统间综合效度的评价

三个子系统间各年平均综合效度较高，为 0.789，波动的过程中逐步上升，在 2011 年曾达到 DEA 有效。

3. 金陵铁矿—经济—环境协调系统子系统之间的综合效度评价

从表 4-5 和图 4-20 可以看出，金陵铁矿—经济—环境协调系统子系统之间的综合效度是不断波动的，在 2011 年出现过 DEA 有效，显然，2011 年之前，整体趋势是上升、平稳、再上升，2011 年达到资源—经济—环境之间的 DEA 有效，近年略有下降。

值得注意的是矿产资源开采与环境系统之间的综合效度持续下降，降至较低水平，现在略有回升，但效果并不明显，说明资源开采过程和环境之间仍存在一些不匹配因素。因此，不能只关注这两个系统各自的协调、发展效度，而忽视了它们之间的相互匹配度，这是值得去改进和完善的问题。

系统间协调和发展效度受企业经营过程中多种行为或原因的影响，如改进矿产开采过程中的设备或工艺，既是矿产资源开采系统的投入产出的改变，又会影响到经济系统的效益产出；加强员工素质技能的培训，既会影响矿产资源开采系统的开采效率,又关系到企业经济利益等。因此,分析系统间评价结果的时候,要综合分析,不可将一种结果归因于一点,也不可盲目将某一行为造成的结果简单地放置到某一个系统,而应归于多个系统,从多方面进行考虑。

综上分析,金陵铁矿—经济—环境协调系统的 DEA 评价结果整体趋势较好,协调效度和发展效度都较高。但在发展过程中各子系统及子系统之间不免存在一些资源配置不合理、投入产出效益不高、结构消耗不合理的现象,应当根据实际情况加以监督和调控,来引导和调整矿业区域的协调发展。

4.3.3 系统协调的约束条件分析

1. 系统协调优化概念模型

矿产资源—经济—环境协调有两个层次:一是两两子系统的协调;二是三个子系统的协调。从优化的角度分析,属于双层优化,表示如下。

$$\begin{aligned} &\max \quad 总系统协调 \\ &\max \quad 各子系统间协调 \\ &\text{s.t.} \begin{cases} 资源约束 \\ 市场约束 \\ 经济安全约束 \\ 环境约束 \\ 循环约束 \\ 可持续发展约束 \\ 政策约束 \end{cases} \end{aligned}$$

总系统协调,是矿产资源、经济、环境三个子系统构成的总协调系统。

各子系统协调,包括[(矿产资源、经济),(矿产资源、环境),(经济、环境)]。

资源约束:资源应是全球范围的。资源约束分为自然资源约束和再生资源约束,本书仅考虑非能源矿产资源。

市场约束:市场包括国内和国际市场,全球市场的变化(主要是价格变化)影响系统需求量,供给来源是外购还是自供,以及新增开采和勘探投资等。

经济安全约束:经济安全影响国家的整体安全,已有的安全程度和安全模式影响或导向着协调系统的协调程度和协调模式。

环境约束:主要是自然环境自身承载能力,国际、国内环境公约,法律法规要求,以及矿产资源的清洁化约束。

循环约束:资源循环包括资源开采过程中的回采率和废旧产品回收率、再利用过程污染和能耗。

可持续发展约束：实现资源代际公平，以及新技术、新材料、新原理产生资源替代(再生资源)的可行性和国际合作。

政策约束：反映国家各项政策对矿产资源—经济—环境协调系统的作用合力。由于协调系统是国家系统的构成之一，国家所颁布的各项政策都会影响到该系统，产生正向和负向作用，对协调系统目标的实现形成约束。

2. 系统协调的约束条件分析

通过上面的分析可知，当 DEA 相对有效值为 1 时，表示系统与系统之间是相互协调的。为了寻找约束矿产系统、经济系统和环境系统三者实现协调的因素，我们采用 DEA 的敏感性分析方法。通过对评价指标的调整，寻找能够实现综合评价效度等于 1 的指标范围，确定约束条件。

通过分析得出，影响系统协调的主要约束有：价格、经济增长率、污染比、回采率、废旧产品回收率(循环率)、财政税收与补贴。基于约束要素之间的关联性，本书采用递进的分析方式，将约束条件逐级增加，分析其对系统协调的影响。自给率是刚性约束，极大地影响一国对矿产资源国际价格变动的敏感性。因此，将价格和自给率变动作为约束分析的出发点。

(1) 价格与自给率约束。对于自给率低、需要大量进口的矿产资源，国际价格上涨，导致资源进口量减少，对本国资源开采增加，环境影响加重，滞后的环境恢复费用抵消经济发展成果，协调性降低；减少资源需求，减缓经济发展速度，导致降低就业率和收入，协调性降低。通过 DEA 模型分析，得到以下结论。

当自给率在 80%以上时，价格波动对系统协调的影响很小；当自给率在 40%~80%时，价格在 30%范围内变化，系统协调性是可接受的；当自给率低于 40%时，价格在 20%范围内变化，系统协调性是可接受的。

(2) 增加 GDP 增长率变动影响。将经济发展速度，即 GDP 增长率考虑进来。当自给率在 80%以上、GDP 增长率在 10%~15%时，价格波动对系统协调的影响很小；当自给率在 40%~80%、GDP 增长率在 6%~10%时，价格在 30%范围内变化，系统协调性是可接受的；当自给率低于 40%、GDP 增长率低于 5%、价格在 20%范围内变化时，系统协调性是可接受的。

通过分析，经济增长是系统协调的有限性、非效率性约束。单一经济增长非但不能带来矿产资源—经济—环境系统的协调，还可能成为破坏环境的罪魁祸首。

(3) 增加回采率及循环利用率变动影响。虽然目前资源已实现全球配置，但是就一国和长远而言(不考虑新生的替代资源的产生)，资源有限将一直是刚性约束。因此，回采率变化对长期的可持续有明显影响。由于回采率提高，在产量一定前提下，延长了自给率的保障年限；或者自给率保障年限一定，增加年产量，提高了自给率。

提高循环率与提高回采率具有相同的效果，一个是前端开采阶段资源利用率，另一个是后端资源使用结束后的再利用。

同时，开采回采率和循环利用率的高低与矿产资源补偿费高低成反比，意味着开采回采率与循环利用率提高，增加系统经济收入，减少环境破坏，因此系统协调性可接受范围增大。

(4) 增加污染比变动影响。污染比越大，环境恶化的程度越严重，可恢复的程度越低，恢复治理费用越高。但是污染比降低是以环境治理费用、新技术和清洁技术的采用为基础的，也就是说，是以投资为前提的。因此，要想打破"环境治理—环境投资增加—经济效益降低—加速经济发展—矿产资源需求增加—环境恶化"的闭环，必须从再生清洁能源入手，从源头上遏制。

以 2014 年数据进行分析，在矿产资源需求、消费结构、污染方式和环境治理费用占 GDP 比重不变的情况下，当污染比降低 5%，环境治理费需至少提高 15%，或 GDP 减少 13%，由此引起的就业减少，也是一个不容忽视的问题。

第5章 实 例 分 析

5.1 我国铜产业发展现状

铜凭借导电、导热、耐磨、易铸造、机械性能好、易制成合金等性能,被广泛地应用于各工业领域,一般认为,铜的消费和用途的多少,往往反映一个国家工业化程度的高低。

2015年,全球铜储量为7亿吨,基础储量为10亿吨,与2014年相比,储量和基础储量分别净增3.5亿吨。世界铜矿资源分布相对集中,主要分布在智利、澳大利亚、秘鲁、墨西哥、美国、中国、俄罗斯、印度尼西亚、刚果、赞比亚等。智利是目前铜矿最丰富的国家,产量、出口量均居世界首位。铜矿石主要出口国有智利、加拿大、秘鲁、墨西哥等;铜主要进口国有美国、日本、法国、英国、意大利、比利时、中国。

近年来,中国铜需求量的持续大幅增长和国际市场铜价的不断上扬,激活了铜矿勘探业。南美洲、大洋洲、亚洲和非洲等地区的铜矿勘探投资不断增加,特别是由政府开展的地质大调查工作,不断加大了铜矿勘探投资,使得这些地区的铜资源及探明储量大幅增加。

5.1.1 我国铜矿资源发展现状

1. 总储量

中国已探明的铜矿资源储量总量为6218万吨,占全球储量的8.95%[1],居智利、澳大利亚、秘鲁、墨西哥、美国之后,与俄罗斯并列世界第六位,但人均拥有量低于世界平均水平,属绝对数量尚占优势、相对数量不足的矿产。目前,中国铜矿资源主要分布于江西、云南、甘肃、湖北、安徽、山西和西藏等省份。中国大型铜矿产地保有储量偏少,中小型铜矿产地保有储量偏多;贫矿储量超过50%,而富矿储量不足10%。在已发现的矿床中,大多数矿体复杂、品位低、开采成本高、开采难度大,探明的矿体中相当一部分是"呆矿";与世界著名铜矿产出口国相比,中国铜矿的矿石较差。

---

[1] 《我国铜矿资源及形势》,发布时间:2013-11-05

2000 年之后，我国自产铜精矿（按含铜量计算）一直徘徊在 56 万～65 万吨水平，而近年来铜精矿产量有较快增长，2014 年产量达到 188 万吨，15 年来产量增长了约 213.3%。由于我国铜冶炼、生产能力扩张过快，形成国内铜矿自给能力连年下降的局面。中国科学院地球化学研究所所长胡瑞忠日前透露，我国当前铁、铜、铝矿产资源紧缺，初步估计已探明的铁矿、铜矿、铝土还可用 10 年。

2. 铜产品对外依存度高

作为一个铜资源较为缺乏的国家，目前我国的铜消费占比已接近 40%，而资源占有率仅为 5.5%，铜冶炼企业的原料自给率不足 20%，需要从国外大量进口铜精矿和废杂铜，对外依存度高达 75%。当前我国铜产品进口构成中，原料比重较大，主要包括精炼铜、粗铜、废杂铜和铜精矿。铜出口量较少，且以半成品、加工品为主，如图 5-1 所示。

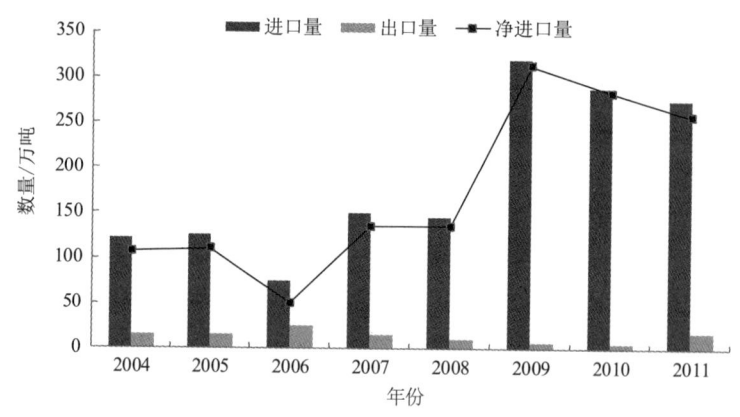

图 5-1　我国铜矿产品的进出口情况
资料来源：2005～2012 年《中国统计年鉴》

我国进口铜及其制品的前五大来源地分别是智利、日本、澳大利亚、美国和韩国，上述五国铜进口额约占我国进口市场份额的 42%。智利是我国铜及其制品的第一大进口来源地，2015 年进口额 85.52 亿美元，占我国进口市场份额的 22.3%，2007～2015 年我国从智利进口了近 800 亿美元的铜产品。2002 年以来，我国铜材进口量总体相对稳定，2002～2015 年的年均进口量为 100 万吨左右。精炼铜进口则波动较大，一度在 2006 年跌至谷底，随后不断攀升，2015 年精炼铜进口量为 368 万吨，较 2014 年增加 2.5%，创纪录高位；2002～2015 年精炼铜进口量年均增长率为 11%。

与进口相比，我国精炼铜和铜材的出口量要少很多。2002 年以来，我国精炼铜和铜材出口一路攀升，在 2006 年都达到了各自的历史高峰，随后出口量出现先下降后上升的波动，近几年铜材及其制品出口量均超过 60 万吨，2014 年高达 77.5

万吨。我国内地铜及其制品出口的主要目的地是中国香港、韩国和日本,对上述三地的出口比重约占 41%。中国香港是我国内地铜及其制品出口最多的目的地,2014 年的出口额为 61.25 亿美元。

3. 中国是全球铜消费大户

2000 年以来,以中国为代表的亚洲国家(地区)成为全球铜消费的主要增长点。国民经济的高速发展和大规模的基础设施建设是促进中国铜消费快速增长的主要原因,而发达国家的制造业向发展中国家转移的战略也是中国铜消费增长的重要因素。我国精炼铜消费占世界消费量的比例不断攀升,1995 年,铜消费突破 100 万吨;2001 年突破 200 万吨;2002 年跃居全球最大铜消费国;2007 年消费量为 456 万吨,占比为 25.1%;2011 年消费量为 786 万吨,占比升至 39.3%;2014 年消费量为 850 万吨,占比为 32.4%。

在消费结构中,我国精炼铜消费主要集中在电力、空调、交通运输这三个领域。比重最高的电力行业消费量在连续多年增长的情况下继续保持增长。与发达国家相比,我国电子、电器行业与机械制造行业消费铜所占比例明显高于工业发达国家,而建筑及运输车辆消费铜所占比例大大低于工业发达国家。

4. 再生铜前景好

可以循环利用的废杂铜正逐步成为铜冶炼原料的重要补充。在主要发达国家,再生铜产量占比非常高,美国约占 60%,日本约占 45%,德国约占 80%。因此,要解决我国铜资源问题,除加强国内外铜矿资源拓展外,也要大力开辟可再生铜的路径。2011 年,我国再生铜产量从 2003 年的 28.8 万吨快速发展至 181 万吨,而再生精铜占整个精炼铜产量的比重也从 2003 年的 16.3%扩大到 35%。2015 年在建和拟建的再生铜产能有 60 万~80 万吨,这些产能如建成并投产,我国再生铜的产能将超过 300 万吨。

由于目前国内消费领域大量有色金属产品尚未进入报废高峰期,国内回收的废金属还无法满足日益发展的再生有色金属产业的原料需求,进口废金属仍然是我国再生有色金属产业的重要原料来源。目前,国内年回收废铜仅 60 万~70 万吨,进口约 400 万吨。

5.1.2 我国铜产业存在的问题

1. 产能处无序扩张状态

2013 年我国铜冶炼行业实现主营业务收入 8016.3 亿元,利润近 300 亿元。高额的利润吸引更多的企业加速释放产能。从目前产能利用率来看,国内铜加工行业存在集中度低、分布不均匀的情况。在 1200 万吨产能中，铜加工生产企业达 1200 家，由此推算，我国铜加工企业的年均产能仅为 1 万吨。产量大于 10 万吨的企业仅 8 家，这些企业多分布于东南沿海和广东地区，中西部铜加工业相对落后。一方面，国内电解铜、电缆、铜杆的生产商呼吁不能再上马新项目，产能已经过剩；但另一方面，各地"跑马圈地"上铜产业项目的热情丝毫没有下降，产能的无序扩张使我国铜冶炼厂争夺铜精矿的竞争加剧，导致矿商竞相压低冶炼费。铜精矿自给的严重不足不仅造成我国铜企铜价节节上涨，同时，承担着加工费一降再降的损失，完全享受不到铜价上涨的任何好处。目前我国新建铜板带产能约计 120 万吨、管棒型产能 45 万吨、铜线杆和线产能 150 万吨，全国铜加工产能将新增 315 万吨，且这些新建项目在 2015 年前相继建成。

2. 铜产量与资源量不匹配

2004 年以来随着全球商品牛市及铜价的上涨，加上近年来国内对电力、电网行业投资力度较大，我国的铜产量快速增长，2014 年产量达到 764.37 万吨，同比增长 13.8%。目前，我国是世界上精炼铜的第二大生产国。2001 年，我国精炼铜产量占全球总产量的比重为 9.3%，2006 年占比为 17.4%，2011 年占比 26.4%，2014 年升至 38.6%。2011 年，我国铜材产量达 1028 万吨，同比增长 17.8%；2012 年，铜材产量达 1167.91 万吨，同比增长 13.61%；2013 年，铜材产量达 1498.7 万吨，同比增长 28.32%；2014 年，铜材产量达 1783.58 万吨，同比增长 19.01%。我国铜材产量已连续多年居世界第一位，产量占世界总产量的 50% 以上。

2011 年，我国铜矿采选施工项目 482 个，其中新开工项目投资 264.6 亿元，同比增长 135.9%；铜冶炼施工项目 311 个，完成固定投资达 316.6 亿元，比 2010 年同期增长 37.1%；新开工项目投资 247.5 亿元，比上年增长 27.3%。截至 2011 年，我国铜加工材产能 1200 万吨，产能利用率近 90%。2013 年铜材加工量为 1498.7 万吨，同比增加 25.20%，增幅较之上年增加 14.42%，产能超过 1600 万吨。产能过剩程度持续上升。

3. 铜矿生产对环境的污染

铜生产需要大量的水资源，这些富含重金属的废水泄漏后对河流和土壤的污染极大。同时大量存在的拆解加工再生铜的小作坊，拆解加工技术差，方法落后，没有环境保护措施，"洗铜"废水直接排入地下水源，由此引发很多的恶性环境事件。如 2014 年 4 月 23 日 14 时 40 分，青海省海南藏族自治州兴海县环境监察执法人员接到群众对索拉沟铜多金属矿发生环境污染事故的举报线索，当地政府立即派工作组赶赴事发现场核查相关情况。经初查，发现该厂区应急事故池选矿产生的沉淀废水发生泄漏,进入尾矿库,造成尾矿库内废水溢流,排出8000立方米尾矿废水,导致子科滩镇青根河村7社附近长约3千米、宽10米的河流及周边草场受到污染。再如中国企业掌控的世界最大铜矿项目之一——中铝秘鲁特罗莫克(Toromocho)铜矿再遇波折。2014年3月28日,秘鲁环保机构认定铜矿废弃物污染当地湖泊,临时叫停了铜矿作业。秘鲁官方称中国公司在施工生产中破坏当地环境。秘鲁的环保组织OEFA发现,2014年3月16~20日该铜矿排入当地湖泊的废弃物中含有酸性污染物等,由于铜矿生产产生的各类污染的例子很多,其造成的损失严重。

5.1.3 铜冶金区域铜产业链发展循环经济的必要性

铜资源产业是铜冶金区域的经济支柱,是区域经济社会发展的动力所在,关系着区域的兴衰。这一特点使得铜冶金区域的发展对应着铜产业的发展,与铜产业的发展轨迹相似,有着明显的阶段性,但是滞后于铜产业。穆东(2004b)提出资源型矿城的发展阶段分为兴起期、成长期、成熟期和衰落期或持续发展期,如图5-2所示。

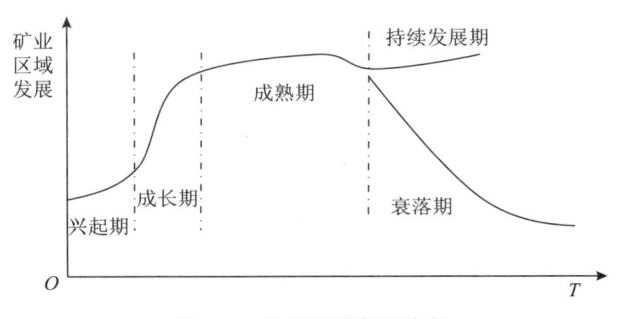

图 5-2 矿业区域发展阶段

兴起期发展阶段的区域处于资源开采的准备阶段,区域的发展速度逐渐加快。但是我国的大部分资源型区域是按照苏联模式建立起来的,即先矿区、后区域的模式,所以缺乏对区域的整体规划,区域的发展主要是为了满足矿业发展的需要,所以区域的发展速度较慢。区域在进入成长期之后,人口逐渐增加,区域中为居民服务的基础设施和服务设施逐步完善,第三产业也渐成规模。从图5-2中我们可以看出,在成长期,得益于资源产业链的迅速成长及人口的增加,区域发展速度迅速加快。到了成熟期,区域的发展速度和区域人口的增长趋于稳定,区域的主导产业资源产业发展成熟,规模效益不断提高,产业结构形成。这一时期的持续时间最长,长度由资源的储量及开采量等因素决定。在成熟期,如果区域能够未雨绸缪,大力发展与主导的产业资源相关联的产业,改变经济结构单一的状况,寻找资源产业的替代产业,对于提高区域综合竞争力,拓宽区域发展道路具有重要意义。到了衰落期,由于资源的长期开采,储量逐步下降,开采成本也逐渐上升,资源型产业走向没落,区域的发展停止,一部分区域最终走向了衰落。而一部分区域在此之前预见性地发展循环经济,进行产业升级转型,找到了新的经济增长点,虽然也会经历转型的阵痛期,但是最终可以走出衰落,重新快速发展。因此,在铜冶金区域的发展过程中引入循环经济理念是非常必要的。

铜冶金区域有着丰富的铜资源,由于长期以来一直是传统的粗放型经济发展模式,虽然依靠发展金属资源产业链使得经济获得了较快发展,但是这造成了资源的严重消耗和浪费,资源的利用率普遍较低。我国只有不到10%的尾矿利用率,各种资源的回收再利用率也远远低于发达国家。对金属矿产资源开采过程中得到的伴生矿石的利用率不到20%,比发达国家的水平低30%。在这种情况下,如果继续沿用现在的发展模式,资源的储量将不足以支撑经济的快速发展,资源会成为约束经济发展和社会进步的主要条件。

由于长期对资源进行粗放式开采,铜冶金区域的生态环境遭到了极大的破坏,环境污染极为严重,主要表现为:森林植被遭到破坏,水土流失严重,地表由于长期开采导致塌陷,矿石开采和冶炼过程中产生大量有毒废水和废气,使得当地居民的身体健康受到严重威胁,生产过程中产生的废渣占用了大量的土地资源等。如果我国对生产过程中产生的矿渣利用率提高一个百分点,每年的矿渣堆积量就可以减少1000万吨;能源的利用率能达到发达国家水平,二氧化硫排放量可以减少450万吨。长期以来,我国企业的生产方式较为落后,单位产出的资源消耗量大,竞争力远远低于发达国家企业。同时,我国的资源回收利用率等指标也远远落后于发达国家。工业固体废物的利用率只有不到60%,废弃金属利用量占产量的比重只有世界的一半多一点。而事实上,利用回收的废弃金属作为生产原材料对于降低生产成本,提高经济收益,提高资源利用率和加强生态保护都具有重要的意义。

转变铜生产、加工和使用方式,要求铜产业链在今后的发展中转变经济发展模式,大力发展循环经济,减少生产过程中废弃物的排放,提高对副产品及再生资源的利用水平,尽可能将生产活动对环境的影响降到最小,减少资源的消耗,实现社会与环境的协调发展。

5.1.4 铜冶金区域铜产业链系统动力学研究可行性

根据系统动力学建模的步骤,建立模型的第一步是确定我们所要研究的对象和所要解决的问题。对于资源型区域的定义,目前主要是从发生学和功能学的角度来界定的。笔者参照国家发展和改革委员会对资源型区域的定义，将冶金资源型区域定义为：以金属矿产资源为依托，金属资源开采、冶炼和初级加工作为其主要经济支柱的一类区域。金属的开采、冶炼和加工产值占区域总产值的20%以上，矿业从业人员占总从业人员的10%。冶金资源型区域的资源产业链主要是指这一区域的金属资源通过处于不同层次产业的生产活动，最终到达消费者手中的一种路径，主要包括金属矿石的开采发掘、矿石的冶炼及金属制成消费品的后续加工。本书主要是以铜冶炼区域铜陵的铜产业链为研究对象，所以在后续的建模过程中，更多的是根据铜产业链的特点进行建模。

本书通过建立冶金资源型区域资源产业链的系统动力学模型（彭敏，2011），对模型在传统经济增长模式和循环经济发展模式下模拟结果的对比，分析发展循环经济会对区域发展的哪些方面带来提升和提升程度。为指导矿业区域发展循环经济提供了一个直观的、具体的方法，通过对变量的分析，为发展模式的改进提供一些建议。在模型建立并完成检验之后，通过改变模型中变量的取值，观察区域可持续发展关键变量的变化趋势，找出对区域可持续发展影响较大的变量。这些变量就是在今后发展循环经济中，需要政府给予高度重视或者是在政策制定时有所指向的方面。通过分析这些变量对区域发展循环经济的影响，为资源型区域政府制订循环经济发展规划提供切实有效的建议，从而促使循环经济更加高效健康地发展。

铜冶金区域的铜产业链是一个集铜金属资源开采和冶炼、经济、环境及一些政策因素于一体的社会系统，也是具有多种因素和多种关联的复杂而开放的大系统。它是由各个因素组成的，这些因素相互影响、协调又可以组成子系统，具备一些特定的功能。不同的子系统之间又相互联系，有机地结合成为一个整体。在铜产业链这个系统中，铜产业、环境及政府是相互影响的，为了使这个系统得到很好的发展，必须了解这些因素之间的影响机理，协调好这些因素之间的关系。但是系统变量关系复杂和系统动态的发展，使得在有限的时间里，我们很难全面细致地了解整个系统的全部，所以很多学者的研究更多的是关注于这一系统的某一方面，要么关注于产业，要么关注于环境。对于这一类的复杂系统，局部的最优化解对于全局来说并不一定是最优的，甚至对于全局来说是不合理的解，会给整个系统带来负面影响；再加上人的主观认识能力有限，往往要经历很长时间，一些因素对系统发展和变化的影响才会表现出来。因此，要想充分了解资源产业链中各变量的复杂关系及子系统与整个系统的动态变化规律，对资源产业链做出正确的政策引导是一个复杂的系统工程问题。这就需要一个工具，将系统的各个因素包含在内，能够在结构和功能上描述出这个系统。

系统动力学是一门以系统论为基础,吸取了反馈论和控制论的精髓,以计算机仿真作为手段,研究社会、经济、生态等大型复杂系统问题的学科。由于它既可以对传统解析方法无法求解的复杂模型进行模拟,又可以对无法说明的问题进行建模,自 20 世纪 50 年代创立以来,它已被广泛地应用于社会、经济及环境研究的各个领域中,被人们称为战略与决策实验室。它与传统建模方法相比,具有以下特点。

(1) 系统动力学适合研究一些复杂性和周期性问题。比如,系统动力学很好地解释了西方经济中的长波效应,很多学者利用系统动力学研究生态环境及疾病的传播等问题,取得了很多重大研究成果。

(2) 系统动力学对数据的完整性要求不是很高。在平时的研究中,经常会遇到数据不足或是一些因素难以量化的情况,而传统的定量分析方法对数据的完整性要求很高,这时候就显得无能为力。而系统动力学根据各个变量之间的因果关系及系统的结构,可以对一些数据进行推算分析,从而帮助研究者完成模拟。

(3) 对于复杂的社会经济问题,在精度要求不是特别高的情况下,系统动力学是一个很好的解决手段。特别是系统动力学借助计算机模拟手段,在一些变量之间关系是高阶非线性而很难求解的情况下,仍然可以获得大部分信息。

综上所述,对于冶金资源型区域资源产业链这一动态开放,具有反馈结构的复杂非线性系统,系统动力学是一个非常合适的建模方法,可以用来解决我们的研究问题。

5.2 铜冶金区域铜产业链系统因素的分析

5.2.1 系统边界的确定及研究假设

1. 系统边界确定

系统动力学所描述的系统动态变化是在假定系统外部环境因素不会从根本上影响系统变化的基础上,是由系统内部因素之间相互作用而产生的。受系统结构的影响,要想建立现实系统的系统动力学模型,就必须先确定我们所要研究系统的边界,也就是哪些因素是系统内部的因素,哪些因素是系统外部的因素。对于边界之内的因素,只要涉及我们所要研究的问题,均应该纳入我们的模型中,对于边界之外的因素,都应该被排除。确定边界的原则是:对我们所要研究的问题有影响的变量都应该划入系统边界的内部,没有影响的变量尽量不划入,变量能够进行简化的就尽量简化。本书所研究的系统的边界如图 5-3 所示。

图 5-3 系统边界图

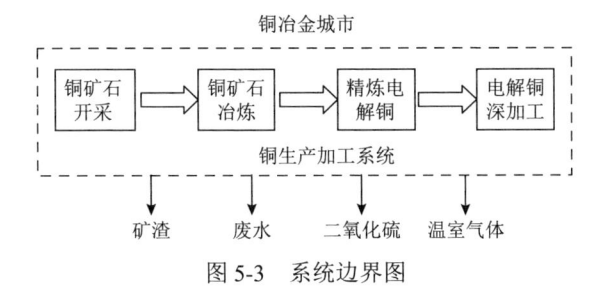

2. 研究假设

本书以铜冶金区域的铜产业链为研究对象,这是一个复杂、动态的系统。铜产业链中铜的开采量和资源的深加工影响着整个产业链的产值,也影响着各种污染物的排放。因此,本书将建立铜产业链的系统动力学模型,分为铜的开采—冶炼—加工和环境污染这两个子系统。

为了更加方便地研究问题,本书做出以下几点假设。

(1) 铜资源的单价在一年内是实时变化的,但是,我们为了简化问题,按照一年的平均价格计算各种相关数据。

(2) 铜产业链中各个企业的生产水平不完全相同,单位产量污染物的排放也不相同,在模型中取平均水平加以模拟。

(3) 由于目前中国经济高速发展,铜需求量飞速增长,铜资源缺口始终无法弥补,所以在建模过程中,不考虑市场需求对资源产业链中企业生产量的影响,而是采取以产定销的模式。

(4) 铜的后续深加工有很多种产品,本模型只取主要的两种深加工产业,产品单价按照平均水平确定。

3. 系统影响因素

系统是由相互影响的因素集合成的,这些因素可以是物质这一类的具体事物,也可以是价格、政策等一类的抽象信息。

(1) 影响铜开采的因素。在市场经济条件下,电解铜的价格和进出口政策的变化必定会对铜矿石的开采产生极大的影响。铜是一种工业用途非常广泛的有色金属资源,被大量用在电子、电力、轻工、机械制造和国防领域,在工业中占有重要地位。特别是近几年,随着电器业、建筑业和汽车业的飞速发展,国际市场上电解铜的价格也水涨船高,铜价持续上涨。目前,我国铜的消费量在有色金属中排第二位,仅次于铝。同时,由于我国经济持续增长,在未来的五年内,对铜的消费量仍将保持10%的年增长率。但是在铜的生产方面,我国却存在着铜矿品位低，厂矿数量多、规模小，铜矿供应量少，铜产业结构存在缺陷等一系列问题。这使得我国每年都有着巨大的铜供应量缺口，需要大量进口铜精矿，国家对铜采取的也是"宽进严出"的进出口政策。

(2) 影响铜冶炼的因素。目前，从铜矿石经过冶炼最终变为电解铜一般要经过三个环节，即选矿、粗炼和精炼。选矿是将开采出来的铜矿石经过粉碎、球磨，通过选矿机，利用密度或磁力等原理将铜从矿石中选出来，从而形成含铜量在20%～30%的铜精粉，以便为下个环节的粗炼提供冶炼原料。在这个环节，选矿工艺的高低都会对铜精粉的产量产生影响。接下来就开始对铜矿进行粗炼，其中又大致包括三个步骤。先把精矿砂、溶剂和燃料等混合，投入鼓风炉中，加热到1000℃左右进行熔炼，形成"冰铜"。再将"冰铜"移入转炉中，鼓入空气进行吹炼。最后投入反射炉，再进行一次除杂，最终形成含铜量在99%以上的精铜。这一环节是金属铜生产过程中污染物排放量最大的一个步骤，它的工艺的好坏直接关系到生产过程的污染程度。发达国家为了降低这一环节的污染，发明了如闪速吹炼、闪速熔炼及氧气顶吹炼铜等技术，并广泛应用在生产中。但是在我国，这些技术大多处于试产阶段，并没有大规模应用。例如，闪速吹炼是今后"冰铜"吹炼的基本方向，但是我国很多的冶炼厂在进行论证之后，最终因为规模、投资及现有的转炉系统无法废弃等，并没有应用在生产中。最后一个环节就是将冶炼好的精铜投入到酸性电解液中，通过大极板电解或是不锈钢阴极电解技术将精铜提炼成纯度为99.99%以上的电解铜。电解液一般为硫酸铜，电解废液对地下水污染严重。

(3) 影响环境的因素。铜产业链是一个集采矿、冶金、加工于一体的产业链，其中采矿和冶金部分是高能耗、高污染的行业，它们对环境影响较大，所产生的污染物大部分是以下四类：废矿渣、二氧化硫、酸性废水和温室气体。铜矿石在经过选矿和冶炼之后会产生大量的矿渣。国外针对这些矿渣开发了一系列的技术以利用其价值，包括利用废矿渣进行堆浸来提取铜。但是目前国内对铜矿渣的利用比较少，仅停留在利用矿渣做回填和建筑材料方面。硫矿经常作为铜的伴生矿出现，由于在后续的冶炼过程中需要利用焦炭把铜金粉加热到高温，这时铜矿石和煤炭里面含有的大量的硫就会以二氧化硫的形式排放到空气中。国外很多冶炼厂都安装了二氧化硫收集装置，利用收集的二氧化硫来制造电解所需的硫酸，目前国内的冶炼厂也开始了这一方面的尝试。同时在铜的开采和电解过程中会产生大量的酸性废水，在开采冶炼和加工过程中需要消耗大量的能源和电力，并排出温室气体，这对环境是极大的破坏。现在国内已经开始利用这部分酸性废水堆浸低品位矿石以进行湿法炼铜，该方法的设备投资和成本都比传统的火法炼铜低。

结合以上的分析,确定铜产业链的模型主要包括铜矿石储量、矿渣积存量、酸性废水积存量、二氧化硫积存量和温室气体积存量等状态变量,此外,还包括铜资源产业链利润、环境成本等辅助变量。

5.2.2 系统因果回路和流图分析

1. 子系统因果回路图分析

运用系统动力学研究问题的重点之一,就是要分析系统整体与局部的关系,从而发现它们的因果关系,并把它们连接成回路,形成因果回路图。本书经过系统分析,建立了铜的开采、冶炼、加工子系统和环境子系统的因果回路图,如图5-4和图5-5所示。

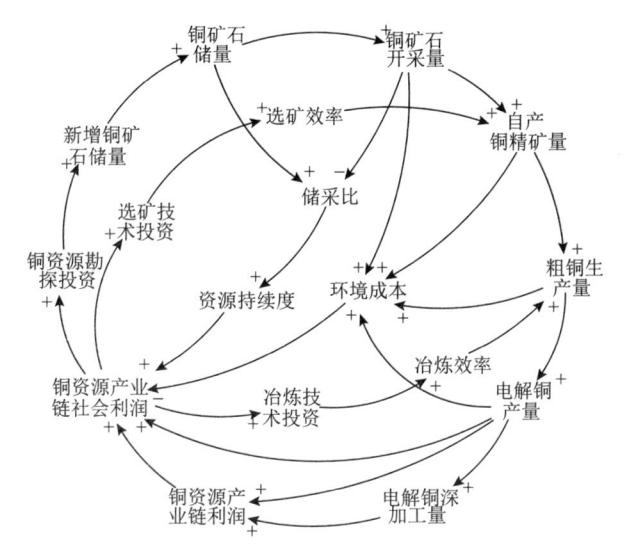

图 5-4 铜的开采、冶炼、加工子系统因果回路图

主要反馈回路包括:

(1)铜矿石储量→+铜矿石开采量→+自产铜精矿量→+粗铜生产量→+电解铜产量→+电解铜深加工量→+铜资源产业链利润→+铜资源产业链社会利润→+铜资源勘探投资→+新增铜矿石储量→+铜矿石储量

(2)铜矿石储量→+铜矿石开采量→-储采比→+资源持续度→+铜资源产业链社会利润→+铜资源勘探投资→+新增铜矿石储量→+铜矿石储量

(3)铜矿石储量→+储采比→+资源持续度→+铜资源产业链社会利润→+铜资源勘探投资→+新增铜矿石储量→+铜矿石储量

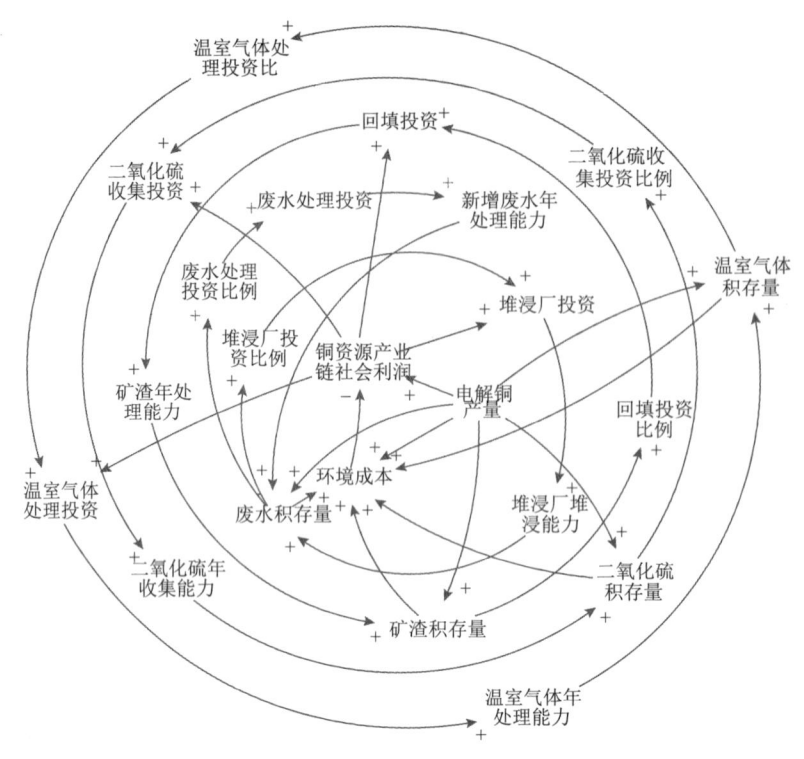

图 5-5 环境子系统因果回路图

(4) 自产铜精矿量→+粗铜生产量→+电解铜产量→+电解铜深加工量→+铜资源产业链利润→+铜资源产业链社会利润→+选矿技术投资→+选矿效率→+自产铜精矿量

(5) 铜矿石储量→+铜矿石开采量→+环境成本→-铜资源产业链社会利润→+铜资源勘探投资→+新增铜矿石储量→+铜矿石储量

(6) 铜矿石储量→+铜矿石开采量→+自产铜精矿量→+环境成本→-铜资源产业链社会利润→+铜资源勘探投资→+新增铜矿石储量→+铜矿石储量

(7) 环境成本→-铜资源产业链社会利润→+冶炼技术投资→+冶炼效率→+粗铜生产量→+环境成本

(8) 铜矿石储量→+铜矿石开采量→+自产铜精矿量→+粗铜生产量→+环境成本→-铜资源产业链社会利润→+铜资源勘探投资→+新增铜矿石储量→+铜矿石储量

(9) 铜矿石储量→+铜矿石开采量→+自产铜精矿量→+粗铜生产量→+电解铜产量→+环境成本→-铜资源产业链社会利润→+铜资源勘探投资→+新增铜矿石储量→+铜矿石储量

(10) 粗铜生产量→+电解铜产量→+电解铜深加工量→+铜资源产业链利润→+铜资源产业链社会利润→+冶炼技术投资→+冶炼效率→+粗铜生产量

(11)粗铜生产量→+电解铜产量→+铜资源产业链利润→+铜资源产业链社会利润→+冶炼技术投资→+冶炼效率→+粗铜生产量

(12)粗铜生产量→+电解铜产量→+铜资源产业链社会利润→+冶炼技术投资→+冶炼效率→+粗铜生产量

其中，铜资源产业链利润指的是整个铜产业链利润在扣除破坏环境等因素之后给整个社会带来的利润。储采比指的是资源的储量与资源的年开采量的比值，也就是代表按照现有的开采规模，资源可供开采的时间。12个反馈环中，1，3，4，10，11，12是正反馈环，2，5，6，7，8，9是负反馈环。

(1)温室气体积存量→+环境成本→−铜资源产业链社会利润→+温室气体处理投资→+温室气体年处理能力→+温室气体积存量

(2)二氧化硫积存量→+环境成本→−铜资源产业链社会利润→+二氧化硫收集投资→+二氧化硫年收集能力→+二氧化硫积存量

(3)矿渣积存量→+环境成本→−铜资源产业链社会利润→+回填投资→+矿渣年处理能力→+矿渣积存量

(4)废水积存量→+环境成本→−铜资源产业链社会利润→+堆浸厂投资→+堆浸厂堆浸能力→+废水积存量

(5)温室气体积存量→+温室气体处理投资比→+温室气体处理投资→+温室气体年处理能力→+温室气体积存量

(6)二氧化硫积存量→+二氧化硫收集投资比例→+二氧化硫收集投资→+二氧化硫年收集能力→+二氧化硫积存量

(7)矿渣积存量→+回填投资比例→+回填投资→+矿渣年处理能力→+矿渣积存量

(8)废水积存量→+堆浸厂投资比例→+堆浸厂投资→+堆浸厂堆浸能力→+废水积存量

(9)废水积存量→+废水处理投资比例→+废水处理投资→+新增废水年处理能力→+废水积存量

其中，环境成本指的是由资源开采而造成环境破坏所产生的隐性成本。9个反馈环中，5，6，7，8，9是正反馈环，1，2，3，4是负反馈环。

2. 系统的流图分析

根据上面的分析，可以将整个系统分成几个子块，这些子块之间联系并变化着，最终构成整个系统。接下来，给出了这些子块的流图(图5-6～图5-9)，并给予详细分析。

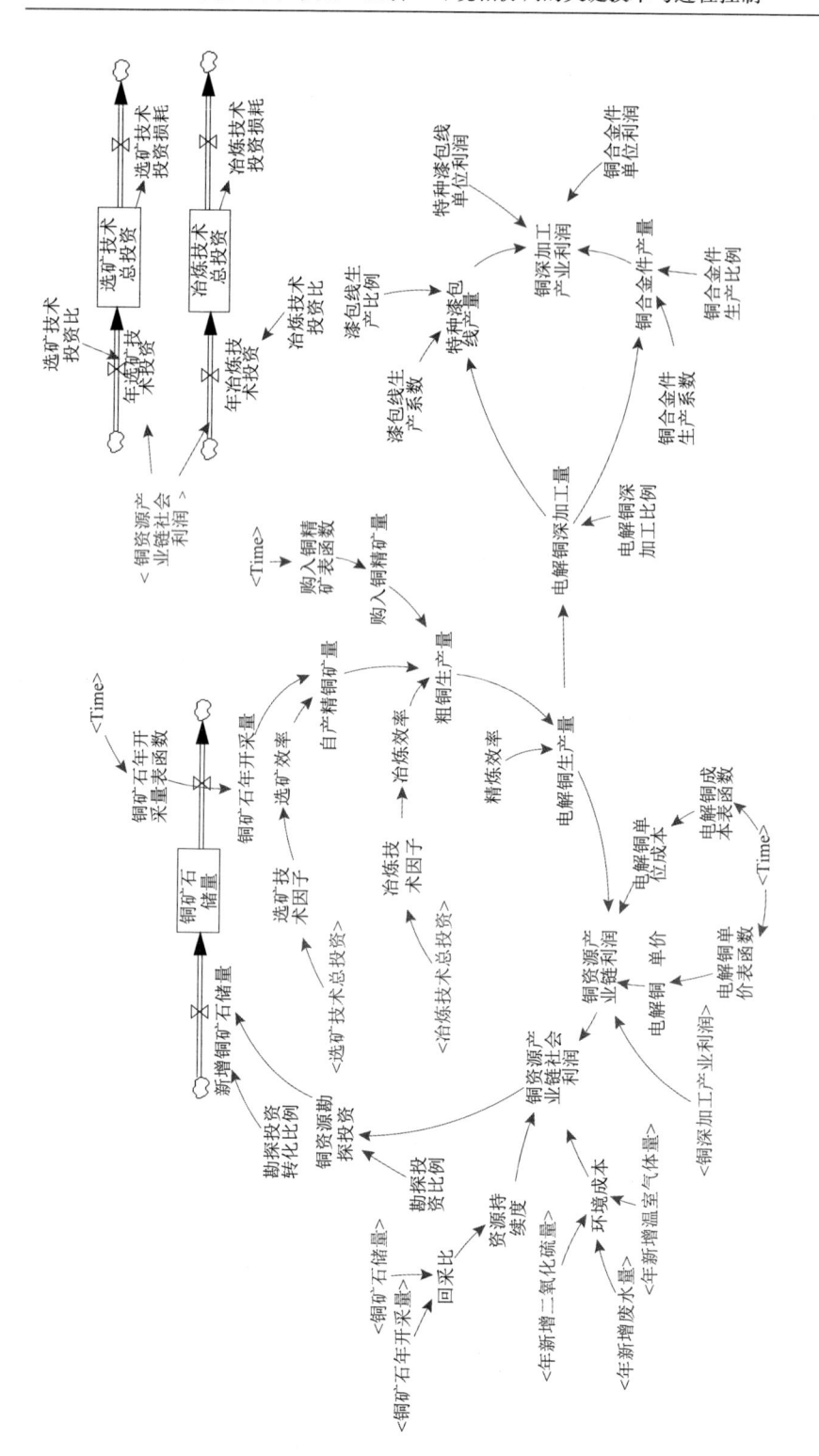

图 5-6 铜资源开采、冶炼、加工子块流图

图 5-7 矿渣和废水子块流图

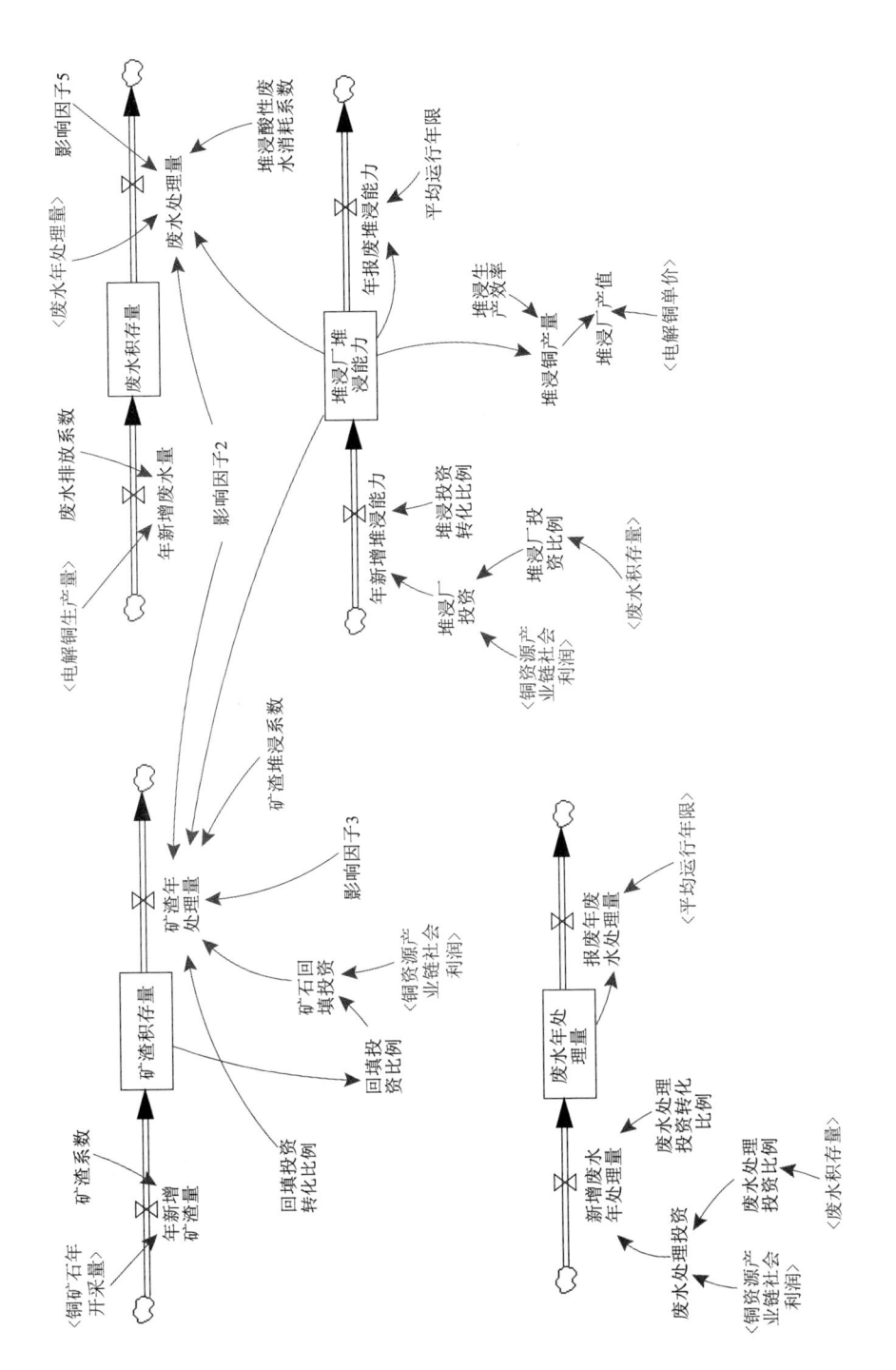

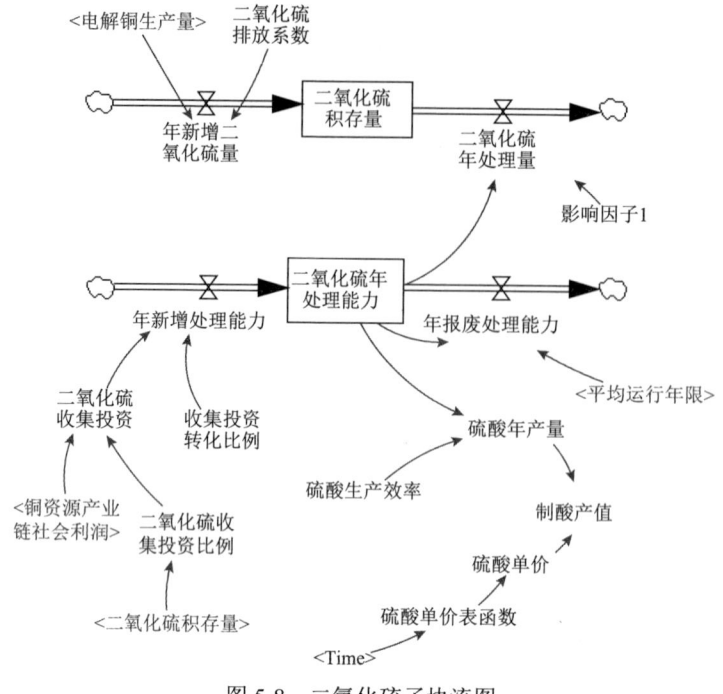

图 5-8　二氧化硫子块流图

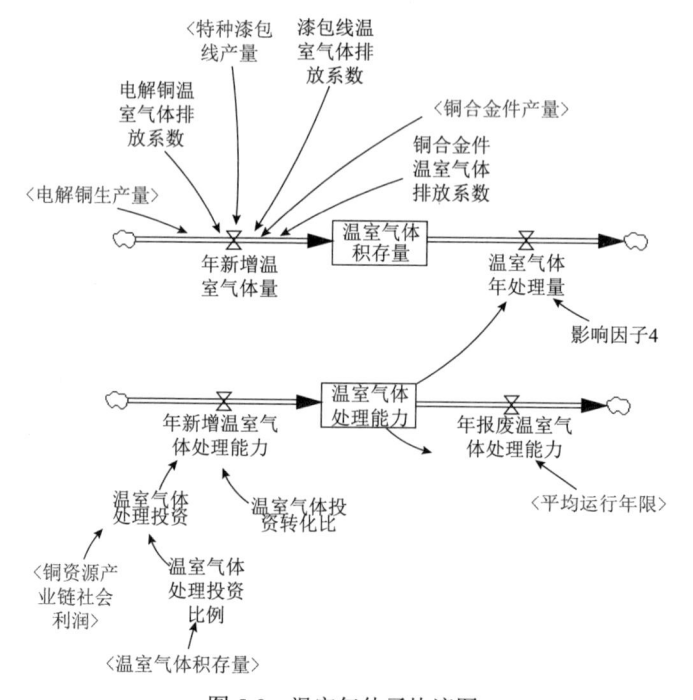

图 5-9　温室气体子块流图

铜矿石在开采之后,要经历选矿、冶炼和电解三个环节方可制成电解铜。选矿、冶炼和电解的效率都直接影响电解铜的产量。这方面的技术投资越多,技术水平越高,则生产效率越高。生产出的一部分电解铜会进入深加工环节,主要是被制成特种漆包线和铜合金件,形成深加工的利润,这部分利润和电解铜生产过程产生的利润构成了整个产业链的利润。本模型定义了铜资源产业链社会利润,这个变量是整个产业链的利润扣除环境污染所造成的社会成本。从这个利润中抽取部分作为勘探、选矿、冶炼和污染治理的投资。

铜矿的开采和冶炼的过程中会产生大量的矿渣,要解决矿渣大量堆积的问题,一方面,可以采取回填的处理方法,利用矿渣混合水泥回填到采空区之中;另一方面,这部分矿渣中有一部分是资源含量较低的贫矿,可以利用堆浸的技术,从中提取金属资源。除了矿渣之外,在开采和电解的过程中会产生大量的废水,这些废水中大多含有重金属元素。为了降低其对环境的危害,必须对这部分废水进行处理,以降低其中重金属含量。其中的酸性废水和碱性废水可以相互中和,再沉淀,经过滤膜后可清除大部分重金属离子,酸性废水还可以用在堆浸厂中提取铜资源。

我国铜矿的品位较低,大多是贫矿,同时与硫矿伴生。因此,在冶炼的过程中,由于高温的氧化作用,会排出大量的二氧化硫气体,冶炼过程中需要焦炭作为燃料,焦炭在燃烧过程中也会排出大量的二氧化硫。这使得在铜金属整个冶炼过程中,二氧化硫的排放量巨大,成为一个巨大的污染源。为了降低二氧化硫的排放量,需要对二氧化硫进行收集处理。这样的收集处理主要包括改善工艺水平,减少矿石冶炼过程中的二氧化硫排放,提高燃料的利用率,减少燃料的使用量。对于集中产生二氧化硫的环节,可以通过投资二氧化硫收集设备,将二氧化硫集中采集,用作硫酸化工业的生产原料。这样不仅可以大大降低二氧化硫的排放量,还可以提高资源利用率,形成新的产值增长点。

铜矿石经过开采、冶炼和电解,生产出电解铜,每一个环节均要消耗大量的燃料和电能,这些燃料的燃烧和电能的生产都需要排放大量的温室气体。同时,由电解铜加工成特种漆包线和铜合金件也要消耗大量的电能。所以,整个资源产业链中年新增温室气体量主要由电解铜、漆包线和铜合金件的生产产生。现在全国范围都在倡导发展低碳经济,为了处理排放的温室气体,就需要企业或政府从产业链的社会利润中拿出一部分进行投资治理,购买处理设备,以减少各个生产环节排放的温室气体。投资越多,每年新增的处理能力越高。处理的能力按照平均运行年限逐年报废。

将以上几个子块结合在一起,最终形成整个铜产业链的模型,如图 5-10 所示。

5.3 铜陵市铜产业发展过程模拟分析

本书以铜陵的铜产业链作为实例进行模拟分析,所以就必须了解铜陵的地理经济状况及铜产业链的发展状况。本节先对铜陵经济地理和铜产业链的发展情况做简单介绍,再利用调查得到的数据对模型进行模拟分析。

5.3.1 铜陵市铜产业整体概况

1. 铜陵市地理经济概况

铜陵市位于长江中下游,安徽省的中南部,属于亚热带湿润季风气候。它北靠长江,是黄山和九华山等风景区的北大门,面积3008平方千米,其中市区面积355平方千米。铜陵位于上海和武汉之间,有着得天独厚的水运条件,濒临长江,有59.9千米的长江黄金水道。铜陵港于1993年成为国家对外开放的一类港口,可终年通行3000~5000吨级的船舶。铜陵有着发达的铁路网络,宁铜铁路、铜九铁路穿境而过,连通浙赣线和淮南线,宁安城际铁路连通沪宁城际铁路与合福高铁,形成安庆到上海、北京的铁路通道。合福客运专线沟通安徽到福建沿海地区,是继京津、武广、郑西高铁之后,又一条双线电气化高速铁路。铜陵长江大桥连接大江南北,沿江高速公路使得铜陵与上海和武汉等区域紧密相连,合铜黄高速公路北接合安、合宁高速公路,南连沿江高速公路、徽杭高速公路,铜陵逐步成为安徽中南部的交通枢纽。

1956年铜陵因矿建市,改为铜陵特区,实行政企合一的行政制度,1970年铜陵又恢复市建制。铜陵是一个典型的资源型区域,因为有色金属的开采而发展起来。铜陵的铜矿开采可以追溯到商周时期,有着3000多年的历史,是青铜文化的发祥地,被誉为"古铜都"。建市以来,铜陵取得了长足的发展,特别是改革开放后,成就令人瞩目。2015年,铜陵人均地区生产总值达到了15 692.17美元,在安徽省排第一。城镇居民家庭人均可支配收入达到31 748元,农村居民人均可支配收入达到17 898元。

2. 铜陵市铜资源开发利用现状

铜陵是一个典型的资源型区域,是我国八大有色金属基地之一和国家级铜产业基地。铜陵的铜资源储量、开采量和铜金属的产量都占安徽省的70%以上,铜产业约占全部工业比重的50%。2014年,铜陵累计查明铜矿储量213.72万吨,生产电解铜131万吨,生产的铜精粉含铜量9.8万多吨。在铜资源的开采和冶炼过程中,形成了一批大型的企业和集团,其中铜陵有色金属集团股份有限公司是目前国内三大铜生产集团,其电解铜的国内市场占有率一度是全国第一。

铜陵依托其拥有的铜资源优势,已经形成了从铜矿石的开采、选矿、冶炼到

铜材加工和贸易的完整产业链，并涌现出像铜陵有色金属集团股份有限公司、铜峰电子股份有限公司、三佳电子（集团）有限责任公司、安徽海螺水泥股份有限公司及铜陵化学工业集团有限公司等一批在行业内具有重要影响力的企业。铜陵的铜板带和特种漆包线等主要铜加工产品的生产水平在国内处于领先地位。2014年，铜陵共生产漆包线十几万吨，其中特种电磁线的国内市场占有率保持第一。铜陵还是国家"火炬"计划规定的电子材料基地，其中铜峰电子股份有限公司有着世界第一的电工薄膜生产能力，三佳电子（集团）有限责任公司电子模具的生产技术处于国内最高水平。铜陵还是目前国内重要的硫酸化工基地，2014年共生产495.6万吨硫酸，在全国地级市中名列前茅。铜陵还有着亚洲最大的水泥生产企业安徽海螺水泥股份有限公司，连续多年熟料产量超过千万吨。

5.3.2 模型数据确定

从铜产业链的系统动力学流图中，我们可知，要使建立的模型能够运行需要大量的数据支持，要使模型能够真实地反映现实系统的功能和结构，就必须要有真实、准确和有效的数据。所以，在模型进行有效性检验之前，我们还必须进行数据的收集、整理和加工。系统动力学模型中的各种数据也被称为模型的参数，本书的模型中，主要有各个生产环节的效率、铜矿石开采量、购入的铜精矿及各种投资转化比例等，就其形式而言，有常数、表函数和初始值等。这些数据的获得主要依靠以下几种方法。

1. 利用历史统计资料或是统计资料获取平均数

如电解铜单价、电解铜单位成本、铜矿石年开采量、购入的铜精矿量、矿渣积存量等。通过查看铜陵统计年鉴等资料，我们得到模型中表函数值，如表 5-1 所示，其中电解铜单价是取一年内的均价计算的。

表 5-1 模型模拟所需表函数值

变量名称	2003 年	2004 年	2005 年	2006 年	2007 年	2008 年	2009 年
电解铜单价/(元/吨)	17 250	27 020	34 410	58 840	59 120	53 830	41 050
电解铜单位成本/(元/吨)	16 600	25 575	32 450	57 266	54 150	51 735	39 770
铜矿石年开采量/吨	3 282 610	3 694 680	4 292 180	4 932 760	4 976 500	5 487 260	6 014 240
购入的铜精矿量/吨	805 872	951 189	1 156 150	1 412 060	1 639 650	1 692 760	1 877 790
变量名称	2010 年	2011 年	2012 年	2013 年	2014 年	2015 年	
电解铜单价/(元/吨)	56 545	65 000	56 000	52 245	49 134	40 887	
电解铜单位成本/(元/吨)	48 000	56 589	47 692	30 806.23	31 426	30 088	
铜矿石年开采量/吨	8 488 639	8 824 587	9 151 650	12 037 075	13 261 882	14 213 324	
购入的铜精矿量/吨	2 703 540	2 881 133	3 070 281	4 192 927	4 652 109	4 322 198	

表 5-3 铜陵市铜产业链系统仿真值与实际值的比较

指标		2003 年	2004 年	2005 年	2006 年	2007 年	2008 年	2009 年	2010 年	2011 年	2012 年	2013 年	2014 年
铜矿石储量	仿真值/吨	2 674 179	2 655 213	2 561 000	2 556 000	2 411 420	2 125 400	2 175 430	1 756 556	2 345 656	1 677 878	2 456 566	2 233 554
	实际值/吨	2 634 179	2 615 213	2 581 000	2 456 000	2 471 400	2 093 800	2 186 000	1 920 000	2 259 000	1 756 100	2 135 000	2 137 200
	误差比/%	1.52	1.53	−0.77	4.07	−2.43	1.51	0.48	8.51	−3.84	4.45	−15.06	−4.51
电解铜生产量	仿真值/吨	254 333	258 767	313 445	376 578	435 765	479 876	565 443	834 554	843 444	923 114	1 153 322	1 278 786
	实际值/吨	243 040	265 758	326 000	393 465	446 800	494 600	570 000	812 621	854 000	904 000	1 201 000	1 310 000
	误差比/%	4.65	−2.63	−3.85	−4.29	−2.47	−2.98	−0.80	2.70	−1.24	2.11	−3.97	−2.38
铜资源产业链利润	仿真值/万元	3 113.49	6 702.58	10 459.95	11 121.59	34 060.78	17 231.78	13 584.69	97 637.46	101 951.64	107 902.20	357 541.92	334 701.69
	实际值/万元	3 015.30	6 531.24	10 330.37	10 848.61	33 348.98	16 808.82	13 301.98	92 701.66	98 777.52	105 637.34	350 104.99	327 095.09
	误差比/%	3.26	2.62	1.25	2.52	2.13	2.52	2.13	5.32	3.21	2.14	2.12	2.33
特种漆包线生产量	仿真值/吨	27 565	33 455	42 334	51 234	56 435	62 433	69 766	72 314	75 342	77 975	82 342	84 232
	实际值/吨	28 187	34 063	41 457	50 715	57 631	61 200	68 500	71 400	74 512	79 933	81 365	83 374
	误差比/%	−2.21	−1.78	2.12	1.02	−2.08	2.01	1.85	1.28	1.11	−2.45	1.20	1.03
年新增矿渣量	仿真值/吨	19 667 467	21 388 637	23 619 950	25 820 642	26 461 233	30 507 621	33 967 644	37 572 726	38 034 726	42 639 620	45 204 049	44 221 074
	实际值/吨	20 000 000	21 413 278	23 035 334	24 966 240	27 348 416	30 135 746	32 877 428	36 016 800	38 863 688	41 748 948	44 653 472	42 835 724
	误差比/%	−1.66	−0.12	2.54	3.42	−3.24	1.23	3.32	4.32	−2.13	2.13	1.23	3.23
年新增废水量	仿真值/吨	49 987 656	44 533 367	43 423 476	55 466 334	43 897 455	43 546 254	43 476 470	44 367 543	43 463 528	51 628 452	55 243 526	57 254 673
	实际值/吨	49 652 000	43 165 600	44 743 000	54 820 000	44 640 000	42 221 900	44 477 100	45 117 700	43 513 600	50 350 600	56 536 400	56 929 800
	误差比/%	0.68	3.17	−2.95	1.18	−1.66	3.14	−2.25	−1.66	−0.12	2.54	−2.29	0.57
年新增二氧化硫量	仿真值/吨	37 438.04	48 734.36	54 533.72	46 734.47	43 526.73	49 364.75	1 135 222.00	40 974.00	37 364.00	36 453.00	36 253.00	32 334.20
	实际值/吨	38 368.03	47 917.35	52 411.72	45 058.89	42 096.79	40 636.87	1 069 106.00	40 126.00	38 478.00	37 869.00	37 055.00	31 435.60
	误差比/%	−2.42	1.71	4.05	3.72	3.40	21.48	6.18	2.11	−2.90	−3.74	−2.16	2.86

2. 类推和咨询的方法

这种方法就是利用变量之间所具有的因果关系,进行类比推算得出变量的值,或是向业内人士进行咨询。本书模型中利用这一方法得出变量的数值有回填投资转化比例、废水处理转化投资比例、堆浸投资转化比例、收集投资转化比例、温室气体投资转化比例、矿渣系数、废水排放系数、二氧化硫排放系数、三项温室气体排放系数、精炼效率,以及冶炼、勘探、选矿的投资比等,如表5-2所示。

表 5-2 模型中其他类型参数取值

变量名称	取值	变量名称	取值
矿渣系数	0.88	精炼效率	0.967
废水排放系数	50	冶炼技术投资比	0.010
勘探投资比例	0.020	选矿技术投资比	0.001
漆包线生产系数	0.979	铜合金件生产系数	0.921
二氧化硫排放系数	2.550	电解铜温室气体排放系数	15
漆包线温室气体排放系数	1.052	铜合金件温室气体排放系数	1.331
回填投资转化比例	0.047 吨/元	收集投资转化比例	0.007 吨/元
堆浸投资转化比例	0.025 吨/元	温室气体投资转化比例	0.022 吨/元
勘探投资转化比例	0.015 吨/元	平均运行年限	24 年
政策因子 1	0	政策因子 2	0
政策因子 3	0	政策因子 4	0
政策因子 5	0		

3. 利用一些数学模型对变量的值进行预测

由于在本书的后面部分,需要将模型模拟到2020年,所以需要研究部分参数的变化趋势和发展方向,预测出表函数未来几年的取值。对于相关性较强的变量采用回归预测模型进行预测,其他变量则采用SPSS软件进行预测分析。

5.3.3 模型有效性检验

一个系统动力学模型建立之后,为了正确地模拟系统的结构和功能,成为研究实际系统的实验室,就必须能够在不同运行模式下运行同类实际系统。所以在模型建立完成后,使用模型进行研究之前需要对模型是否有效进行检验,也就是将实际数据输入模型之中,对模型进行模拟,选出一些主要变量的模拟值和掌握的实际数据进行比较,比较模拟值与实际值的误差是否在合理的范围之内。如果大部分误差都在 5%左右，则认为建立的模型是有效的，能够正确反映实际系统的结构和功能；否则认为系统是无效的，需要对模型进行调整，直到模拟值与实际值的误差在允许范围之内，则得到最终模型。为了保证检验的全面性和准确性，我们在资源产业和环境系统中选取了以下几个变量作为检验模型有效性的指标：铜矿石储量、电解铜生产量、铜资源产业链利润、特种漆包线生产量、年新增矿渣量、年新增废水量和年新增二氧化硫量。

将 5.3.2 小节的数据输入模型之中，设定模拟时间是从 2003 年到 2014 年，模拟步长为 1 年，得到各检验指标的仿真值和检验结果如表 5-3 所示。

从表 5-3 中我们可以看到，选出的七个作为检验模型有效性变量的仿真值和实际值的误差，除个别年份外，绝大多数在 5%之内。因此，我们可以认为之前所建立的系统动力学模型具有较高的可靠性和有效性，可以比较准确地反映出铜陵铜产业链的结构和功能。而且，在模型的模拟过程中没有出现剧烈的震荡现象，所以步长的选取也是较为合理的。

5.4 原有发展模式分析与改进

5.4.1 原有发展模式分析

在 5.3.3 小节中，我们已经证明了所建模型具有较高的可靠性和有效性，可以作为实际系统的实验替代者。接下来，我们会把模拟的时间延长到 2020 年，利用通过仿真得到的变化趋势图，来分析以现有的发展模式发展下去，铜产业链的发展状况。这期间的表函数预测值如表 5-4 所示。模拟的步长设为 1 年。

表 5-4 表函数预测值

变量名称	2016 年	2017 年	2018 年	2019 年	2020 年
电解铜单价/(元/吨)	51 332	51 918	55 994	59 387	49 999
电解铜单位成本/(元/吨)	32 081	32 860	34 192	35 543	37 895
铜矿石年开采量/吨	14 329 875	14 997 456	15 101 123	15 334 769	16 778 923
购入的铜精矿量/吨	4 911 671	5 032 780	5 241 498	5 361 970	5 263 160

图 5-11 是铜陵铜资源产业链利润的变化趋势图。图中的曲线之所以在 2006 年到 2009 年这段时间有着较大的波动，是因为电解铜的价格经历了 2002 年跌入谷底之后，开始了强劲的反弹，特别是在 2006 年和 2007 年这两年间达到了前所未有的历史高价，这使得铜矿开采和冶炼行业的利润大幅增加，导致铜产业链的利润在 2006～2007 年迅速增长。到了 2008 年下半年，全球范围的金融危机开始，

处于历史高点的电解铜价格迅速下跌，对于铜加工成的漆包线和合金件等产品的需求也急剧下降，使得铜产业链的利润也大幅减少。

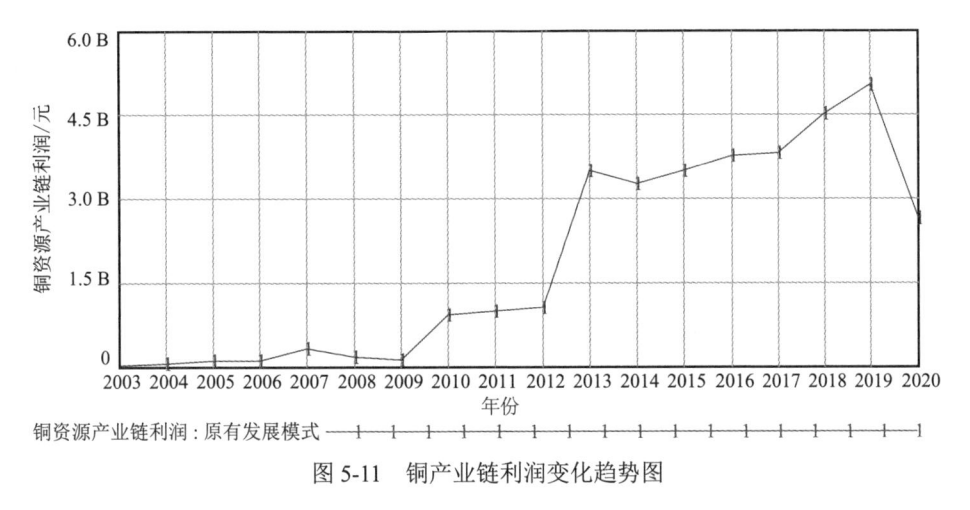

图 5-11　铜产业链利润变化趋势图

从图 5-11 中，我们可以看到，随着资源产业的进一步发展，资源产业链创造出的利润总体上也在持续增加。根据系统动力学模型模拟的结果，到 2020 年，整个铜陵市的铜产业链利润将达到 26.46 亿元，是 2003 年铜产业链的 80 倍，创造了大量的社会财富，但是也暴露了铜陵铜产业链的一些问题。铜陵铜产业链还处于较为初级的阶段，主要是铜矿石的开采和铜金属的冶炼，使得铜产业链的利润受电解铜价格影响较大，一旦铜价下跌，利润也会大幅减少，抵御风险的能力不强。同时，电解铜的深加工比例较低，单位产品的利润较低，产业链下游还亟须发展。

图 5-12 和图 5-13 是在传统发展模式下，铜陵铜矿石储量和回采比的变化趋势图。从图中我们可以清楚地看到，随着资源产业的快速发展，铜矿石储量下降的速度越来越快，回采比也急剧下降。回采比由 2003 年的 69 下降到 2020 年的 17.09，这也就意味着，即使保持 2020 年的开采规模，铜陵的铜资源也仅够开采 17.09 年。但是，铜陵的有色产业占了工业的 50%，在很长一段时间里，若想区域保持发展，还需要铜产业链的发展来支持，这就使得铜资源的需求量持续增加。然而，现在铜陵铜矿的自给率已经不到 10%，2010 年又有四座矿山资源枯竭。尽管冬瓜山铜矿的投产使得铜矿石的产能提高，但是这也意味着铜矿石资源的消耗将会加快，资源的限制更加明显。同时，铜陵目前地表容易开采的铜矿石基本已被采完，若想在更深的地下寻找铜矿资源则需要更多的勘探、开采投资。由于资金及技术的原因，很多重要的伴生资源没有得到很好的综合利用，这一切都使得铜资源短缺的矛盾日益突出，极大地限制了铜陵铜产业链未来的发展。

图 5-12　铜矿石储量变化趋势图

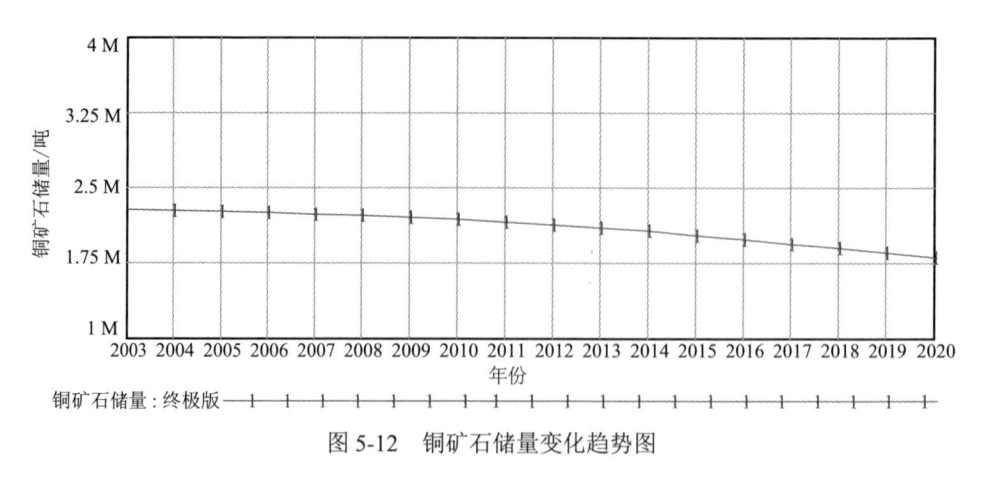

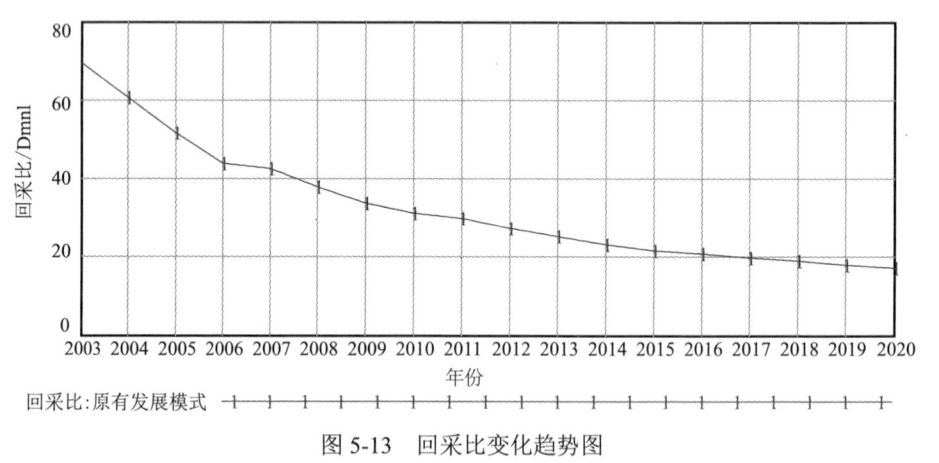

图 5-13　回采比变化趋势图

图 5-14～图 5-17 是铜产业链主要污染物的模拟趋势图，包括矿渣、废水、二氧化硫和温室气体四种污染物。模拟结果清楚地显示，随着产业链的进一步发展，这四种污染物的积存量越来越高，增加的速度也越来越快。2003 年到 2020 年模拟期间，矿渣增加了 9406 万吨，排放废水 9673 万吨，二氧化硫 52 048.8 吨，温室气体 293 789 吨。这些排放的废水和堆积的矿渣常常引起矿区及其周边地区的土壤、地下水和地表水等的污染。排放的二氧化硫会使周围地区的农作物产量减少，品质下降，还会降低人的免疫力，使人的抗病能力减弱。除此之外，矿石的开采会造成铜陵部分矿区地面塌陷，容易引发地质灾害；矿石的堆积和尾矿库还会侵占及破坏大量的土地。根据《铜陵市矿产资源总体规划报告》，在 2010 年，由于矿石的开采，共侵占和破坏土地 5437 公顷。

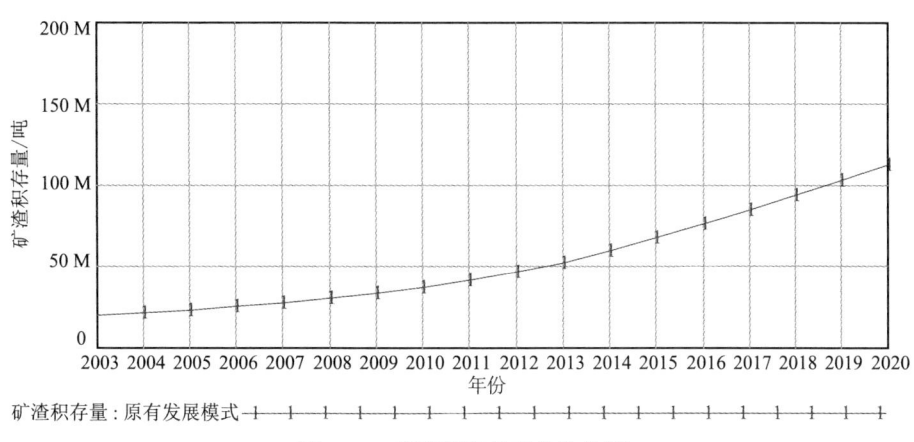

图 5-14 矿渣积存量变化趋势图

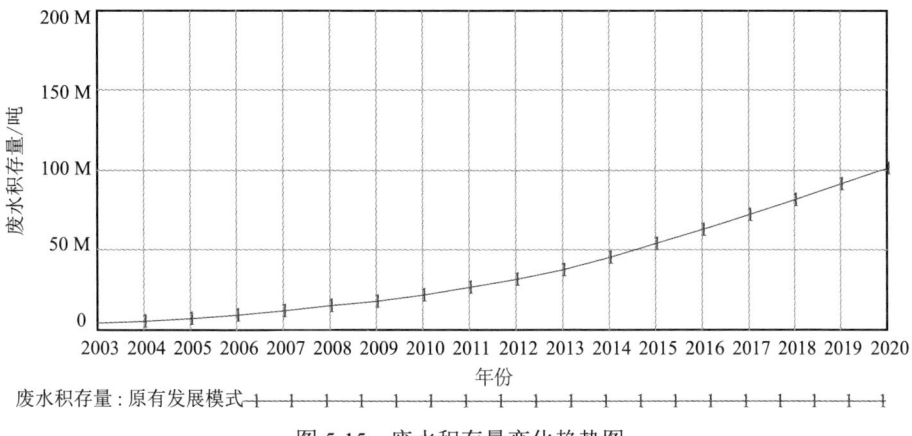

图 5-15 废水积存量变化趋势图

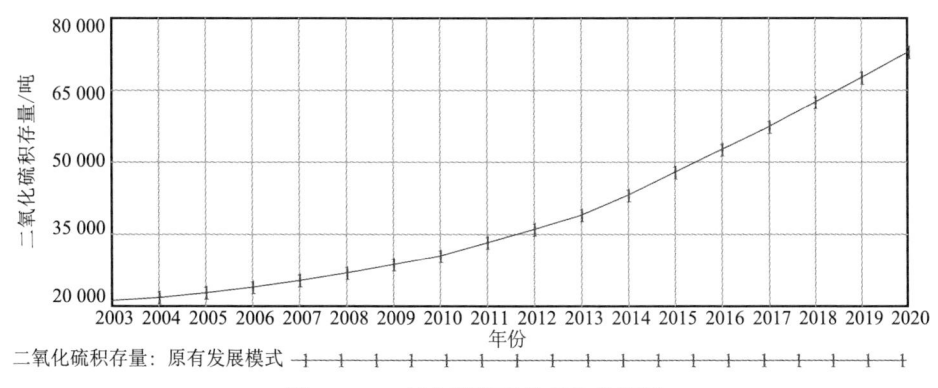

图 5-16 二氧化硫积存量变化趋势图

图 5-17 温室气体积存量变化趋势图

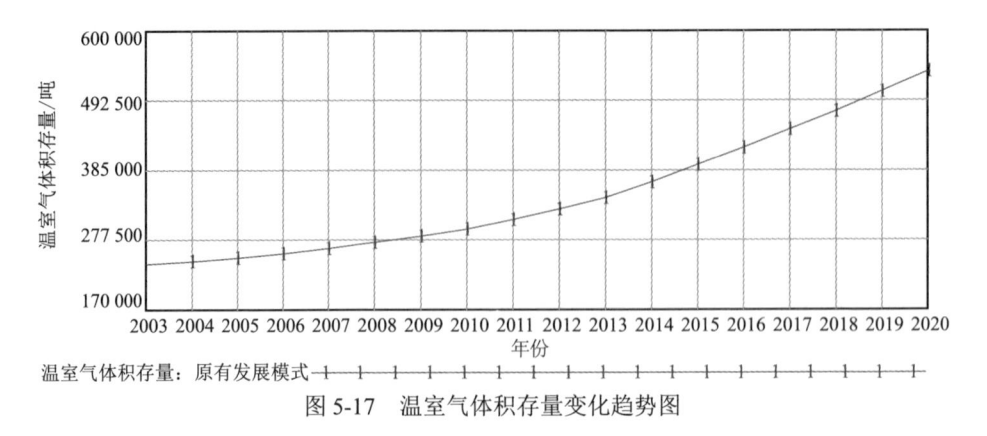

5.4.2 原有发展模式改进前后对比分析

按照原有的发展模式，铜产业链可以得到极大的发展，创造出巨大的社会财富。但是，以上这种发展方式也存在一些问题，主要有：铜产业链下游深加工环节发展不够，产业链利润过度依赖铜价格，抵御风险的能力较差；铜矿石的储量不足，难以支持目前的大规模开采活动；环境污染极为严重，走上了用环境换产值的发展道路，从长远看，将会进一步削弱产业链的竞争力。

为了解决铜产业链原有发展模式存在的问题，就必须对原有的模式进行改进。首先，对于铜产业链产生的四种主要污染物，增加治理和利用的投资，引进先进技术，加大污染物治理力度，并对可以利用的废弃物进行综合利用。本书通过系统动力学模型的模拟来比较改进前后铜产业链四种主要污染物积存量的变化情况。为了达到强化治理的效果，把之前建立的模型中的影响因子 1~5 由 0 变成 1，在其他模拟条件不变的情况下对铜产业链系统重新进行模拟。也意味着从产业链的利润中抽取一部分，作为治理环境污染和引进技术综合利用生产过程中产生的副产品的投资。原有发展模式改进前后的对比如图 5-18~图 5-21 所示。

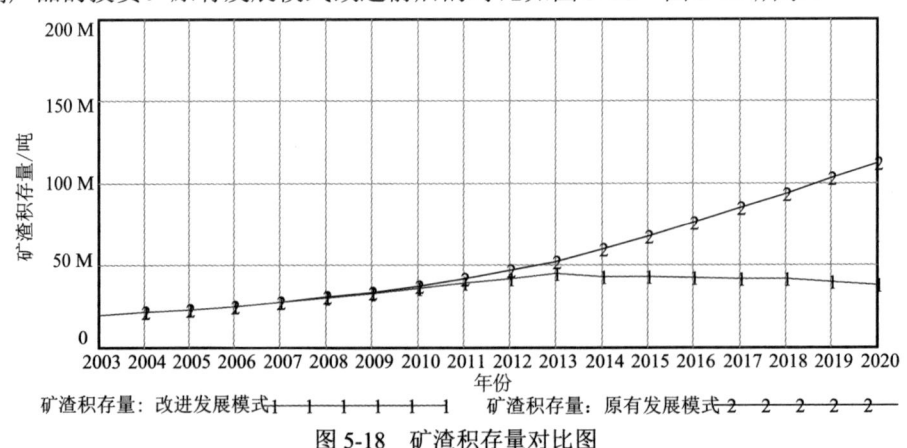

图 5-18 矿渣积存量对比图

图 5-19 废水积存量对比图

图 5-20 二氧化硫积存量对比图

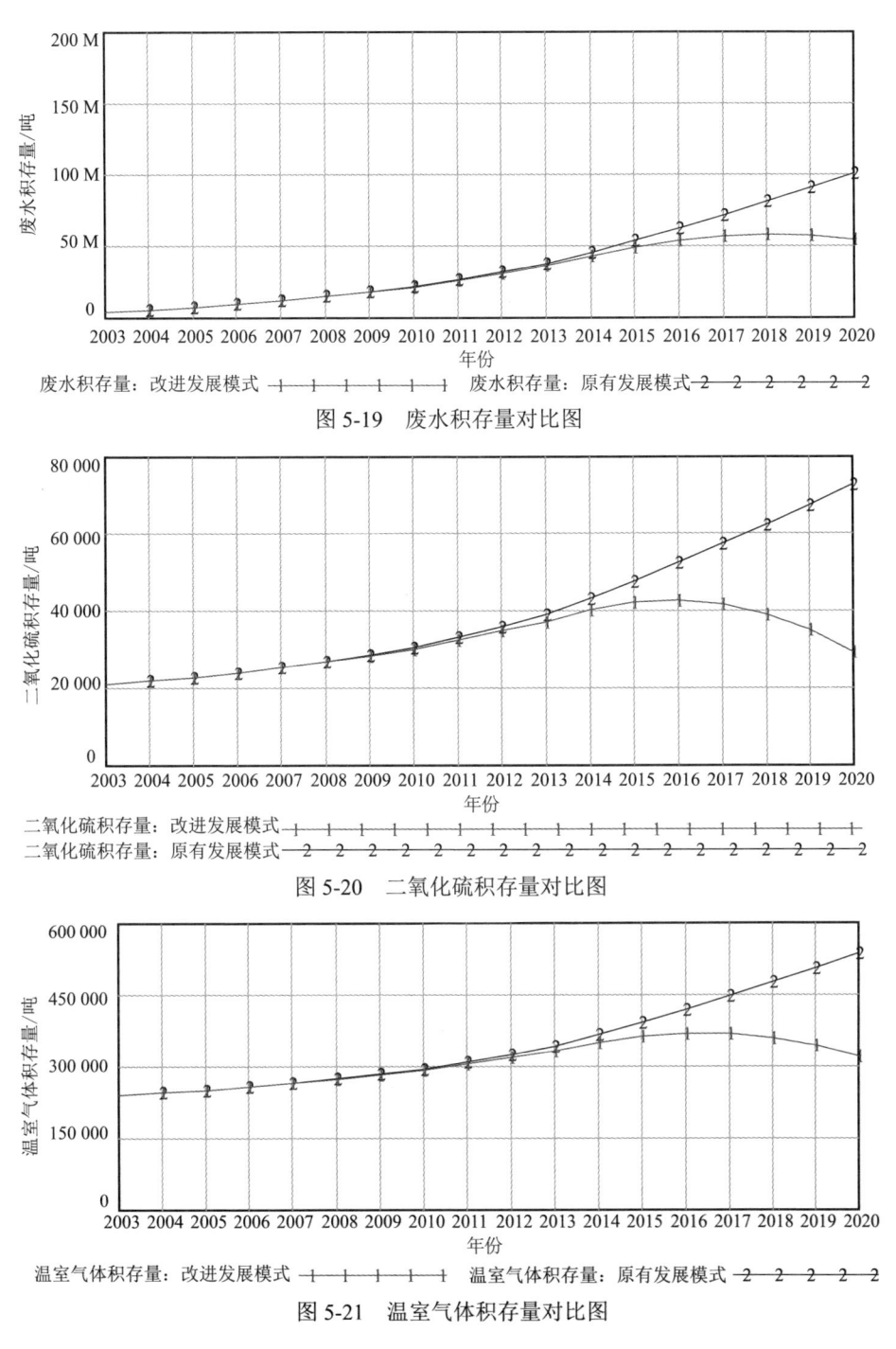

图 5-21 温室气体积存量对比图

从图 5-18～图 5-21 可以看出，由于投资治理铜产业链排出的主要污染物，四大污染物的排放总量大幅下降。在 2003～2020 年的 17 年里，产生的矿渣总量由原来的 11 215 万吨减少到 3755 万吨，下降了 66.52%；废水的排放量由原来的 10 066 万吨减少到 5445 万吨，降低了 45.91%；二氧化硫的排放量由 72 831 吨减少到 29 324 吨，降低了 59.74%；温室气体的排放量由 516 130 吨减少到 319 864 吨，降低了 38.03%。

为了检验提高废弃物和副产品综合利用的效果，假定能够在 2007 年建成一个中等规模的铜矿石堆浸厂，则可以年产电解铜上千吨，如图 5-22 所示，2007~2020 年共可生产电解铜 143 450 吨，按照现有的生产效率，可以节约铜矿石 125 万吨，减少矿渣 74.6 万吨。另外，如果可以加大投资力度，运用新技术提高燃料利用率、减少二氧化硫排放，并利用投资设备在二氧化硫排放浓度较高的地方加以收集，用作硫酸工业的原材料，模拟的结果显示，到 2020 年可以增加硫酸产量 350 万吨，增加产值 14.5 亿多元。

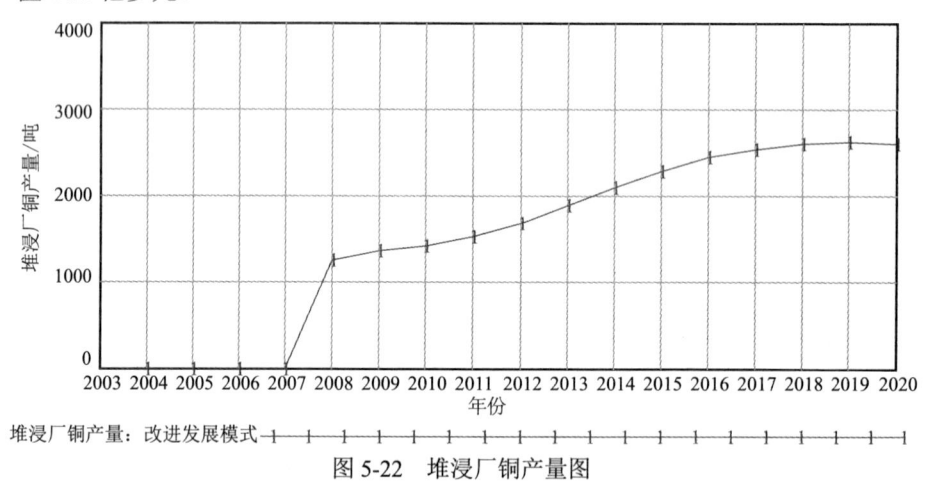

图 5-22 堆浸厂铜产量图

除了可以利用矿渣和酸性废水堆浸生产电解铜外，对产生的二氧化硫也可以加以利用生产硫酸，产量和产值如图 5-23、图 5-24 所示。

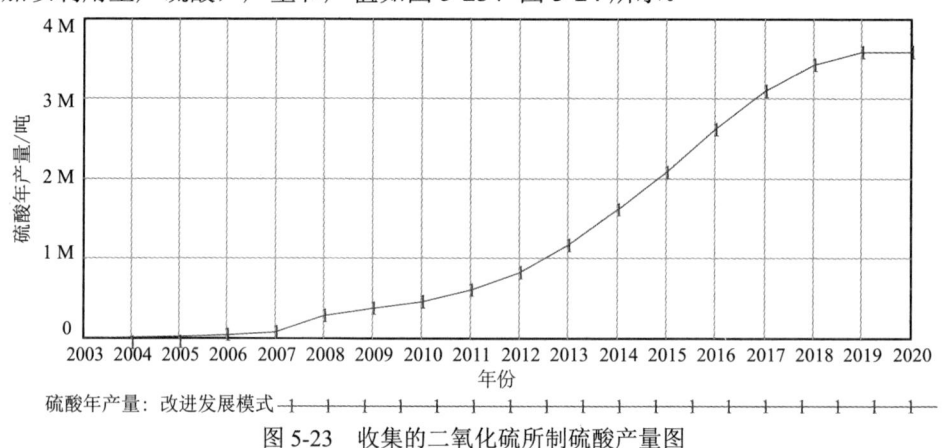

图 5-23 收集的二氧化硫所制硫酸产量图

图 5-24 硫酸产值图

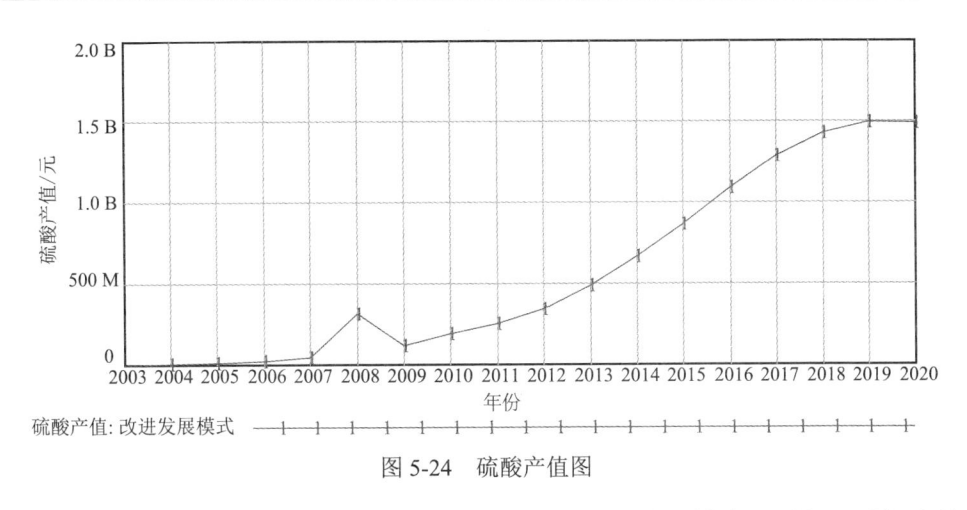

根据以上模拟，我们可以发现，通过改进原有的发展模式，不仅可以极大地缓解铜资源产业链发展导致的污染问题，而且通过资源的回收再利用，可以使产业链产生新的利润增长点，更好地促进铜产业链发展。

5.4.3 铜冶金区域铜产业链发展模式改进建议

通过对铜陵市铜产业链系统的模拟，可以清楚地知道改进后的模式是今后产业链发展的理想模式。这种模式既可以促进产业链的升级转型，实现利润的高速增长，也增强了对资源和环境的保护与改善，体现了资源产业和环境的协调发展。接下来根据对铜陵市铜产业链模型的构建和调试，以及模型中变量的设计和分析，得出以下几点关于发展循环经济的建议。

1. 利用先进科学技术提高资源的利用率

注意资源开采冶炼环节的技术投资，提高技术水平，促使这些环节减少排放废弃物。在矿石的开采环节，应该采用废弃物产生量少的开采工艺，并尽量使无效剥离降到较低程度。这是因为，从图 5-25 中可以看出，矿渣积存量主要受年新

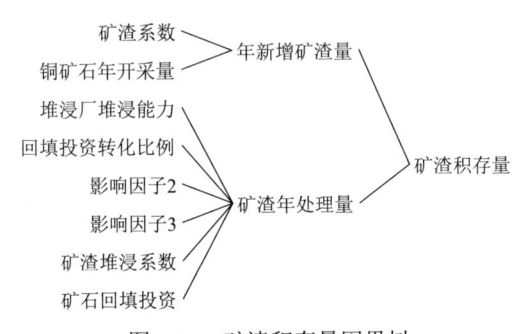

图 5-25 矿渣积存量因果树

增矿渣量和矿渣年处理量的影响,而铜矿石的开采量是矿渣新增的最主要原因。如果可以减少矿石开采的无效剥离,必定会减少矿渣的产生。通过模型的计算,可以得知,如果通过降低无效剥离,使得矿石的开采量减少 5%的话,这期间共可以减少矿渣 30 万吨。

还应该大力运用新的冶炼技术,提高冶炼环节的冶炼效率。我国铜冶金区域新投资的冶炼厂大多运用了先进技术,冶炼效率接近了世界先进水平,但是很多之前投产的冶炼厂缺乏技术改造,冶炼效率较低,有着很大的提升空间。如果通过技术改造,冶炼效率提高 3%,则铜产业链利润的变化如图 5-26 所示。根据模拟的数据,如果冶炼效率提高了 3%,铜陵市铜产业利润约提高 8.1%,在 2010~2020 年,还将多生产将近 95 668 吨的铜。所以,在当前资源短缺越来越严重的情况下,提高生产技术水平,提升开采、冶炼和精炼等生产环节的资源利用率具有重要意义。

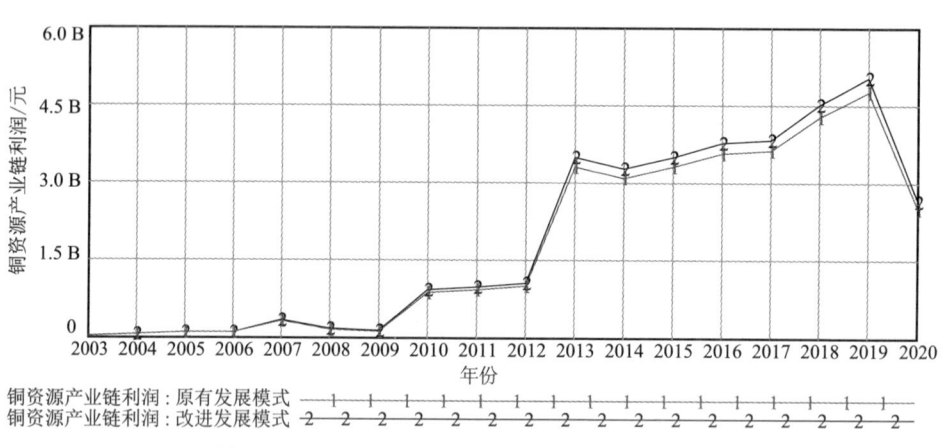

图 5-26 冶炼效率提高后铜资源产业链利润对比图

2. 大力发展铜金属的深加工,提高产品附加值

目前,我国铜精矿的自给率只有 25%左右,像铜陵这样的区域,自产的铜精矿仅仅能满足自身年需求量的 6%~8%。铜冶金区域单纯依靠矿石的开采和冶炼已经不能满足区域发展的需要。同时,通过对模型的模拟我们也可以看到,铜开采和冶炼的利润受铜价影响较大,一旦铜价下跌,将极大地影响产业链利润。从图 5-27 可以看出,铜资源产业链的利润主要来自电解铜和铜深加工件。相对来说,铜的深加工产品附加值更高,利润更为稳定,更能提升产业链的利润水平和抗风险的能力。若深加工的比例可以提高 10%,产业链利润的变化如图 5-28 所示。

第 5 章 实例分析

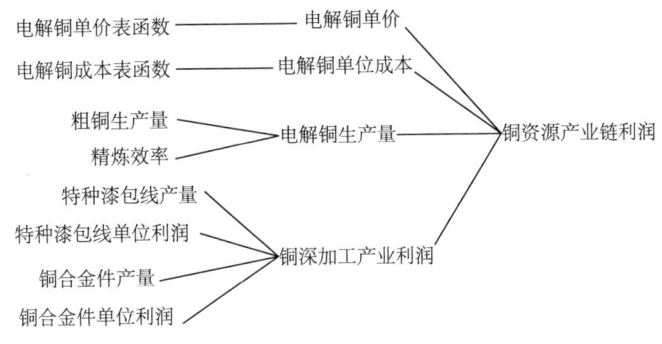

图 5-27 铜资源产业链利润因果树

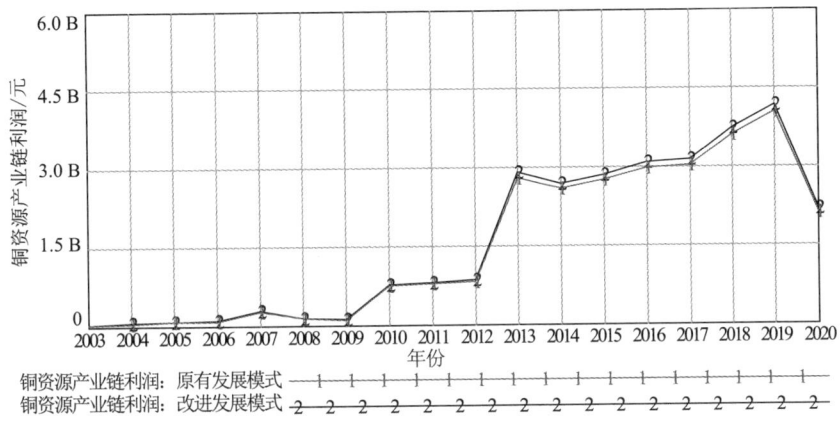

图 5-28 深加工比例提高后铜资源产业链利润对比图

从图 5-28 中我们可以看到，随着时间的延续，深加工比例增加带来的利润越来越大，整个产业链的利润和原有的模式相比有显著的提高。而且根据模拟的数据，2017 年，深加工比例提高时的产业链的利润比传统模式下提高了 3.8%，到了 2020 年，则比传统模式下利润提高了 6.1%。这说明随着产业链的发展，发展深加工对铜资源产业链经济效益的促进会越来越明显。

所以，铜冶金区域在今后铜产业链的发展中，应该加大提高铜金属深加工的力度，努力发展技术水平高、附加值更大的深加工产业。比如，高精度的铜板带材、黄铜棒、铜合金管件、精密铜管和超薄型覆铜板项目，以及用于电力行业的特种漆包线和特种电磁线。同时，还可以大力发展电子产业相关的铜金属加工，主要包括电解铜箔、集成电路引线框架和电容器薄膜等产品。特别是发展高档的超薄型电解箔和电容器膜及高密度、多层的电路板印制。这些高技术、高附加值产品的开发和生产，将极大地推动铜冶金区域和铜产业链的发展，提高其效益水平，使其具有更强的抗风险能力。

3. 加大对生产过程中产生的副产品和废弃物的综合利用

在铜矿石的开采、冶炼和电解及铜金属的深加工过程中，会产生大量的副产品和废弃物。传统的观点认为这些物质都是没有价值的，一般是直接向环境排放，会对环境产生极大的破坏。但是随着技术的进步，这些副产品和废弃物的价值逐步被发现，若能对它们加以合理地利用，不仅可以极大地降低其对环境的污染，还可以创造巨大的经济价值。

铜矿石的开采会产生大量的尾矿，由于这部分矿石铜金属含量较低，不适合用现有的火法冶炼技术进行冶炼，所以被当作废弃物堆积在尾矿库。但是由于资源的短缺，人们把目光投向了这些尾矿。铜陵可以像本书模型中所模拟的那样，建立堆浸厂，使用堆浸技术，并利用这些尾矿来生产电解铜。这种方法炼出的电解铜单位成本要比传统方法低很多，不仅对尾矿实现了再利用，还可以消耗部分酸性废水，实现经济效益和环境效益双赢的目的。铜的冶炼会产生的大量二氧化硫，我们可以将这些气体收集起来，作为硫酸工业的原材料，实现副产品的再利用。只需将二氧化硫进行提纯、除尘，就可以用于制造硫酸。

除了上述的这些利用，还可以建立热电联产发电厂，将冶炼产生的高温烟气通过余热锅炉，产生高压热蒸汽，用这些蒸汽进行发电，据估计可以年产 1.8 亿度电。开采中会堆积大量的磷石膏矿石，这部分矿石可以作为水泥的生产原料。

4. 对各种主要污染物加强治理

在铜矿石的开采过程中尽量采用优化的采切布置工艺，减少无效采切量，减少矿渣的产生。对于经过选矿和冶炼之后的矿渣，可以简单处理之后回填到地下的采空区和地表的矿坑中。一方面可以减少地表塌陷的情况，另一方面可以解决矿渣的堆积所造成的污染和土地占用问题。以现有的技术，完全可以实现95%矿渣的回填，而且成本很低廉。针对铜资源自给量不足的情况，要注重矿渣中低品位矿石的开发利用。

铜矿石的开采、冶炼和电解都会产生带有重金属离子的废水，其中开采和电解主要产生酸性废水，冶炼主要产生碱性废水。为治理这些废水，一方面要提高工业用水的重复利用率，减少废水的产生量；另一方面要科学治理。选矿的水重复利用不仅可以减少水资源的消耗，还可以提高选矿率，增加产出。采矿的酸性废水可以用于堆浸厂低品位矿石的堆浸。冶炼产生的碱性废水可以和开采、电解环节的酸性废水中和之后再进行沉淀、过滤处理，既可以降低处理成本，还可以从沉淀物中回收重金属资源。

铜矿石的开采、冶炼和精炼及铜金属的深加工都需要消耗大量的能源和燃料，这些燃料的燃烧和能源的生产都会产生二氧化硫和温室气体之类的废气。为减少生产过程中二氧化硫和温室气体的产生量，企业要加强对技术升级的投资，降低单位产品的能耗，减少燃料的使用。对于不可避免的二氧化硫排放，可以利用设备进行收集，提纯后作为硫酸工业的原料。

第6章 结论与建议

6.1 非能源矿产资源—经济—环境最佳协调关系结论

通过上述系统动力学方法对单一矿产资源系统和国家系统的资源—经济—环境系统的模拟与仿真，得出在矿产资源开采过程中，与经济和环境的协调存在相互牵制、相互触动的关系。

6.1.1 自主开采为主，进口为辅，多渠道引导商业资本投资探矿与开采

据调查，我国目前在产的金属矿山大多数建于20世纪50~70年代。经过几十年的开采，已有2/3呈现老化状态，保有储量严重不足，再加上近些年我国固体矿产勘查投入严重不足，造成许多矿山资源枯竭。

据统计，原地质矿产部的固体矿产地勘实际工作经费从20世纪80年代的年均44亿元减少为90年代后期的20亿元，1998年4月8日，撤销地质矿产部，成立国土资源部，地勘队伍属地化，地勘单位进入体改艰难时期。1999年，成立中国地质调查局，每年投入10亿元地调专项经费，其中矿产勘查经费不足3亿元。2000年，各种渠道的矿产勘查投入12.46亿元，2006年到2012年，全国固体矿产勘查投入从74亿元增长到501亿元。2013年至今，受国际、国内矿产品价格下跌，国内一些重要矿产产能过剩，矿业市场企业的矿产勘查投资较快下降，中央地勘基金自2014年后停止运行及中央财政对固体矿产勘查投入的削减等因素影响，国内找矿强度明显下滑，国有地勘队伍找矿工作项目减少，影响了经济收入，面临困境。另外，体制改革滞后，商业性探矿市场一直没有形成。进入市场经济后，国家把探矿定义为商业性活动而推向市场，国家不再投资（只投资基础性、公益性地质）；地勘队伍改制企业化，靠市场求生存。然而，探矿投资具有风险高（探矿项目的成功率通常小于5%）、周期长（大型矿山从找矿勘查到建矿开发需6~8年的周期）、技术性强等特征，社会资本很难进入探矿领域，从而出现国家不再投、社会不敢投的局面。

目前易发现、易识别的地表露头矿越来越少，隐伏矿和深部矿成为找矿主体，找矿勘查难度急剧增大，传统勘查技术日显其绌，找矿风险越来越大，探矿成本越来越高。而且，地勘队伍严重老化，技术人才大量流失，装备陈旧，技术落后，

生产力水平低下。我国矿产资源需求激增、资源短缺,与地质勘探行业萎缩形成了一对尖锐的矛盾。

根据模型运算供需差变化与勘探投资的需要量,得到以下供需差与国家投资、商业投资、海外投资的比例关系。

供需差小于 40%,三者投资比例建议保持在 5∶3∶2。

供需差在 40%~70%,三者投资比例建议保持在 3∶5∶2。

供需差大于 70%,三者投资比例建议保持在 1∶6∶3。

同时,矿山勘探也蕴涵着巨大的盈利机会。从统计上分析,有色金属矿从找矿到矿山开发的投入产出比为 1/100~1/130。目前需解决的主要问题是,怎样创造条件、快速有效地吸引大量的社会资金进入探矿和矿业领域。政府的引导性投资、强有力的技术支持及良好的投资政策和投资环境三方面的因素至关重要。

从国外矿业资本市场的建立与发展来看,有以下几点经验与借鉴。

(1)资本市场是矿产勘查资金的主要来源。世界上的矿产勘查资金主要来自股市,其次来自银行。在加拿大从事矿产风险勘查企业占风险市场上市企业的 1/3,加拿大国内有 2/3 的矿产勘查公司在上市融资。

(2)勘查业的发展需要一个完整的资本市场体系。不但要有主板市场,更需要风险资本市场。风险市场的一个主要特点就是上市条款宽松,如多伦多股票交易所分为主板市场和风险市场,风险市场上市条件特别宽松,如对单纯依靠技术勘探的公司无净资产要求。

(3)成熟的资本市场不是一蹴而就的,而是通过不断建立和完善市场制度发展起来的。

(4)政府、专业性组织、证券交易所等进行通力合作。在澳大利亚和加拿大等国,政府制定和实施矿业政策以保证矿业活动能够最大限度地满足经济和社会的要求,证券交易所为矿产勘查公司上市和融资制定详细的条款,由众多专门知识人员(如独立地质分析师)组成的中介服务机构为资源公司(勘查企业)上市等提供大量而细致的服务,由银行、证券管理委员会、采矿协会、金融分析委员会、其他协会组成的团体起草和制定各种管理标准。

6.1.2 提高重要矿产自给率,实现矿产资源全球配置

2010~2020 年,我国铜、铝、铅、锌等大宗有色金属矿产可采储量的耗用值将超过前 50 年耗用量的总和,我国部分金属矿产储量急剧降低,大宗有色金属矿产自给率下降。解决的方法是:第一,加大整合矿产资源的力度,实现集约化开发。第二,提高矿产资源节约和综合利用能力,推进矿业可持续发展。第三,积极开发海外勘查。尤为重要的一点是打破原有资源仅有的国内配置,实现矿产资

源全球配置,即全球化发展。矿业全球化的实质是以跨国矿业公司为主体,在全球范围内进行矿产勘查、开发、加工和矿产品营销活动,按照市场机制下的比较利益原则,在全球范围内获得较低价格、较低成本的矿物原料。通过矿业资金跨国流动,矿产资源跨国勘查、开发、生产和经营,矿业公司跨国上市和跨国兼并,大型矿业项目多国、多公司联合投资开发,以及矿业信息、知识、技术和管理经验的国际共享,使矿产资源在全球范围内实施再分配。

根据我国矿产资源的稀缺性和价格变化特性,自给率与进口率应有动态的不同的比例。总体上来说,稀缺性高的矿产资源,应该加大进口及资源储备;价格波动大的矿产资源,应低价格吸进存储,以备高价位时使用,降低经济风险,提高经济安全,建立重要的矿产资源保障体系。

6.1.3 新增开采能力与金属回收率的关系

目前我国矿产资源回收利用率低,对共生、伴生矿产进行综合利用的矿山只占 1/3,而且大多数矿山的利用率很低,总回收率只有 30%~40%。

通过前文模型敏感性分析得出:在市场需求一定的前提下,金属资源的循环率提高,便会减少对原矿石的需求量,并影响到新增开采量。衡量废钢资源充足程度的指标是废钢指数。

$$废钢指数 = \frac{统计期内国内回收的折旧废钢与加工废钢量之和}{统计期内该国的钢产量}$$

在其他条件相同的情况下,废钢指数越高,钢铁工业的废钢资源越充足,每吨钢消耗的铁矿石量越少,也就是铁的资源效率越高。

再生金属与原生金属相比,能源消耗和污染物排放大幅减少。钢铁生产流程中,能源消耗和污染排放主要集中在烧结、焦化、炼铁等工序,约占钢铁生产能耗总量的 60%。据测算,与使用铁矿石相比,用废钢炼钢可节约能源 60%、节水 40%,减少排放废水 76%、废气 86%、废渣 72%。理论上说,每多用 1 吨废钢,就可少用 1.7 吨铁精矿粉,减少 4.3 吨原生铁矿石的开采。

同时研究结果也表明,凡是钢产量持续增长的国家,其废钢指数值必然较低;凡是钢产量持续下降或突然下降后的国家,其废钢指数值必然较高;钢产量长期保持稳定的国家,废钢指数值居中。美国的废钢指数最高(0.56~0.78),日本居中(0.34~0.41),中国最低(0.08~0.20)。因此,在目前情况下,我国金属回收率的提高对铁矿石需求减少的影响并不明显。新增开采能力大小依然受市场需求的影响。

6.1.4 矿产资源开采对环境的控制与管理难易程度小于使用过程

矿产资源大多地处比较偏僻的地方，经济不发达，矿产资源的开采与加工虽然会对矿区的环境造成影响，但地点仅局限在矿区内。可以在矿产资源开发利用过程中，加大矿山环境恢复治理力度；建立健全矿山生态建设和环境保护的法规及监督管理体系；实行矿山建设与矿山环境保护设施同时设计、同时施工、同时投产使用的制度。实行矿产资源开发利用环境影响评价制度、矿山地质环境恢复治理备用金制度，设立矿山地质环境恢复治理专项资金，强化监督管理，加大对破坏生态环境又不恢复治理矿山的处罚力度，引导和鼓励矿山环境的恢复与治理；加强矿产资源勘查、矿山设计、矿山建设、矿山生产、矿山闭坑全过程生态环境综合防治；建立矿山生态环境与地质灾害监测网，进行生态环境监测、预测、预报；增加矿山生态环境保护与恢复治理研究的投入，提高保护的能力与水平。而对矿产资源的使用，需要将矿产资源运输到消费地，这其中涉及物流环节和消费环节，地域也比较广阔。因而与矿产资源开采及加工相比，矿产资源使用对环境的治理、控制与管理较为困难。

在矿产资源中，能源类矿产资源对环境的影响大于非能源矿产资源的影响。而且能源与非能源类矿产资源对环境的影响，在生产阶段相同，在使用阶段完全不同。建议分别立课题进行研究。

生产过程环境的控制难点在于环境资金的筹集。1984年国务院在《国务院关于环境保护工作的决定》（国发〔1984〕64号）中，确定了环境保护资金的8条渠道，其中用于污染治理投资的有7条。尽管这7条渠道对资金筹集、污染控制和环境质量的改善曾起过重要作用，但是目前从总体上看，污染治理投资总量还远没有达到基本控制环境恶化加剧的水平。现在，这7条渠道中，有的已不通，即使通的也存在渠道不畅等问题，其外部表现则是资金投入的严重不足。据统计，中国每年直接用于煤炭环境保护的资金为5亿~6亿元，仅占煤炭工业产值的0.3%，远低于世界1%的平均水平。

使用过程环境的控制难点是使用对象、使用量和污染量的监测与监控。使用对象可以是各行各业的企业或个人；显然，不同使用对象的使用量会存在差异；矿产资源的使用程度和污染程度会基于使用对象的设施设备、技术等的不同而不同。因此，矿产资源使用过程中由于使用对象众多，且各使用对象对矿产资源的使用方式、使用程度和使用量等方面都存在很大差异，难以用统一的标准或方式对使用过程的污染进行全面的监测与监控，这成为控制难点之一。

6.2 非能源矿产资源—经济—环境协调发展建议

6.2.1 重点矿产的开发利用技术研究

开发利用贵重和稀缺非能源矿产的精加工、深加工,以及提高效能的技术及伴生物的提取技术等。我国很多生产企业产品品种少,产业化技术不够先进,导致资源利用率低。比如,由于卤水大规模提取锂的技术尚不成熟,卤水锂在锂资源开采中的比例远远落后于发达国家。同时巨大的锂需求,导致只关注锂而忽略其他有价值的伴生资源。由于伴生资源回收、开采的成本和技术要求高,部分企业没有回收和开采的积极性。因此,需要通过制定政策和制度的方式,要求开采企业必须对有价值的资源进行回收、开采。

6.2.2 部分金属冶炼行业的污染控制技术

一些金属矿产在冶炼和回收再利用的过程中,产生大量的二次、三次甚至是多次污染。冶炼过程对环境的污染比开采过程对环境的污染量还要大,污染范围更广,污染程度更深。比如,原生铅和再生铅在冶炼厂的生产过程中,会产生各种不同形式的含铅污染物。这些污染物进入环境后,会对不同的环境介质产生污染。必须加强对冶炼过程污染生产量的控制技术、污染物捕捉与存放技术、受铅污染环境的修护技术的研发。

6.2.3 共生资源(共生矿)协作开发与分离技术研究

在自然界中存在大量的多种矿产共生的情况。据统计,我国有80多种矿产是共(伴)生矿,以有色金属最为普遍。例如,铅锌矿中共(伴)生组分达50多种,仅铅锌矿中的银就占全国银储量的60%,产量占70%;伴生大型、特大型的铜矿床就有10余座,全国伴生金的76%和伴生银的32.5%均来自铜矿,等等。虽然共(伴)生矿的潜在价值较大,甚至超过主要组分的价值,但其开发利用的技术难度也大,选冶复杂,成本高,因而竞争力低。在过去,会放弃开采,造成资源浪费。如何充分利用这种共生资源,使其在使用过程中,产生"1+1>2"的共生效益,是一个非常重要且有广泛前景的技术。

6.2.4 非能源矿产可再生的替代技术的研发

目前对能源类矿产的可再生能源的研究较为重视,出现了大量的风能、太阳能、光伏技术等,但是对金属和非金属的非能源矿产资源的替代难度大,替代成本高，有必要加强其替代技术的研究，甚至从产品工艺上减少对非能源矿产的依赖。目前对减少非能源矿产需求的研究主要集中在再生方面。

6.3 矿产资源开采过程环境治理与保护建议

6.3.1 建立矿产资源开采专项环境基金，建立环境恢复金制度

矿产资源在开采过程中对环境造成严重破坏，而且恢复和治理的成本高。对于开采企业，难以独自承担恢复和治理费用，资金的缺乏致使矿产资源地区的生态环境恶化得不到有效控制。因此，建议建立矿产资源开采专项环境基金，使其成为环境保护和修复充足的资金保障。使环境保护市场化，这既适应了市场经济改革的需要，也解决了环境保护和修复的资金问题。其中需要解决的问题有：①基金来源的研究，即资源开采企业、资源用户、资源所在地方政府和中央政府资金投入的比例问题；②基金运作的研究，包括基金的设立、发行与认购、收益等问题；③基金使用的研究，如使用范围的确定、使用时间及方式、使用效果的评估和考核；④基金监督的研究，包括建立宏观监管体系、投资基金行业自律体系的问题，合理设置基金内部的监管机制的问题等。

也可实行矿山环境恢复保证金或抵押金制度，按规定的数量和时间缴纳保证金。如果矿山企业按规定履行了土地恢复义务并达到规定的恢复标准，政府将退还保证金，否则政府将动用这笔资金进行恢复工作。或者在开采前必须缴纳矿区恢复押金，目的是保证被矿产资源开采破坏的生态环境的恢复，抵押金的数额必须足以保证矿山环境的恢复。也可以学习澳大利亚矿山环境保护的抵押金制度。

6.3.2 构建矿产资源"生态链"的研究

目前，针对矿产资源的开采环节，国家制定了《中华人民共和国矿产资源法》，通过矿产资源开采管理，有效地制止乱采滥挖、破坏资源与生态环境的现象。各级地方政府都有相关的管理条例和管理办法，以减少矿产资源开发对环境所造成的破坏。矿产资源企业也通过各种技术，降低环境破坏的程度。这些制度条例和技术，仅是针对矿产资源开采环节，但是对矿产资源的加工环节、物流环节和消费环节并没有相关的措施进行控制。因此，建议以供应链为线索或纽带，对矿产资源生产、使用和消费全过程实施环境监控。

本书对这部分进行了一定的研究。构建了可持续资源复合供应链，如图 6-1 所示，从供应链的角度出发，通过对矿产资源的开采、加工、运输和消费环节全

过程的考虑，减少对环境的破坏，促进资源的可持续发展。这条复合链包括：生产资料采购与供应过程到开采过程的供给链，开采过程到加工过程的生产链，加工过程到运输过程的能耗链，运输过程到消费、使用过程的污染链，消费、使用过程到废弃物处理过程的价值链，废弃物处理过程到生产资源采购与供应过程的循环链。

图 6-1　矿产资源"生态链"

6.3.3　建立矿产资源的 P-CDMP 链，吸引国外环保资金

利用清洁发展机制项目（clean development mechanism project，CDMP），吸引外资投资矿产资源环境的治理。CDMP 是现有 CDM 的扩展与延伸。目前，CDM 项目实践在中国取得了较好的成效，但由于 CDM 是一种基于单个项目的市场机制，市场参与方在开发 CDMP 时，把目光更多地集中在投资成本低、减排数额高、能够带来更好商业收益的项目上，使 CDM 在促进发展中国家可持续发展方面发挥的作用受到了一定的制约。

1. 构建 CDMP 链治理环境

为矿产资源生产和使用全过程的环境治理进行打包，形成 CDMP 链。因为单一的 CDMP 只是控制某一环节，假如其他环节未得到治理，依然无法更好地治理环境。如果从供应链角度出发，将矿产资源开采、加工、运输和消费环节所有的 CDMP 进行打包形成 CDMP 链，则可达到全过程环境治理的效果。政府可以为矿产资源企业链中企业申请 CDMP 做中介和保证，其结构如图 6-2 所示。

生产资料 ⇒ 开采 ⇒ 加工 ⇒ 运输 ⇒ 消费 ⇒ 废物

CDMP　CDMP　CDMP　CDMP　CDMP

P-CDMP 链

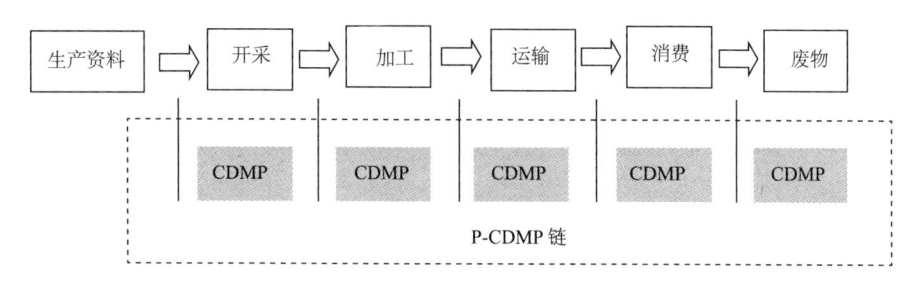

图 6-2　P-CDMP 链结构图

P-CDMP：plan—clean development mechanism projects

将现在国际上的研究热点碳标签引入"复合链"。所谓碳标签（carbon labeling），就是将产品生命周期（即从原料、制造、储运、废弃到回收的全过程）的温室气体排放量在产品标签上用量化的指数标示出来，以标签的形式告知消费者产品的碳信息。即利用在商品上加注碳足迹标签的方式引导消费者选择更低碳排放的商品，从而达到减少温室气体的排放、缓解气候变化的目的。

2. 矿产资源的 CDMP 链的研究关键技术

参考国际上对企业碳排放的管理方法，对资源型企业的其他污染进行控制、管理与交易。因而矿产资源的 CDMP 链的研究关键技术有如下两方面。

污染基准线的确定——根据技术条件、财务能力、资源条件和政策法规，确定可能出现的合理的污染水平（基准线方法论：污染边界确定、减污量基准和减污增量成本计算等）。

确定污染补偿，确定补偿受益方、支付方、支付价格——成立污染交易市场（如排污交易市场），像第三方物流一样，研究成立第三方环保交易公司的运作过程、规范、管理与模式。

6.3.4　差别对待，分而治之

我国资源型城市数量众多，分布广泛。不同矿产资源开采时对环境的影响和破坏是不同的。比如，金属矿产开采时的主要环境问题是重金属污染、酸性废水和生态破坏；非金属矿产开采对生态环境的影响主要表现为：矿产占用耕地或破坏地表森林和植被；废石和废渣堆积，采矿、选矿产生的粉尘、烟雾等对人、畜、耕地、林产资源、居民区造成损害；坑水、雨淋矿渣形成的有害水，以及选矿和加工厂的废水对地表水、地下水的污染；稀土矿产对环境的影响。除上述以外，放射性危害比较突出。因此，必须针对矿产资源不同的类型，区别对待。根据国务院印发的《全国资源型城市可持续发展规划（2013—2020 年）》，我国有 262 个资源型城市，而且主要是矿业城市。资源型城市产业结构单一、城市功能不完善、就业及贫困问题突出、生态环境破坏严重、可持续发展长效机制亟待健全等问题的解决，需要发改、财政、国土、社保等各部门共同努力。

加大对资源型城市环境治理与土地复垦的资金和技术支持力度，尤其是衰退型城市。规范和推进工矿废弃地复垦利用工作，将试点经验上升为制度性规范文件，在法律法规许可的范围内，尽量简化程序，缩短时限。创新机制，解决历史遗留的各种矿山环境问题，可采用的融资渠道有两条：通过给予余留资源开采权、治理土地一定年期的经营使用权、免交矿产资源补偿费、森林植被恢复费和水土保持费等优惠政策吸引社会资金参与。对采矿占用耕地的，实行耕作层剥离和再利用，并允许企业将耕作层剥离的成本纳入开矿成本中，以降低税负。对露天采矿用地必须监督管理，督促企业及时复垦还地，从源头上减少新的矿山地质问题产生。允许产业降级发展，部分矿区可以考虑退工还农。

6.4 衰竭的大型非能源矿产资源企业转型物流产业的建议

在进行矿产资源企业物流向区域物流转型的必要性分析后，通过对资源型区域和企业的物流需求与供给特点、影响因素，以及资源型区域和企业的物流需求与供给模型进行分析，采用多元回归和灰色模型预测的方法，说明了资源型企业物流能力存在向资源型区域物流需求转移的可能性。通过耦合度和匹配度的研究，对矿产资源物流企业向某一类区域物流企业转型做了成功性分析。在必要性、可能性和成功性分析后，进入转型的实施环节，会面临转型耦合界面的冲突、转型主体和市场规则的相互作用。在此基础上我们提出"三阶段"转型策略和四种转型模型。

6.4.1 阶段转型策略

根据自然资源的开采规律，其开采过程必然经历勘探期、初期、中期及末期，直到最后资源的枯竭。在矿产资源开采的初期，外部会向该区域输入大量的人员、技术、设备、资金等，矿区的经济和社会得到发展。在矿产资源开采的中期，矿区的经济发展趋于稳定，区域经济发展进入平稳的繁荣期。区域稳定地向外界输出资源，为该区域带来经济效益，这种经济效益又有助于矿区的建设、其他产业的发展；同时，矿区的发展进一步吸引区域外部的资金、人才，从而形成平衡的良性循环。在矿产资源开采的末期，作为资源型区域的经济支柱、主导产业的资源型企业，由于资源枯竭或需求减少，出现了效益下降、设备闲置、劳动力过剩的情况，这种情况又进一步导致该区域经济衰退、资源型区域发展停滞、对外部人才和资金的吸引力减小、剩余劳动力外迁等。为了矿区经济的发展，其他产业

第6章 结论与建议

必须在此阶段已经有更好的发展,才能弥补资源型企业的衰落给矿区经济发展带来的影响。

因此在这个过程中,矿产资源的开采会带来相关产业的发展。矿区的经济得到了发展,区域物流也逐步发展,区域物流的缺口会变大,但同时矿产资源逐渐减少,资源企业物流闲置变大,因而针对矿产资源开采的初期、中期和末期,我们采取"三阶段"的方针,具体如图6-3所示。

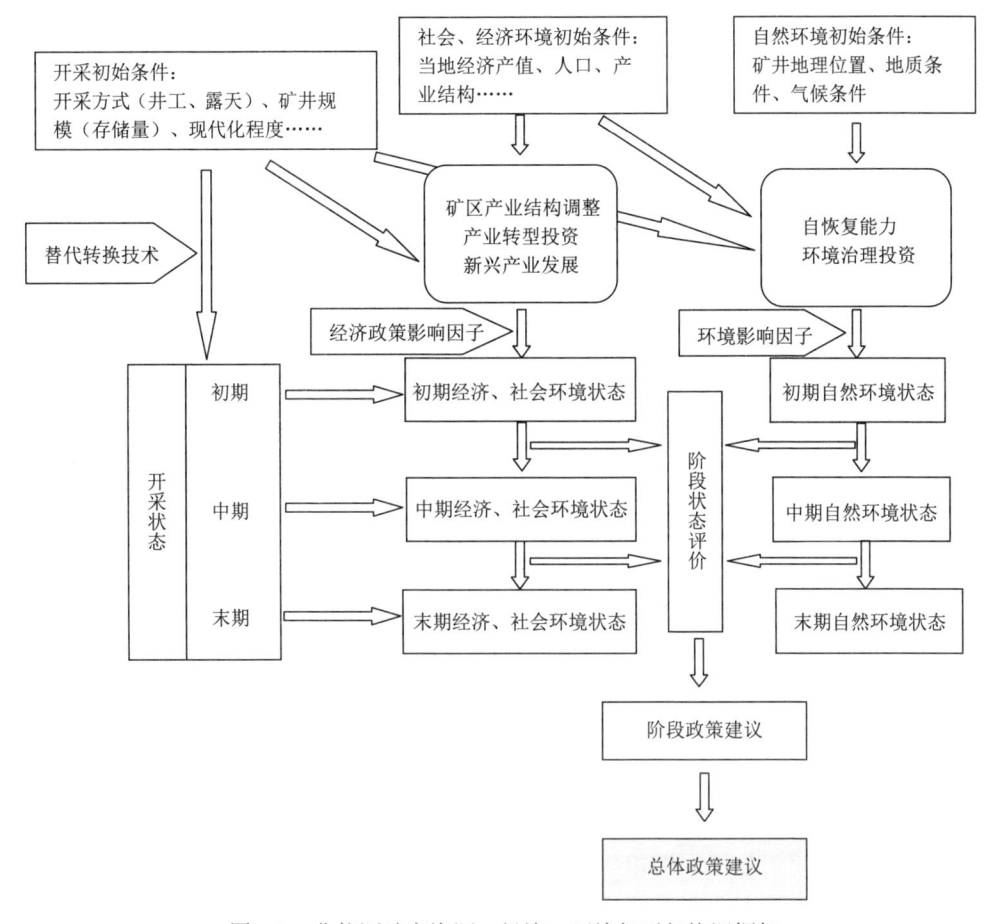

图 6-3 非能源矿产资源—经济—环境相平行协调框架

第一阶段(初期),资源型企业产品和大部分的生产物资属于异地消费和生产,资源型企业拥有较大规模的厂房、仓库、车队,甚至铁路线路和其他庞大的交通网络渠道等基础设施,可以先将这部分物流资源开放,为区域物流服务,实现物流基础设施的共享,改变过去企业物流资源独自享用的局面。

第二阶段(中期),利用资源型企业的生产设备、物资材料一般都具有批量大、供应渠道固定的特点,以及所拥有的物资加工和配送能力,将资源型企业物流业务延伸到区域相关物流的需求方面,实现资源型企业和区域相关物流需求的物流实体网络及物流信息网络的交叉与共享。

第三阶段(末期),资源型企业需求大量减少,调整企业原有物流部门职能与规划,将原有企业专有的物流部门改造成通用的物流企业,全方位为区域及周边地区物流服务,成为以区域为中心的区域物流的支柱。

6.4.2 转型模式选择

通过分析我们知道,资源枯竭型区域利用矿产资源企业闲置的物流能力,填补区域物流的需求缺口是一种很好的选择。在不同的条件下,采用不同的转型模式,可以达到更好的效果。四种转型模式如表 6-1 所示。

表 6-1 四种不同的转型模式

模式	条件	内容
产业复合模式	(1) 企业物流供给资源闲置大于城市物流需求缺口 (2) 企业物流能力弱	用相应量的资源型企业的物流的闲置去填补区域物流需求缺口,而资源型企业剩余的非物流部分的能力、设施用来发展其他行业。当资源型企业物流能力闲置大于区域物流需求缺口的时候,适宜选择复合模式进行转型
规模扩充模式	(1) 企业物流供给资源闲置小于城市物流需求缺口 (2) 企业物流能力强	收购区域内部一些运输公司或小型物流公司来扩充自己的物流能力。当资源型企业物流能力闲置量小于区域物流需求缺口的时候,适宜选择规模扩充模式进行转型
业务扩展模式	(1) 企业物流供给资源闲置大于城市物流需求缺口 (2) 企业物流能力强	将转型后的业务目标不仅仅定位在本区域内部,尽可能地扩展业务,使物流服务大量辐射周边地区,为周边地区的生产生活提供物流服务,从而加强区域与外部物流交流
外部引入模式	(1) 企业物流供给资源闲置小于城市物流需求缺口 (2) 企业物流能力弱	通过区域外部资源的注入,帮助资源型企业实现转型。当资源型企业全部物流能力小于区域物流需求缺口时,可以选择外部引入模式

1. 产业复合模式

产业复合模式是指,用相应量的资源型企业的物流的闲置去填补区域物流需求缺口,而资源型企业剩余的非物流部分的能力、设施用来发展其他行业。当资源型企业物流能力闲置量大于区域物流需求缺口的时候,适宜选择复合模式进行转型。

在填补了区域物流需求的缺口后,可能还会存在一些闲置资源,如场地、车辆、仓库、厂房、生产设备等。生产设备可以转运到其他的资源型区域进行再利用,或者相关部门对其进行回收处理,场地、车辆、仓库可以对外出租。原来的资源型企业在大力向物流公司转型的同时,可以成立一个专业的租赁公司。或者利用资源开采区特有的地形、地貌，在对该地区环境进行修复后大力发展农业或者旅游业。

2. 规模扩充模式

规模扩充模式是指，收购区域内部一些运输公司或小型物流公司来扩充自己的物流能力。当资源型企业物流能力闲置量小于区域物流需求缺口的时候，适宜选择规模扩充模式进行转型。

在资源型区域中，虽然资源型企业有自己的专用车队，但是社会上仍然存在一些依赖资源运输的运输公司，当资源枯竭后，这些公司由于缺少业务，物流资源出现大量的闲置；而小型的物流公司由于规模小，没有能力充分把握市场的需求信息，使得它的物流能力没有充分发挥。于是，收购这些小型公司，不仅可以扩充自己的物流能力，还使得区域内部的资源得到合理再分配和利用。

3. 业务扩展模式

业务扩展模式是指，将转型后的业务目标不仅仅定位在本区域内部，还应尽可能地扩展业务，使物流服务大量辐射周边地区，为周边地区的生产生活提供物流服务，从而加强区域与外部的各种交流。当资源型企业物流能力闲置量大于区域物流需求缺口的时候，适宜选择业务扩展模式进行转型。

在这种模式中，可以利用资源性企业的特殊性，充分利用所拥有的物流服务能力，将物流业务扩大到周边地区，实现资源型企业与区域间物流服务的交流。

4. 外部引入模式

外部引入模式是指通过区域外部资源的注入，帮助资源型企业实现转型。当资源型企业全部物流能力小于区域物流需求缺口时，可以选择外部引入模式。

这种模式的好处是，转型速度比较快，引进区域外部物流企业的先进设备、技术、管理、理念，能够加速资源型企业的转型，缩短了对转型进行摸索的时间。外部引入模式中还有三种具体模式：一是自营模式，购买外部的专业物流企业提供的规划、管理方案、技术信息等，运作的时候完全独立经营；二是外包模式，专业物流公司提供规划方案、技术、信息及管理团队，但决策权仍归资源型企业所有；三是联营模式，专业物流公司掌握一定产权或股份，提供配套的设施、人才、技术，与资源型企业共同进行管理、运作和决策。

在典型的矿业区域中，围绕矿产资源企业产生了众多服务性的劳动密集型寄生企业。矿产资源企业转型或部分转型，往往对寄生企业产生重大影响。由于这些寄生企业在转型时间上往往表现出滞后的特征，转型过程较为被动，需要一整套的措施去帮助这些企业完成转型工作。本书建议对矿产资源企业转型与寄生企业被动转型的协调性问题立项研究，解决寄生企业转型路径，避免这些企业因转型失败造成大量劳动力失业的问题，这对保持矿产资源区域的稳定也有重要意义。

6.5 国家宏观调控建议

6.5.1 加强勘查与科学调控，提高矿产资源保障程度和重要矿产资源持续供应能力

以国内紧缺的能源和非能源重点矿产为主攻矿种，兼顾部分优势矿产，突出重点成矿区、大中型矿山深部及外围，努力实现找矿重大突破，切实增加查明资源储量，提供一批重要矿产资源勘查开发后备基地。加强西部重要矿产资源接替区勘查，进一步挖掘东中部找矿潜力，加强隐伏矿床、矿山深部与外围找矿能力。加强我国海域油气勘查，积极参与国际海底矿产资源勘查开发。完善地质勘查体制机制，规范矿产资源勘查空间秩序，促进矿产资源有序勘查，为经济社会发展奠定资源基础。

立足创新，不断提高矿产资源勘查开发水平。将科技创新贯穿于矿产资源勘查、开采与保护全过程，提高矿业科技支撑能力。推进成矿理论、找矿方法和勘查开发等关键技术的研究与应用，强化自主创新，提高找矿效果。加强矿产资源节约与综合利用，促进低品位、共(伴)生矿产资源的综合勘查与综合利用，提高矿产资源开采回采率、选矿回收率和综合利用率，发展矿产资源领域循环经济，推进矿山废弃物的综合利用，提高资源开发利用水平，推动矿业走节约、清洁、安全的可持续发展道路。

按照国家产业政策、资源可持续利用和环境保护的要求，根据矿产资源供需形势和开发利用条件，明确勘查、开采方向，采取差别化调控政策，调控矿产资源开采总量，促进矿产资源开采总量与经济社会发展水平相适应。对重要紧缺矿产资源的勘查和开采提出鼓励性政策措施；明确国家规定实行保护性开采的特定矿种和重要优势矿产的限制开采要求，加强开采和出口的宏观调控，保护资源，维护经济利益；加强重要矿产储备，为调控市场、应对突发事件、保障资源供应安全奠定基础。

6.5.2 注重保护，大力推进矿山地质环境恢复治理和矿区土地复垦

按照建设生态文明和环境友好型社会的要求，坚持"采前预防，采中治理，

采后恢复"的原则，建立矿山地质环境保护与恢复治理长效机制。区分新建矿山、生产矿山和历史遗留矿山的不同情况，全面推进矿山地质环境保护与恢复治理工作。积极推进矿区土地复垦，最大限度地减轻矿业活动对环境和土地的破坏，促进矿产资源开发与生态建设和环境保护相和谐。

6.5.3　扩大开放，积极参与国际矿业合作

深化矿产资源勘查开发领域的国际合作，提高矿业利用外资的质量和水平，引进国外矿业先进技术和管理经验。以石油、天然气、铁、镍、铬、锰、铝、铜和钾盐等矿产为重点，推进我国企业积极参与矿业投资国际合作，实现矿业共赢发展。

6.5.4　完善制度，建立规划实施的保障体系

综合运用法律、经济、行政和科技等多种手段，建立完善的矿产资源勘查开发管理新机制，建立规划实施目标责任、规划审查和规划实施监督检查等制度，发挥和强化规划的引导及约束作用。构建规划实施的激励与约束机制，加强规划基础建设，扩大规划的民主决策和公众参与程度，实施一批重大工程，确保规划目标实现。

参考文献

常春勤. 2006. 矿业城市空间结构演变及转型期优化调控. 武汉: 华中科技大学硕士学位论文.
陈朝隆. 2007. 区域产业链构建研究. 广州: 中山大学博士学位论文: 34-133.
陈军, 成金华. 2015. 中国矿产资源开发利用的环境影响. 中国人口·资源与环境, 3: 111-119.
樊艳萍, 牛冲槐. 2006. 山西煤炭资源型区域产业转型系统研究. 系统科学学报, 14(2): 95-98.
冯之俊. 2004. 循环经济导论. 北京: 人民出版社: 15-28.
冯之俊. 2005. 循环经济是个大战略——论循环经济. 北京: 经济科学出版社: 56-79.
高丽敏. 2007. 资源型区域循环经济发展的可持续性研究. 兰州: 兰州大学博士学位论文: 6-8.
葛振华. 2007. 中国金属矿产开发物质流分析. 北京: 中国地质大学博士学位论文: 62-70.
龚勤林. 2004. 产业链接通的经济动因与区域效应研究. 理论与实践, 3: 105-108.
胡东滨, 罗莉霞. 2011. 环境保护对大型金属矿产资源基地可持续发展能力影响的评价方法研究. 软科学, 5: 69-73.
黄飞. 2009. 资源型区域可持续发展评价研究——以河南省平顶山市为例. 北京: 中国地质大学硕士学位论文: 17-25.
黄海峰, 宋扬阳. 2009. 德国发展循环经济对中国的启迪. 再生资源与循环经济, 2(5): 4-8.
黄仁东, 张攀, 周扬. 2016. 合理开发非能源矿产资源评价体系的构建与应用. 世界科技研究与发展, 2: 188-192, 210.
孔德友. 2014. 我国区域矿产资源产业分析. 北京: 中国地质大学硕士学位论文: 10-29.
李宋, 赵英才. 2003. 石化工业可持续发展的系统动力学模型. 吉林大学学报, 33(1): 102-106.
李万亨, 傅鸣珂, 杨昌明, 等. 2002. 矿产经济与管理. 武汉: 中国地质大学出版社: 5-67.
李新宁. 2013. 矿产资源密集型区域绿色发展机理及评价研究. 北京: 中国地质大学博士学位论文: 28-40.
李璇琼. 2013. 矿产资源开发对生态环境的影响研究——以雅砻江流域九龙段为例. 成都: 成都理工大学博士学位论文: 5.
李岩, 郑国光. 2005. 老工业基地交通运输企业向现代物流业转型模式研究. 黑龙江工程学院学报(自然科学版), 19(1): 56-59.
李永采, 张志涛. 1993. 亚当·斯密的分工理论及其影响. 齐鲁学刊, 3(6): 122-128.
凌亢, 王浣尘, 陈传美. 2002. 南京市可持续发展系统模型的运行与检验. 武汉大学学报, 55(1): 64-69.
刘刚. 2005. 基于产业链的知识与创新结构研究. 商业经济与管理, 11: 13-17.
刘贵福. 2006. 产业链基本理论. 吉林: 吉林科学技术出版社: 75-106.
刘平宇. 2002. 论循环经济发展的必然性. 生态经济, 4: 46-48.
刘玉劲, 陈凡, 刑怀滨. 2004. 我国资源型区域产业转型的分析框架. 东北大学学报(社会科学版), 3(6): 184-187.
龙如银, 周德群. 2003. 矿业区域可持续发展的系统结构及其调控研究. 科学管理研究, 21(2): 43-46.

陆钟武. 2003. 关于循环经济几个问题的分析研究. 环境科学研究, 16(5): 1-5, 10.
罗宏, 孟伟. 2004. 生态工业园区——理论与实证. 北京: 化学工业出版社: 31-79.
马伟东. 2008. 金属矿产资源安全与发展战略研究. 长沙: 中南大学博士学位论文: 35-76.
穆东. 2001. 关于建立矿产资源开采专项环境基金的研究. 中国软科学, 8: 3-7.
穆东. 2004a. 矿城耦合系统的演化与协同发展研究. 长春: 吉林人民出版社: 120-125.
穆东. 2004b. 资源型区域耦合系统及协调发展研究. 吉林: 吉林人民出版社: 16-136.
穆东. 2006. 矿业企业物流向区域物流转移的可行性分析. 煤炭经济研究, 7: 9-12.
牛文元. 1994. 持续发展导论. 北京: 科学出版社.
彭敏. 2011. 铜冶金城市铜产业链发展模式研究. 北京: 北京交通大学硕士学位论文: 7-45.
彭敏. 2012. 铜冶金城市铜产业链发展模式研究. 北京: 北京交通大学硕士学位论文: 7-45.
曲格平. 2003. 探索可持续的新型工业化道路. 环境保护, 1: 3-5.
石秀华. 2006. 国外资源型城市成功转型的案例分析与比较. 科技创业月刊, 12: 105-106.
宋秀莉. 2008. 基于循环经济理论的企业绩效模糊评价研究. 保定: 华北电力大学硕士学位论文: 37-40.
万立军, 黄桂林, 汪洋. 2006. 基于循环经济模式和供应链理念矿业资源产业链的构建. 中国管理科学, 14: 679-682.
王虹, 张巍, 朱远程. 2006. 资源约束条件下构建工业园区生态产业链的分析. 科学管理研究, (1): 29-32.
王明明. 2008. 资源型区域转型经济问题研究. 哈尔滨商业大学学报(社会科学版), 5: 109-111.
王其藩. 1994. 系统动力学. 北京: 清华大学出版社: 1.
王其藩. 1999. 复杂大系统综合动态分析与模型体系. 管理科学学报, 2(2): 15-19.
王庆一. 2006. 我国能源密集产品单位能耗的国际比较及启示. 国际石油经济, 14(2): 24-30, 71-72.
王晓琳. 2010. 我国矿业循环经济与矿产资源综合利用问题研究. 中国矿业, 19(1): 52-54, 64.
王兆华. 2010. 区域生态产业链管理理论与应用. 北京: 科学技术出版社: 28-120.
吴季松. 2005. 新循环经济学. 北京: 清华大学出版社: 24-50.
吴季松. 2007. 循环经济的新市场及其高技术产品. 中国高新技术企业, 1: 4, 16.
吴彤. 2001. 自组织方法论研究. 北京: 清华大学出版社: 12, 13, 40, 49.
武春友, 王晋良. 2008. 采用循环经济和技术经济提高资源利用效率. 技术经济, 27(6): 46-49.
徐奉臻. 2006. 低熵化发展模式. 自然辩证法研究, 22(12): 105-106.
薛亚洲. 2009. 西部地区非能源矿产开发效用及面临的主要问题. 中国经贸导刊, 6: 30-31.
杨公仆, 夏大慰. 2002. 产业经济学教程. 上海: 上海财经大学出版社: 56.
尹琦, 肖正扬. 2002. 生态产业链的概念与应用. 环境科学, 6: 114-118.
余中平, 陈群. 2003. 我国非金属矿产资源可持续供应问题和对策研究. 北京: 中国金属学会2003 中国钢铁年会论文集, (2): 27-31.
张克仁, 赵军伟, 郭敏. 2010. 我国非金属矿产资源开发利用的现在与未来. 北京: 全国成矿理论与深部找矿新方法及勘查开发关键技术交流研讨会论文集: 102-120.
张圣. 2004. 油田建立新管理模式的探索. 中国物流与采购, 8: 43.
张树良, 张志强, 熊永兰. 2010. 矿产资源领域国际科技发展态势分析. 资源科学, 11: 2216-2228.

张以诚. 2005. 矿业城市概论. 中国矿业, 14(7): 5-9.

赵虹, 武春友, 田一辉. 2008. 资源型产业集群的转型路径. 大连海事大学学报(社会科学版), 7(5): 83-86.

赵景海. 2006. 我国资源型区域发展研究进展综述. 区域经济, 3: 86-106.

赵洋, 鞠美庭, 沈镭. 2011. 我国矿产资源安全现状及对策. 资源与产业, 13(6): 79-83.

郑云虹, 李凯. 2008. 中国与日本废弃物管理模式的比较分析及启示. 东北大学学报, 10(5): 404-409.

周凌云. 2011. 区域物流多主体系统的演化与协同发展研究. 北京: 北京交通大学博士学位论文: 26-98.

朱江华, 陈晓红. 2004. 从供应链管理理论看中国铝业股份有限公司物流整合. 世界有色金属, 4: 33.

朱明风. 2005. 基于循环经济理论的资源型区域发展理论与应用研究. 合肥: 合肥工业大学博士学位论文: 18-45.

Acharya S R, Saeed K. 1996. An attempt to operationalize the recommendations of the "limits to growth" study to sustain the future of mankind. System Dynamics Review, 12(4): 281-304.

Bruvoll A. 1998. Taxing virgin material: an approach to waste problems. Resource, Conservation and Recycling, 22(1): 15-29.

Carlson W M. 1993. Transforming an industry through information technology. IEEE Annals of the History of Computing, 15(1): 39-43.

Cavana R Y, Ford A. 2004. Environmental and resource systems: editors' introduction. System Dynamics Review, 2: 89-98.

Chiu A S F, Yong G. 2004. On the industrial ecology potential in Asian developing countries. Journal of Cleaner Production, 12: 1037-1045.

Christmann P, Arvanitidis N, Martins L. 2007. Towards the sustainable use of mineral resources: a European geological surveys perspective. Minerals & Energy, 22(3/4): 88-104.

Clevel C J. 1998. Indicators of dematerialization and the materials intensity of use. Journal of Industrial Ecology, 3: 15-50.

Crowstona K, Myers M D. 2004. Information technology and the transformation of industries: three research perspectives. Journal of Strategic Information Systems, 13: 5-28.

Dewulf J, Langenhove H V. 2008. Energy: its potential and limitations in environmental science and technology. Environmental Science & Technology, 42(7): 2221-2232.

Dyer M, Kraly T, Luppino F, et al. 1999. Integrating an enterprise's engineering processes. Information and Software Technology, 35(6/7): 355-363.

Ehrenfeld J, Gertler N. 1997. Industrial ecology in practice: the evolution of Interdependence at Kalundborg. Journal of Industrial Ecology, 1: 43-48.

Firebaugh G. 1983. Scale economy or scale entropy? Country size and rate of economic growth, 1950-1977. American Sociological Review, 48(4): 257-269.

Forrester J W. 1995. The beginning of system dynamics. The McKinsey Quarterly, 4: 4-16.

Ginebreda A. 1996. Entropy and waste recovery: between thermodynamics and economy. Journal of Chemical Education, 73(8): 708.

Heal G, Tarui N. 2010. Investment and emission control under technology and pollution externalities. Resource and Energy Economics, 32: 1-14.

Houlihan J B. 1988. International supply chain: a new approach. Management Decision, 26(3): 13-19.

Jones A, Seville D, Meadows D. 2002. Resource sustainability in commodity systems: the sawmill industry in the Northern Forest. System Dynamics Review, 18(2): 171-204.

Kostick D S. 1996. The material flow concept for materials. Nonrenewable Resources, 4: 211-233.

Kovanda J, Schutz H. 2012. Economy-wide material flow indicators: overall framework, purposes and uses and comparison of material use and resource intensity of the Czech Republic, Germany and the EU-15. Ecological Indicators, 17: 88-98.

Krysiak F C. 2006. Entropy, limits to growth, and the prospects for weak sustainability. Ecological Economics, 58: 182-191.

Mueller C C. 2001. Economics, entropy and the long term future: conceptual foundations and the perspective of the economics of survival. Environmental Values, 10: 361-384.

Nordhaus W. 2008. The Challenge of Global Warming: Economic Models and Environmental Policy. New Haven: Yale University Press: 26-39.

Pokhrel L R, Dubey B. 2013. Global scenarios of metal mining, environmental repercussions, public policies, and sustainability: a review. Critical Reviews in Environmental Science and Technology, 43(21): 2352-2388.

Randers J. 2000. From limits to growth to sustainable development or SD (sustainable development) in a SD (system dynamics) perspective. System Dynamics Review, 16(3): 213-224.

Reynolds D. 1998. Entropy subsidies. Energy Policy, 26(2): 113-118.

Robert U, Ayres I N. 1984. Thermodynamics and economy. Physics Today, 11: 62-71.

Sellersa B H R, Franceb G G. 2007. A method engineering approach to developing aspect-oriented modelling processes based on the OPEN process framework. Information and Software Technology, 49(7): 761-773.

Stevens G C. 1989. Integrating the supply chain. International Journal of Physical Distribution and Materials Management, 19(8): 3-8.

Tsuji M, Miyahara S. 1999. Mineo Ishikawa, an empirical analysis of industrial transformation in the Japanese machine tool industry. Mathematics and Computers in Simulation, 48: 561-572.

Wang G C, Du H Y. 2013. A review and prospect for integrated ecosystem management study in mining area. International Conference on Industrial Engineering and Management Science (ICIEMS 2013): 927-935.

Wernick I K, Themelis N J. 1998. Recycling metals for the environment. Annual Review of Energy and the Environment, 23: 465-497.

Wils A. 1998. End-use or extraction efficiency in natural resource utilization: which is better. System Dynamics Review, 14(2/3): 163-188.

Wolfgang F A, Karl S. 2003. Waste energy usage and entropy economy. Energy, 28: 1281-1302.

致　谢

　　本书是在中国工程院于润仓院士大力指导和帮助下完成的。从研究对象和方向的确认到思路，于润仓院士都给出了极为有益的意见与建议，这使得本书更加符合国家"十二五"发展规划制订的要求。于院士浩瀚广博的学术知识、严谨求实的治学态度、踏实的工作作风、谦和的长者风范，本书全体成员在今后的治学、做人与工作中将引以为楷模。在本书完成之际，谨向于润仓院士致以最诚挚的敬意和衷心的感谢！

　　感谢苏义脑院士、赵文津院士、陈毓川院士、杨奇逊院士、杨裕生院士、彭苏平院士、何继善院士等对本书研究提出的诸多有益的修改建议。

　　感谢唐建教授为本书的沟通做了大量工作，并提出许多有益的意见和指导。

　　真诚地感谢各位院士与教授提出的意见与建议，这对我们今后的研究发展具有十分重要的意义！

　　博士周凌云、姜庆国、王超和硕士彭敏全程参与了本书的研究，博士生佟雯、李欣为本书的编写提供大量的数字资料，他们认真钻研的精神是我们研究成果质量的保证，感谢他们艰苦的工作和辛勤的付出。

穆　东

2017 年 9 月 20 日